DEUTSCHLAND IM VISIER DER ANGLO-AMERIKANISCHEN HOCHFINANZ

Sirgurd Schulien

Deutschland im Visier der anglo-amerikanischen Hochfinanz

Energie- und Klimapolitik der BRD als Erziehungsmasche

HOHENRAIN TÜBINGEN

Schulien, Sigurd :
Deutschland im Visier der anglo-amerikanischen Hochfinanz :
Energie- und Klimapolitik der BRD als Erziehungsmasche /
Sigurd Schulien.- Tübingen : Hohenrain-Verlag 2017
ISBN 978-3-946107-06-4

ISBN 978-3-946107-06-4

Postfach 1611, D-72006 Tübingen
www.hohenrainverlag.de

Gedruckt in Deutschland

Inhaltsverzeichnis

Erster Teil

Der Vasallenstaat BRD

I. Die angebliche Souveränität der BRD

Der Artikel 139 Grundgesetz und die Kontrollratsgesetze

Deutschland ist seit 1945 kein souveräner Staat, die Bundesrepublik Deutschland ist ein weisungsgebundener Vasall der USA. Die BRD-Regierung hat sich bei ihren Entscheidungen und Maßnahmen an die Kontrollratsgesetze zu halten, die nach 1945 von den Besatzungsbehörden erlassen worden sind. Nur so sind ihre für unser Land unheilvollen Entscheidungen der letzten Jahrzehnte, die in früheren Zeiten als ›Hochverrat‹ bezeichnet worden wären, zu verstehen. Dieses Verhalten der Bundesregierungen wird durch den Artikel 139 des Grundgesetzes (Befreiungsgesetz) gedeckt:

> »Die zur Befreiung des deutschen Volkes vom Nationalsozialismus und Militarismus erlassenen Rechtsvorschriften werden von den Bestimmungen dieses Grundgesetzes nicht berührt.«

Diese Rechtsvorschriften – unter anderem die Kontrollratgesetze – haben Vorrang vor jedem deutschen Recht,[1] also auch die Wissenschafts- und Meinungsfreiheit. Diese Gesetze sind nicht erloschen, wie immer wieder behauptet wird. Ihre Einhaltung wird nach der Auflösung des Kontrollrats von den Behörden der BRD überwacht. Es gibt einen riesigen Katalog von Verfügungen der Besatzungsmächte USA, England, Frankreich und Rußland, die über jedem deutschen Recht stehen. Was die Siegermächte dort festgelegt haben, gilt als *offenkundig* und bedarf keines Beweises, etwa die Verbrechen der Wehrmacht und anderes. Was sie befohlen haben, darf von deutschen Parlamenten nicht aufgehoben werden, etwa die Entflechtung der Kohlewirtschaft, der Stahlindustrie und der chemischen Industrie sowie das Verbot der Kohleverflüssigung oder die Herstellung von Methanol durch Hochdruckhydrierung (Gesetz Nr. 25 B), die Richtlinien für deutsche Politiker und deutsche Presse (Direktive Nr. 40 vom 12. Oktober 1948) und unzählige andere Vorschriften.

---

[1] Siehe www.de.wikipedia.org/Kontrollratgesetze

Auch das »Gesetz zur Bereinigung des Besatzungsrechts« vom 29. November 2007 hat daran nichts geändert. Dort heißt es im § 3:

> »Rechte und Pflichten, die durch gesetzgeberische oder Verwaltungsmaßnahmen der Besatzungsbehörden. . . begründet und festgestellt worden sind. . ., bestehen weiter fort.«[2]

Dieses Bereinigungsgesetz hat ohne Abstimmung durch den Bundestag Gesetzeskraft erlangt. Das beweist, daß die oberste Gewalt in der BRD bei unseren westlichen ›Freunden‹ liegt, und nicht bei der gewählten Volksvertretung.

Es soll hier nur die Rede sein von der Freiheit der Deutschen in Wissenschaft, Forschung und Entwicklung, die durch das Kontrollratsgesetz Nr. 25 sehr eingeschränkt ist, um so die deutsche Wissenschaft zu kontrollieren und zu beschädigen. Dieses Kontrollratsgesetz Nr. 25 vom 29. April 1946 untersagt in Artikel II angewandte naturwissenschaftliche Forschung auf Gebieten, welche

a) rein oder wesentlich militärischer Natur sind;

b) in dem folgenden Verzeichnis »A« besonders aufgeführt sind:

1. Angewandte Kernphysik.
2. Angewandte Aerodynamik, Bauplanung für Luftfahrt und Antriebmaschinen von Luftfahrzeugen.
3. Raketenantrieb; Düsenantrieb und Gasturbinen.
4. Angewandte Hydrodynamik, insbesondere Unterwasserakustik und Antrieb von Wasserfahrzeugen.
5. Schiffsbau und Verhalten von Schiffen.
6. Elektromagnetische, infrarote und akustische Strahlung usw.

Forschungen auf diesen Gebieten sind erlaubt, wenn sie gemeinsam mit einem ›Freund‹ aus der westlichen Wertegemeinschaft durchgeführt werden und diesem Vorteile bringen, etwa die Entwicklung der Gasultrazentrifuge, von U-Booten, vom Airbus usf.

Wie aktuell diese Liste ist, beweist zum Beispiel der Punkt 1 »Angewandte Kernphysik«.

Es ist bekannt, daß die ehemaligen Kernforschungszentren in Deutschland seit rund 20 Jahren keine Kernenergieforschung mehr

---

[2] Bundesgesetzblatt www.bgbl.de/2007

betreiben, daß die Entwicklung des Hochtemperaturreaktors THTR 300 im Jahre 1989 aus politischen Gründen eingestellt wurde,[3] daß der Atomausstieg im März 2011 politisch begründet war, daß für Kernforschung keine staatlichen Mittel mehr zur Verfügung stehen. Die Elementarteilchenforschung ist uns nicht verboten (GSI; DESY), allerdings zum Teil ins Ausland verlagert (CERN) worden.

Außerdem verfügt das Atomgesetz vom 8. Dezember 2010 in § 7,[4] daß der Bau von kerntechnischen Anlagen zur gewerblichen Erzeugung von Elektrizität nicht mehr genehmigt wird. Andererseits werden wir durch das »Erneuerbare Energien Gesetz« (EEG) gezwungen, teure Solar- und Windenergie zu verbrauchen, welche die Energieversorgung Deutschlands nicht gewährleisten können und damit die Industrie zwingen, ins Ausland abzuwandern. Eine souveräne deutsche Regierung hätte solches nicht beschlossen.

All dies geschieht im Sinne der Sieger des Zweiten Weltkriegs, um Deutschland erheblich zu schwächen, indem man seine Energieversorgung zugrunde richtet.

Die Kontrollratsdirektive Nr. 40 vom 12. Dezember 1946 enthält die Richtlinien für deutsche Politiker und deutsche Medien, die nach der Pfeife der Siegermächte zu tanzen haben. Im konkreten Fall der angewandten Kernphysik heißt dies, daß die Bevölkerung seit Jahrzehnten durch Falschinformationen, Halbwahrheiten und Antikernkraftkampagnen so gegen die Kernenergienutzung aufgehetzt worden ist, daß sie in ihrer Mehrheit die absurden grünen Thesen zur Energiepolitik übernommen hat. Die Folge ist die Verteuerung der Energie und, daraus folgend, die Deindustrialisierung und Verarmung des Landes. Wir sind jetzt in einer ähnlichen Lage wie die DDR nach 1989, die im Sinne der Globalisierer konsequent deindustrialisiert wurde.

Deutschland spielt heute international auf dem Gebiet der Kernenergietechnik keine Rolle mehr, während in anderen Ländern Hunderte Kernkraftwerke neu geplant und gebaut werden von unseren ehemaligen Konkurrenten, die uns ausgetrickst haben.

---

[3] www.adew.eu/Der Hochtemperaturreaktor...,

[4] www.bgbl.de

Damit steuert die derzeitige BRD-Gesellschaft in ihren Ruin und Untergang.

Die BRD ist ein besetztes Land, das seine Handlungsanweisungen von den westlichen Siegermächten des Zweiten Weltkriegs erhält und diese gemäß Artikel 139 GG zu befolgen hat. Im Verlauf der Vereinigung von BRD und DDR nach 1989 bestand kurzzeitig die Möglichkeit, diesen Artikel 139 abzuschaffen. Leider ist das nicht geschehen.

Alle paar Jahre verkündeten die Medien, die BRD sei jetzt souverän, die Bestimmungen der Besatzungsmächte seien jetzt außer Kraft gesetzt, zum Beispiel durch die Pariser Verträge vom 5. Mai 1955 oder durch den 2+4-Vertrag vom 23. September 1990. In diesem Vertrag wird ausdrücklich behauptet:

> »Das vereinte Deutschland hat demnach volle Souveränität über seine inneren und äußeren Angelegenheiten.«

Allerdings stellte sich danach immer wieder heraus, daß sich im Prinzip nichts geändert hatte. Nach den Vereinbarungen vom 27./28. September 1990 über die Beziehungen zwischen der Bundesrepublik Deutschland und den drei Westmächten gelten noch Bestimmungen des Überleitungsvertrages vom 26. Mai 1952 weiter, worauf Reinhard Müller 2005 unter dem bezeichnenden Titel »Versteinertes Besatzungsrecht« hinwies:

> »In Kraft bleiben alle Maßnahmen, die für ›Zwecke der Reparation oder Restitution oder aufgrund des Kriegszustandes‹ gegen das ›deutsche Auslands- oder sonstiges Vermögen durchgeführt worden sind‹. Gegen diese Maßnahmen darf die Bundesrepublik Deutschland keine Einwendungen erheben. Ansprüche gegen Klagen und Klagen gegen Personen, die aufgrund solcher Maßnahmen Eigentum erworben haben, sowie Klagen gegen internationale Organisationen oder ausländische Regierungen ›werden nicht zugelassen‹. Dieser Klageausschluß ist noch heute gültig.«[5]

Was die BRD-Souveränität wert ist, kann man beim Studium der Kontrollratsgesetze[6] nachlesen: nichts. Keine deutsche Instituti-

[6] Reinhard Müller, »Versteinertes Besatzungsrecht«, in: *Frankfurter Allgemeine Zeitung,* 10. 5. 2005.

[6] Siehe www.de.wikipedia.org/Kontrollratgesetze

Kontrollratsproklamation Nr. 2
Zusätzliche an Deutschland gestellte Forderungen
vom 20. September 1945

11. Die deutschen Behörden haben alle Anweisungen der Alliierten Vertreter zu befolgen, betreffend Gebrauch, Kontrolle, Zensur aller *Mittel zur* Beeinflussung von Meinungsäußerungen und Ansichten, einschließlich Radiosendungen, Presse und Veröffentlichungen, Reklame, Filme und öffentlicher Vorstellungen, Unterhaltungen und Ausstellungen aller Art.

ABSCHNITT V.

12. Die Alliierten Vertreter werden die von ihnen für notwendig gehaltene Kontrolle ausüben über die Gesamtheit oder irgendeinen Teil oder einer Sparte der deutschen Finanz, Landwirtschaft (einschließlich Forstwesens), Produktion, des Bergbaus, der öffentlichen Versorgung, der Industrie, des Handels, des Warenverkehrs und der Wirtschaft im allgemeinen, innerhalb und außerhalb Deutschlands, und über alle damit verwandten und verknüpften Angelegenheiten, einschließlich Leitung oder Verbot von Fabrikation, Herstellung, Konstruktion, Bearbeitung, Gebrauch und Verwendung aller Gebäude, Betriebe, Einrichtungen, öffentlicher und privater Werke, Anlagen, Ausrüstungen, Produkte, Materialien, Lager und Mittel. Einzelheiten über die hiervon betroffenen Gegenstände nebst den diesbezüglichen Forderungen der Alliierten Vertreter werden den deutschen Behörden von Zeit zu Zeit mitgeteilt werden.

15. a) Die deutschen Behörden und alle Personen in Deutschland haben den Alliierten Vertretern in Deutschland alles Gold und Silber auszuhändigen, in Münze oder in Barren, und alles Platin in Barren, das sich in Deutschland befindet, und alle sich außerhalb Deutschlands befindlichen Münzen und Barren, die das Eigentum irgendwelcher der in Unterparagraph 14 a) erwähnten Stellen oder Körperschaften oder irgendeiner in Deutschland wohnhaften oder *geschäftlich* tätigen Person sind oder für sie innegehalten werden.

b) Die Vernichtung, Entfernung, Verheimlichung, Verhehlung oder Abänderung irgendwelcher Dokumente, Akten, Patente, Zeichnungen, Patentbeschreibungen, Pläne oder Auskünfte aller Art, die unter die Bestimmungen dieses Dokumentes fallen, ist verboten. Solche Dokumente müssen bis zur Erteilung weiterer Vorschriften an ihrem gegenwärtigen Aufbewahrungsort unversehrt verwahrt werden. Die deutschen Behörden müssen den Alliierten Vertretern alle diesbezüglich benötigte Auskunft erteilen und nötige Hilfe leisten.

c) Alle bereits angeordneten, unternommenen oder in Angriff genommenen Maßnahmen, die im Gegensatz zu den Bestimmungen der Unterparagraphen a) und b) oben stehen, müssen sofort widerrufen oder eingestellt werden. Alle Lagervorräte, Ausrüstungen, Anlagen, Akten, Patente, Dokumente, Zeichnungen, Patentbeschreibungen, Pläne oder anderes Material, die innerhalb oder außerhalb Deutschlands *schon* verborgen sind, müssen sofort angemeldet und gemäß den Bestimmungen der Alliierten Vertreter weiterbehandelt werden.

on kann die Besatzer-Erlasse aufheben. Unser staatlicher Status entspricht dem einer zentralafrikanischen Kolonie im 19. Jahrhundert. Dem entsprechend sind unsere derzeitigen ›Eliten‹ und das politische Personal. Selbst im Bundesjustizministerium weiß man nicht so genau, welches Kontrollratsgesetz noch gültig ist und welches nicht!

Nach Lage der Dinge ist die US-Kolonie BRD immer noch besetztes Gebiet und nicht souverän.

Die jahrzehntelange Berieselung der Deutschen mit Antikernkraftparolen durch alle Medien hat viele Menschen in eine verhängnisvolle Technikfeindschaft getrieben, die jetzt die Spaßgesellschaft, aber auch unser Sozialsystem zerstört. Die Zeiten, in denen Deutschland eine Vorreiterrolle in Wissenschaft und Technik spielte, sind vorbei. Die Lösung unserer Probleme – also auch die Abschaffung des Artikels 139 GG – könnte in Eurasien liegen, vor allem in einer Zusammenarbeit mit der Shanghaier Organisation, und wird in diesem Buch vielfach aufgezeigt.

Fremdherrschaft

Den meisten Deutschen ist nicht bewußt, daß Deutschland seit 1945 unter Fremdherrschaft steht. Deutschland gilt seit 1945 in der UNO gemäß den Artikeln 53, 77 und 107 der UN-Charta immer noch als Feindstaat. Die von den Besatzungsmächten von 1945 bis 1954 erlassenen Vorschriften und Gesetze (z. B. Kontrollratsgesetze, SHAEF-Gesetze) sind nur teilweise aufgehoben bzw. verpflichten, wie gesagt, die Bundesregierungen gemäß Grundgesetz Artikel 139 zu Maßnahmen, die Deutschland schaden. Überwacht und kontrolliert wird unser Land seit 1945 durch Hunderte Organisationen, Berater. . .

Am 18. November 2011 meinte Bundesfinanzminister Wolfgang Schäuble beim ›European Banking Congress‹ in Frankfurt/M. bezeichnend:

> »Die deutsche Souveränität ist spätestens mit den beiden Weltkriegen ad absurdum geführt worden. Wir in Deutschland sind seit dem 8. Mai 45 zu keinem Zeitpunkt mehr voll souverän gewesen.«

Der SPD-Vorsitzende Siegmar GABRIEL äußerte auf einem SPD-Parteitag seinerseits: »Frau MERKEL ist die Geschäftsführerin einer Nichtregierungsorganisation in Deutschland.« Noch deutlicher äußerte sich MdB Gregor GYSI zu dieser Frage in einem Interview, daß das Besatzungsrecht unverändert fort gelte, bis heute.

Da Deutschland seit 1870 seinen Aufstieg und Wohlstand seiner leistungsfähigen Industrie und seinem hervorragenden Bildungssystem verdankte, sollte sein Abstieg durch die Kontrolle und Steuerung seiner Industrietätigkeit bewirkt werden. Da die Industrie nur funktioniert, wenn die Energieversorgung gesichert und bezahlbar ist, kann man die Industrie durch energiepolitische Maßnahmen leicht steuern, fördern oder beschädigen.

Wenn man in den vergangenen Jahrzehnten experimentelle Entwicklungsarbeiten zur Wasserstofftechnik oder Methanoltechnik (zur Speicherung von Solarenergie und Windenergie) machte, traf man auf unerklärlichen Widerstand bei Bundesbehörden, sobald die Ergebnisse der Untersuchungen bekannt wurden.[7] Die finanzielle Förderung der Projekte durch nachgeordnete Instanzen wurde eingestellt, auch wenn positive Ergebnisse vorlagen. Dieses rätselhafte Verhalten der Ministerien und der Politik betraf eine ganze Reihe von Wasserstoffprojekten in der BRD.[8] Nun ist die Wasserstoff-Energietechnik eng mit den Techniken zur Kohleverflüssigung verwandt. Es ist möglich, daß das der Grund für die Politiker ist, die Wasserstofftechnik abzulehnen – sie scheinen aber nicht zu wissen, daß sie damit auch die erneuerbaren Energien in der BRD unmöglich machen.

Deutschland konnte zu beträchtlichem Wohlstand gelangen, solange es aufgrund seines Reichtums an Steinkohle und Braunkohle energetisch autark war. Als man ihm nach dem Ersten Weltkrieg 1919 seine Erdölquellen in Mesopotamien (dem heutigen Irak) wegnahm, blieb der Schaden für Deutschland in Grenzen, da es der Industrie und Forschung gelang, aus Kohle durch An-

---

[7] Siehe: Richard MELISCH, Helmut SCHRÖCKE u.a., *Energiepolitik als Überlebensstrategie der Nation*, Arbeitsgemeinschaft Deutsche Energie- und Wirtschaftspolitik, Aschaffenburg ^{2}2006.

[8] Sigurd SCHULIEN, »Kernkraft ist derzeit nicht ersetzbar«, in: *National-Zeitung*, 24. 9. 2010.

lagerung von Wasserstoff Benzin herzustellen (Kohleverflüssigung). Auch die Wegnahme der Kohlengruben in Oberschlesien und im Saargebiet konnte die deutsche Industrie verkraften. Die Besetzung des Ruhrgebiets durch Frankreich 1923 schlug fehl. Nach 1945 konnte man schärfere Maßnahmen ergreifen. Die Mittel zur Schädigung der deutschen Industrie sind seitdem vielfältiger und raffinierter und wurden im Laufe der Jahre in ausgewählte deutsche Hände gelegt. So wurden nach 1945 folgende Maßnahmen gegen die deutsche Industrie ergriffen, zunächst von den Besatzungsmächten, später durch gewählte Bundesregierungen:[9]

- Die Kohleverflüssigung zur Herstellung von Benzin wurde am 10. April 1946 durch das Kontrollratsgesetz Nr. 23 verboten.
- Der Steinkohlebergbau wurde im Laufe der folgenden Jahre drastisch reduziert.
- Ein beträchtlicher Teil der Energieversorgung wurde auf Erdöl umgestellt, das in den Händen anglo-amerikanischer Konzerne und Banken ist, die die Energiepreise manipulieren.
- Die Anwendung der hochentwickelten deutschen Kernenergietechnik wurde nach 1960 durch jahrzehntelange Medienkampagnen und dazugehörige Gehirnwäsche unmöglich gemacht, die deutsche Nuklearindustrie vernichtet.
- Die Entwicklung des Hochtemperaturreaktors THTR 300 wurde 1989 abgebrochen. Bei diesem Kernreaktor ist keine Kernschmelze möglich, keine Produktion von Plutonium, kein Endlager erforderlich.
- Der Erlaß des »Erneuerbaren-Energie-Gesetzes« (EEG) vom 29. März 2000 fordert den Vorrang erneuerbarer Energien für die Stromerzeugung und garantiert feste Einspeisevergütungen. Da die Technik der erneuerbaren Energien noch in den Kinderschuhen steckt, ist nach Inkrafttreten dieses Gesetzes die sichere und kostengünstige Energieversorgung in Deutschland nicht mehr gewährleistet. Die Industrie wandert in Länder mit sicherer und kostengünstiger Energieversorgung aus.

---

[9] www.bgbl.de

- Ein Bauverbot für neue Kernkraftanlagen zur Erzeugung von elektrischem Strom erfolgte mit der Änderung des Atomgesetzes vom 8. Dezember 2010.
- Das »Energiewende-Gesetz« vom 6. Juni 2011 bedeutete den Ausstieg aus der Kernenergie bis 2022; die zukünftige Energieversorgung Deutschlands erfolgt nur noch über erneuerbare Energien.
- 2011 Veröffentlichung des »Gesellschaftsvertrags für eine Große Transformation« des ›Beirats der Bundesregierung Globale Umweltveränderungen WBGU‹ zum Ausstieg Deutschlands aus der Industriegesellschaft.

Damit ist die Katze aus dem Sack, und man weiß, wo die Reise hingeht. Es ist höchste Zeit, daß Deutschland die Fremdherrschaft beendet und seine Souveränität wiedererlangt, indem es sich mit gleichgesinnten Völkern verbündet. Die Fremdherrschaft seit 1945 hat die Energieautarkie Deutschlands beseitigt. Die Argumente der Besatzer und ihrer deutschen Helfershelfer, um Deutschland von ausländischen Energielieferungen abhängig zu machen, sind nicht sehr überzeugend und oft betrügerisch. So schrieb zum Beispiel die ehemalige Bundesvorsitzende von Bündnis 90/Die Grünen und jetzige Vizepräsidentin des Bundestags Claudia ROTH am 11. März 2013 zur Reaktorkatastrophe in Fukushima, die als Grund für das Energiewendegesetz vom 6. Juni 2011 dienen mußte:

> »Heute vor zwei Jahren ereignete sich die verheerende Atom-Katastrophe von Fukushima, die nach Tschernobyl ein weiteres Mal eine ganze Region und mit ihr die ganze Welt in den atomaren Abgrund blicken ließ. Insgesamt starben bei der Katastrophe in Japan 16000 Menschen, mehr als 2700 gelten immer noch als vermißt. Hunderttausende Menschen leben heute fernab ihrer verstrahlten Heimat... Die Katastrophe von Fukushima hat uns einmal mehr gezeigt, wie unkontrollierbar und tödlich die Hochrisikotechnologie Atom ist. Wir müssen deshalb alles daran setzen, den Atomausstieg in Deutschland, aber auch in Europa und weltweit so schnell wie möglich umzusetzen und die Energiewende voranzubringen...«

Wieso muß die Frau so offensichtlich die Unwahrheit sagen? Sie hat keine triftigen Argumente. Kein einziger Mensch ist durch die Reaktorkatastrophe umgekommen oder verstrahlt worden. In keinem einzigen Land der Welt außer in Deutschland und in Japan sind wegen Fukushima Kernkraftwerke stillgelegt worden; in Japan werden sie übrigens wieder in Betrieb genommen. Saudi-Arabien, die Türkei, Vietnam und die Arabischen Emirate planen den Bau von Kernreaktoren. In China sind 28 neue Anlagen im Bau, auch ein Kugelhaufenreaktor.

Niemand interessiert sich für das deutsche Beispiel, wie es der »Gesellschaftsvertrag für eine Große Transformation« vorschlägt, weil es idiotisch ist. Deutschland ist so kein Vorbild für die Welt, sondern der Hanswurst, der zeigt, wie man es nicht machen darf. Es gibt auch unter deutschen Patrioten viele, die die Industrialisierung rückgängig machen und die alte Bauernkultur wiederbeleben wollen. Das wäre mit vielen Unbequemlichkeiten verbunden, die von den Stadtbewohnern sicher nicht akzeptiert würden, denn Deutschland würde sehr schnell ein Entwicklungsland werden. Es ist auch eine Industriekultur und Staatsordnung denkbar, die im Einklang mit der Natur steht. Es ist verhängnisvoll, alles Heil von der Technik oder dem Geld zu erwarten. Der völkische Geist beherrscht Technik und Wissenschaft ebenso wie alle Äußerungen der Kultur.

In Deutschland wurde der absolut sichere Kugelhaufenreaktor entwickelt, aber in fremdem Auftrag verboten. Der Leichtwasserreaktor – eine amerikanische Entwicklung für den Antrieb von U-Booten – wird in 30 Ländern betrieben. Bei ihm ist eine Kernschmelze möglich, wird Plutonium produziert und sind teure Wiederaufbereitungsanlagen erforderlich, die der Hochtemperaturreaktor nicht braucht. Bei der Gegenüberstellung der Eigenschaften vom amerikanischen Leichtwasserreaktor und vom deutschen Kugelhaufenreaktor (= Hochtemperaturreaktor) sieht man deutlich den Unterschied zwischen deutscher Sicherheitstechnik und amerikanischer Technik. Das Ziel der Herren der Wall Street ist es, Deutschland auf das Niveau eines Dritte-Welt-Landes herunterzuwirtschaften, was man ja schon nach 1945 mit dem MORGENTHAU-Plan beabsichtigte, um Deutschland als Konkurrenten auf dem Weltmarkt auszuschalten. Es soll eventuellen Kunden bewiesen werden, daß Deutschland wissenschaftlich und technisch impotent sei. Der Beweis für diese Behauptung wird unter anderem dadurch erbracht, daß die Planung großer technischer Projekte in die Hände von Politikern gelegt wird, die von Tuten und Blasen keine Ahnung haben und die Projekte durch unendliches Palavern zugrunde richten. Beispiele für dieses Vorgehen gibt es zuhauf, alles im Sinne der Fremdherrschaft: der Berliner Flughafen, der Stuttgarter Bahnhof, der Transrapid, das Endlager für abgebrannte Brennelemente in Gorleben, erneuerbare Energien ohne Speichermöglichkeit usw.

Das BRD-Projekt »Globale Umweltveränderungen« oder »Die Große Transformation«

Die langfristigen Ziele der Bundesregierungen der letzten Jahrzehnte sind in den Veröffentlichungen des ›Wissenschaftlichen Beirats der Bundesregierung Globale Umweltveränderungen‹ (WBGU) beschrieben, unter anderem im »Gesellschaftsvertrag für eine Große Transformation«.[10] Das Ziel dieses Gesellschaftsvertrags ist eine radikale Umwandlung der wirtschaftlichen und sozialen Ordnung nicht nur Deutschlands, sondern der ganzen Welt, vor allem der entwickelten Industrienationen.

Im Artikel »Ökodiktatur pur« warnte Fritz Vahrenholt am 27. 5. 2011 in *der Welt* vor dem antidemokratischen, jakobinischen Denken des Wissenschaftlichen Beirats der Bundesregierung Globale Umweltveränderungen.

Man ist nämlich der Meinung, die einzige Hoffnung für das Überleben des blauen Planeten bestehe darin, daß die industrialisierten Staaten zusammenbrechen, die die Erde ausbeuten und zugrunde richten. Das ist auch die Ansicht von Maurice Strong, dem ehemaligen Vorsitzenden des Umweltprogramms der UN: Deutschland solle ein Vorreiter und beispielgebend für dieses globale Projekt sein.

Diese Ziele wurden vorab dem leitenden Personal der westlichen Wertegemeinschaft auf den Bilderberger-Konferenzen der letzten Jahre bekanntgegeben. In Deutschland wurde danach die

[10] www.wbgu.de. Zu beziehen über WBGU, Luisenstraße 46, 10117 Berlin.

Presse und die »neue Wissenschaft« auf der Tagung »Die große Transformation« informiert, die vom 8. bis 10. Juni 2009 in Essen stattfand.

Die deutschen Regisseure der »Großen Transformation« und der »Globalen Umweltveränderungen« sahen in der Zerstörung von einigen Kernreaktoren am Strand von Fukushima durch eine Tsunami-Welle im März 2011 den günstigen Anlaß, auch den normalen BRD-Bürger über die Notwendigkeit der »Großen Transformation« zu informieren: zum einen durch Veröffentlichung des »Gesellschaftsvertrags für eine große Transformation«, zum anderen durch eine völlig unangebrachte Antikernkraft-Kampagne aller Medien, obwohl die Zustände und Verhältnisse in Fukushima bei deutschen Kernkraftwerken nicht möglich sind (aber die Journalisten haben ihre Lektion in Essen 2011 gut gelernt).

Der BRD-Bürger ist durch jahrzehntelange Medien-Kampagnen in technik- und industriefeindlichem Sinne beeinflußt worden. Darum würde er die Energiewende mit Genugtuung begrüßen, also die Abschaltung der Kernkraftwerke und ihren Ersatz durch die unausgereifte Technik der erneuerbaren Energien ohne Speichermöglichkeit.

Daß dabei die Energie in Deutschland enorm verteuert wird, die Industrie zugrunde geht oder das Land verläßt, die Bevölkerung verarmt, wird man erst in einigen Jahre bemerken und dafür einen geeigneten Schuldigen finden. Dann wird die derzeitige Industriegesellschaft durch eine vom Finanzsystem gesteuerte Mangelwirtschaft, wie wir sie vom Sowjetkommunismus kennen, ersetzt sein, die Zahl der Menschen auf der Erde drastisch reduziert sein (auf etwa 2 Milliarden), nicht nur durch Kriege, sondern vor allem durch geplante Verhaltensveränderungen gemäß der Großen Transformation (gender mainstreaming, Zerstörung der Familie, Pille, Homo-Ehen, Epidemien usw.). In der von Gangster-Milliardären beherrschten westlichen Wertegemeinschaft gibt es kaum noch eine Möglichkeit, das Ruder herumzureißen. Wir steuern mit Volldampf in ein von langer Hand vorbereitetes Chaos. Ob allerdings China oder eventuell Rußland dies zulassen, ist die Frage.

Die Aufgaben des wissenschaftlichen Beirats WBGU der BRD-Regierung

Die Diesel-Affäre, die derzeit Volkswagen und bald auch andere Autohersteller in große Schwierigkeiten bringt, ist durch dieWall Street und die Londoner City global vorprogrammiert, ebenso wie jene Energiewende im Jahre 2011, die die Stromversorgung Deutschlands beschädigt hat. Die Begründung für derartige Aktionen (dazu gehört auch die Flüchtlingskrise) von Regierung, Parteien und Medien ist durch Denkfabriken vom Typ ›WGBU‹ bestens organisiert.[11]

Damit die BRD-Regierung alles im Sinne der Wall Street und der Londoner City richtig macht, wird sie durch den ›WBGU‹ intensiv beraten. Im April 2011 hat dieser Beirat seine Ziele und Absichten in dem Gutachten »Welt im Wandel: Gesellschaftsvertrag für eine Große Transformation« veröffentlicht. Die ›Große Transformation‹ bestehe in dem nachhaltigen weltweiten Umbau aller Länder – vor allem Deindustrialisierung der Industriestaaten und Verhinderung der Industrialisierung der Schwellenländer –, wobei Deutschland eine Vorreiterrolle bei der Einführung der erneuerbaren Energien und der Bekämpfung des CO_2 zu übernehmen habe.

Nun ist es sicherlich kein Vergnügen, dieses Gutachten »Gesellschaftvertrag für eine Große Transformation« zu lesen. Denn er ist in einem seltsamen 68er Neusprech geschrieben, mit soziologischen Floskeln und in eigenartigen multikulturellen Gedankengängen verfaßt mit Begründungen aus der ideologischen Wunderkiste der 68er mit deren Ideen und Projekten für das Wolkenkuckucksheim. Aber man muß die Mühe auf sich nehmen, wenn man die irrationalen und verworrenen Gedanken der Ober-68er kennenlernen will, die der BRD-Politik die Argumente für Atomausstieg und Energiewende lieferten. In diesem 27seitigen Gutachten (Zusammenfassung für Entscheidungsträger) heißt es unter anderem:

---

[11] Sigurd SCHULIEN, »Das BRD-Projekt Globale Umweltveränderungen«, unter: www.adew.eu/Berichte/Geopolitik

»Das kohlenstoffbasierte Weltwirtschaftsmodell ist ein normativ unhaltbarer Zustand, denn es gefährdet die Stabilität des Klimasystems und damit die Existenzgrundlagen künftiger Generationen... Der WBGU zeigt im Gutachten explizit, daß die technologischen Potentiale zur umfassenden Dekarbonisierung [Beendigung der Nutzung fossiler Energieträger] vorhanden sind, skizziert Geschäfts- und Finanzierungsmodelle für den Wandel und verdeutlicht, daß politische Instrumente für eine klimaverträgliche Transformation wohlbekannt sind... Die Gesellschaften müssen auf eine neue Geschäftsgrundlage gestellt werden. Es geht um einen neuen Weltgesellschaftsvertrag für eine klimaverträgliche und nachhaltige Weltwirtschaftsordnung.«

Dazu gibt der WBGU unter anderem folgende Handlungsanweisungen:

- Die CO_2-Bepreisung ist global voranzubringen. Dabei muß der CO_2-Preis hinreichend hoch sein, um die erforderliche transformative Wirkung auszuüben, das heißt, er muß ein Mehrfaches über dem jetzigen Preisniveau des europäischen Emissionshandels liegen.
- Ausbau der erneuerbaren Energien durch Einspeisevergütungen international beschleunigen... Ziel einer gemeinsamen europäischen Energiepolitik sollte die Dekarbonisierung der Energiesysteme bis Mitte des Jahrhunderts sein.

An anderer Stelle heißt es:

»Der Beirat erläutert auch, daß die erforderliche Transformation tiefgreifende Änderungen von Infrastrukturen, Produktionsprozessen, Regulierungssystemen und Lebensstilen sowie ein neues Zusammenspiel von Politik, Gesellschaft, Wissenschaft und Wirtschaft umfaßt... Die Transformation kann zudem nur dann gelingen, wenn Nationalstaaten ihre kurzfristigen Interessenkalküle zugunsten globaler Kooperationsmechanismen zurückstellen, um vor allem in der Weltwirtschaft eine Trendumkehr zu Klimaverträglichkeit und Nachhaltigkeit zu ermöglichen.«

Das also ist das Glaubensbekenntnis der anglo-amerikanischen Globalisierer, an das sich unsere BRD-Regierungen halten müssen, um anderen Vasallen als Beispiel zu dienen. Die politische Glaubenslehre des WBGU hat inzwischen in Deutschland im Widerspruch zu den Naturgesetzen folgende irrsinnige Dogmen durchgesetzt:

- Klimaschwindel (Kohlendioxid = Klimakiller),
- Energiewende (nur erneuerbare Energien ohne Speichermöglichkeit für ein Industrieland wie Deutschland, d.h. Vernichtung der deutschen Industrie),
- Ausstieg aus der Kernenergie und den fossilen Energien gleichzeitig,
- Ersatz des natürlich gewachsenen Nationalstaats durch einen künstlichen Vielvölkerstaat.

Wer diese Glaubenssätze nicht anerkennt oder die Pariser Klimakonferenz des Jahres 2015 für eine Propagandaveranstaltung der Globalisierer auf dem Weg zur Weltherrschaft hält,[12] ist ein Ketzer, ein Nazi, ein Fremdenfeind u.ä.

Aus all diesem ergibt sich, daß wir erst dann wieder eine deutsche Interessen vertretende Regierung haben werden, wenn wir aus der NATO, der EU und der westlichen Wertegemeinschaft ausgetreten und wieder souverän sind.

Die ›Große Transformation‹, die Atlantikbrücke und die Kollaboration

Die absurde Energie- und Klimapolitik der BRD-Regierungen scheint vielen Deutschen unverständlich, aber auch deren Finanz- und Geldpolitik, die Beteiligung an fremden Kriegen, die Scheckbuch-Diplomatie, die Abschaffung der D-Mark, das Durchwinken des ESM-Vertrags usw. Gibt es einen gemeinsamen Nenner und eine Erklärung für diese chaotische Politik, die Deutschland zugrunde richtet?

Die derzeitige Bundesregierung betreibt, wie gesagt, als ihr wichtigstes politisches Ziel die »Große Transformation«. Für den ›Wissenschaftlichen Beirat der Bundesregierung globale Umwelt-

[12] Sigurd SCHULIEN, »Paris 2015. Die Konferenz zur Besiegelung der Großen Transformation und der Macht des Dollars«, unter: www.adew.eu/Berichte/Aktuelles

veränderungen‹ besteht die »Große Transformation« in dem nachhaltigen weltweiten Umbau von Wirtschaft und Gesellschaft. Auf der Weltnetz-Seite dieses wissenschaftlichen Beirats www.wbgu.de heißt es dazu:

> »Es geht hierbei um einen neuen Weltgesellschaftsvertrag für eine klimaverträgliche und nachhaltige Weltwirtschaftsordnung. Die erforderliche Transformation bewirkt tiefgreifende Änderungen von Infrastrukturen, Produktionsprozessen, Regulierungssystemen und Lebensstilen sowie ein neues Zusammenspiel von Politik, Gesellschaft, Wissenschaft und Wirtschaft. Die Transformation kann nur dann gelingen, wenn Nationalstaaten ihre kurzfristigen Interessenskalküle zugunsten globaler Kooperationsmechanismen zurückstellen, um vor allem in der Weltwirtschaft eine Trendumkehr zur Klimaverträglichkeit und Nachhaltigkeit zu ermöglichen.«

Die Aufgabe der Bundesregierung in diesem Transformationsprozeß ist es, bei der Abschaffung der bisher sicheren Energieversorgung durch Kernkraft und Kohle, die durch die noch im Entwicklungsstadium befindlichen erneuerbaren Energien ersetzt werden sollen, mit tapferem Beispiel für andere Industriestaaten voranzugehen, wie es die naturwidrige und menschenverachtende Ideologie der anglo-amerikanischen Erfinder der »Großen Transformation« verlangt. Dies bedeutet im Klartext: Abschaffung der Industrie sowie Verarmung und Verelendung der Bevölkerung, wie es die Siegermächte des Zweiten Weltkriegs mit Deutschland vorhatten.

In Deutschland läuft die ›Große Transformation‹ schon seit 1945, allerdings zeitweise mit verschiedener Intensität und unter anderen Namen, zunächst Morgenthau-Plan, danach Umerziehung, jetzt »Große Transformation«. Organisiert wurde die Umerziehung nach 1945 zunächst durch Dekrete des Kontrollrats, ab den fünfziger Jahren durch eine neue deutsche ›Elite‹, die ihre Handlungsanweisungen unter anderem von der Organisation ›Atlantik-Brücke‹ erhielt.[13] Die Anglo-Amerikaner haben seit 1945 zur Beherrschung der BRD zahlreiche Organisationen gegrün-

---

[13] www.atlantik-bruecke.org

Das Magnus-Haus, Sitz der Atlantik-Brücke e.V. in Berlin-Mitte.

det, neben der ›Atlantik-Brücke‹ ›The Aspen Institute‹, ›The Fulbright Commission‹, ›The German Marshall Fund‹, die Bilderberger, die Trilaterale Kommission usw.

Den größten Einfluß hat dabei zweifellos die ›Atlantik-Brükke‹ erlangt, die 1952 unter anderen von dem Bankier E.W. WARBURG und der Gräfin DÖNHOFF (*Die Zeit*) gegründet wurde. Die Bundeskanzler Helmut SCHMIDT und Helmut KOHL hatten enge Beziehungen zur ›Atlantik-Brücke‹. Aufgabe und Ziel der ›Atlantik-Brücke‹ ist es, deutsche Unterstützer der Wall Street-Herrschaft und der neuen Weltordnung in einflußreiche BRD-Positionen zu bringen: in Politik, Wirtschaft, Medien, Wissenschaft, Behörden, Institutionen usw.[14] Da die meisten Schlüsselpositionen der BRD von Mitgliedern und Freunden der Atlantik-Brükke und anderer ähnlicher Vereine besetzt sind, ist es nicht verwunderlich, daß die BRD zu einem Vasallen der USA geworden ist. Absicht der ›Atlantik-Brücke‹ war es von Anfang an, Deutschland als Vasallenstaat in die neue Weltordnung und Globalisierung einzugliedern.

Die ›Große Transformation‹ ist das Endstadium der Umerziehung in Deutschland. Die anderen europäischen Staaten sind nun mit starker Unterstützung durch Politik und Medien diesem in

[14] Eine nicht vollständige Mitgliederliste findet man unter: www.contramotion.com/updates/materials.

Deutschland erprobten Prozeß ausgeliefert. Man hat es fast überall geschafft, die in Jahrtausenden gewachsene Kultur Europas zu zertrümmern, zu verhöhnen und lächerlich zu machen durch irrsinnige Aufführungen des Regie-Theaters, obszöne Operninszenierungen, abscheuliche Gemälde und Skulpturen nach PICASSO-Art. Die Geschichte wurde verfälscht, staatliche Institutionen korrumpiert, alle früheren Werte abgeschafft und durch zum Teil abartige Verhaltensweisen ersetzt.

Wir hatten in Deutschland vor der Umerziehung ein hervorragendes Bildungs- und Forschungssystem, eine optimale Energieversorgung sowie Industrie- und Wirtschaftsstruktur. Dies alles ist in den vergangenen Jahrzehnten heruntergewirtschaftet oder transformiert worden zum Nachteil und zur Abschaffung Deutschlands.

Es gibt noch einige Staaten, die nicht wollen, daß ihnen das gleiche passiert. So wurde 2001 die ›Shanghai Cooperation Organisation‹ (SCO) gegründet, auf deutsch ›Shanghaier Organisation für Zusammenarbeit SOZ‹. Mitglieder dieser Organisation sind China, Rußland und einige Staaten Zentralasiens; Beobachterstatus haben Indien, Pakistan und der Iran.[15] Zweck der SOZ ist die Zusammenarbeit dieser Staaten auf dem Gebiet der Wirtschafts- und Sicherheitspolitik. Zu ihren eigentlichen Zielen gehören die Abwehr anglo-amerikanischer Beherrschungspläne in Asien und die Verteidigung der Souveränität und der Freiheit der beteiligten Staaten.[16] Die SOZ steht für den Beitritt weiterer Länder offen.[17] Darüber berichten unsere Medien allerdings nichts. Auch ist ihnen entgangen, daß am 20. November 2012 in Pnom-Penh (Kambodscha) eine ›Regional Comprehensive Economic Partnership‹ gegründet wurde, um mit tapferem Beispiel für andere Industriestaaten voranzugehen; ihr gehören 15 asiatische Staaten an, unter anderen China, Japan, Indien, Süd-Korea und Australien. Diese Länder wickeln in Zukunft den Handel unterein-

---

[15] www.de.wikipedia.org/Shanghai_Organisation

[16] Bernhard RODE, *Das eurasische Schachbrett*, Hohenrain, Tübingen 2012, S. 517 ff. u. 731 ff.

[17] Sigurd SCHULIEN, »Deutschland-Europa aus geopolitischer Sicht«, unter: www.adew.eu/Berichte/

Oben: Das SOZ-Logo. Der letzte Gipfel der SOZ fand 2016 in Taschkent, Usbekistan. Hier: der Gastgeber Islam KARIMOV mit Wladimir PUTIN

ander bevorzugt nicht mehr in Dollar, sondern in eigener Währung oder in chinesischem Renmimbi ab. Die USA spielen in dieser Organisation keine Rolle, obwohl sich OBAMA sehr darum bemüht hatte, um den Dollar zu retten.

Er mußte mit leeren Händen nach Washington zurückkehren. Das Ende des amerikanischen Jahrhunderts und seiner Vasallen ist damit besiegelt. Die BRD sollte das sinkende Schiff verlassen und in Zukunft mit den Ländern zusammenarbeiten, denen die Zukunft gehört und deren Politik nicht durch die naturwidrige abartige Ideologie des Mammons geprägt ist. Dann könnte der Wiederaufbau des verwüsteten Deutschland in einem Europa der Vaterländer beginnen – auch zum Vorteil der anderen europäischen Staaten – unter der Voraussetzung, daß man offen über die Verbrechen der Anglo-Amerikaner sprechen kann, die sie in den vergangenen dreihundert Jahren überall in der Welt begingen, wo sie hinkamen, und man dabei nicht sofort von Fans und Kollaborateuren der USA als ›Nazi‹ diffamiert wird.

Das Zusammenspiel von Geldmafia, Geschäftemachern und Politik

Man fragt sich, ob diejenigen, die für die Politik der BRD verantwortlich sind – die also auch die Verantwortung für die deutsche

Energie- und Klimapolitik tragen und das Desaster der Energiewende verursacht haben – ob diese Leute wahnsinnig sind.

Die Wahrheit ist vermutlich, daß sie gar nicht wissen, was sie angerichtet haben. Sie haben im Auftrag von internationalen Geschäftemachern seit den achtziger Jahren in den Parlamenten die gesetzlichen und organisatorischen Vorbereitungen für den Umbau der Energieversorgung Deutschlands gemacht, ohne zu durchschauen, was sie da taten. Die Warnungen von Energie- und Klimaexperten haben sie nicht zur Kenntnis genommen. Für sie zählten nur die anglo-amerikanischen Berater, Lobbyisten und Geschäftemacher, deren Wohlwollen bei der Vergabe von Listenplätzen bei Wahlen von Vorteil ist. Diese Leute redeten den Politikern ein, daß die erneuerbaren Energien die Energietechnik der Zukunft seien und daß Deutschland bei der globalen Einführung dieser Technik beispielhaft vorausgehen solle. Sie sagten ihnen aber nicht, daß die erneuerbaren Energien ohne Speicherung für ein Industrieland völlig ungeeignet und sogar schädlich sind. Wasserstoff, den man durch die Zersetzung von Wasser in Wasserstoff und Sauerstoff durch Energie aus Windrädern und Solarzellen herstellen kann, ist der optimale Speicher für erneuerbare Energien.

Der gespeicherte Wasserstoff könnte bei Fehlen von erneuerbaren Energien Turbinen antreiben, die elektrischen Strom erzeugen. In den Augen anglo-amerikanischer Geldfürsten erin-

Der 2011 von einem Erdbeben hervorgerufene Tsunami verursachte enorme Schäden am Kernkraftwerk Fukushima I.

nert das an die in Deutschland erfundene Kohleverflüssigung (Herstellung von Benzin aus Kohle und Wasserstoff) und würde Deutschland energetisch autark machen. Aus New Yorker Sicht muß das unbedingt verhindert werden. Vermutlich deshalb wurde die staatliche Förderung der deutschen Wasserstoffprojekte zur Speicherung der erneuerbaren Energien in den neunziger Jahren abgebrochen.

Die 2011 von einem Erdbeben hervorgerufene Tsunami-Welle in Japan zerstörte drei japanische Kernkraftwerke us-amerikanischer Bauart, die unmittelbar am Strand des pazifischen Ozeans standen und deren elektrische Einrichtungen durch die Tsunami-Welle überflutet und zerstört wurden. Der Ausfall der Kühlwasserpumpen der Kernreaktoren verursachte eine teilweise Kernschmelze mit Wasserstoffbildung an den überhitzten Brennelementen. Mit dem aus dem Reaktordruckbehälter abgelassenen Wasserstoff (dies geschah grob fahrlässig nicht über Rekombinatoren) gelangten auch radioaktive Elemente in die Atmosphäre. Da in einem deutschen Kernkraftwerk derartiges nicht passieren kann, ist der eigenartige Entschluß der Bundesregierung, den stufenweisen Atomausstieg bis zum Jahre 2022, nicht nachvollziehbar. Im übrigen werden so weitreichende und folgenschwere Entscheidungen, die Kosten in Höhen von mehreren hundert Milliarden Euro verursachen, in einer parlamentarischen Demokratie vom Parlament getroffen, nicht par ordre de Mufti eines anonymen Beraterzirkels.

Die Tsunami-Welle war der geeignete Anlaß, neun Kernkraftwerke in Deutschland abzuschalten und die Energiewende dem Fernsehpublikum plausibel zu machen (obwohl es immer noch keine Tsunamis in Deutschland gibt, hervorgerufen durch die surrealistische menschengemachte CO_2-Klimakatastrophe). Durch diese Energiewende verdienten sich die Hersteller von Windrädern und Solaranlagen goldene Nasen. Nun ist wegen der teuren und unsicheren Stromversorgung durch die Windräder und Solaranlagen die Energiewende gescheitert. Entstanden ist ein Schaden in Billionenhöhe, der vom Steuerzahler und über die Stromrechnung bezahlt werden muß.

Die politisch Verantwortlichen in der BRD haben anscheinend immer noch nicht gemerkt, daß sie für gewissenlose anglo-amerikanische und auch deutsche Geschäftemacher die gesetzlichen Voraussetzungen für ein Billionengeschäft geschaffen haben: Zerstörung der deutschen Energieinfrastruktur und Aufbau einer unbrauchbaren auf der Grundlage erneuerbarer Energien, begründet durch das »Erneuerbare Energien Gesetz« (EEG) vom 29. März 2000, seit Jahrzehnten durch Anti-Kernkraft- und Anti-Kohlen-Kampagnen propagandistisch vorbereitet. Die Energiewende ist zwar inzwischen gescheitert, aber die Investoren und professionellen Klimaschützer haben, wie gesagt, ihre Schäfchen im trokkenen.

Das war jedoch nur der erste Streich. Gleichzeitig wurde das deutsche Finanzsystem in ein solches gemäß anglo-amerikanischer Manier umgemodelt. Die deutschen Landesbanken, deren Führungspositionen mit abgehalfterten Politikern besetzt waren, gingen in die Falle der transatlantischen Banker und kauften für viele Milliarden Dollar anglo-amerikanische Schrottanleihen und betrügerische wertlose Wetten. Das hatte zur Folge, daß eine Anzahl deutscher Banken sich völlig verspekulierte und mit großen Milliardenbeträgen aus Steuergeldern, die dann über den Atlantik gingen, unterstützt werden mußten. An sich hätten diese Banken Konkurs anmelden müssen. Was da geschah, war strafbare Konkursverschleppung der beteiligten bankrotten Banken. Es war aber ein gutes Geschäft für die Geldmafia. Kein Staatsanwalt erhob Anklage. Es wird jetzt europaweit betrieben. In Deutschland wurde es getestet und von den Wall Street-Leuten für gut befunden – genau so, wie die Energiewende in Deutschland getestet werden und als Vorbild für die ganze Welt dienen sollte.

Ein weiteres Geschäftsmodell ist das deutsche Gesundheitssystem. Hierbei geht es darum, die Krankenversicherungs-Beiträge der Versicherten in die richtigen Kassen zu lenken: in die der Pharmaindustrie und der großen Gesundheitskonzerne.

Alle diese großartigen Plünderungsaktionen wurden durch ›Reformen‹ der bewährten deutschen Institutionen eingeleitet: Nach erfolgter Reform durch anglo-amerikanische ›Innovationen‹ ist das ehemals hoch effiziente deutsche Energieversorgungssystem zerstört.

Das Finanzsystem bricht demnächst zusammen. Dadurch gerät auch das Gesundheitssystem in Schwierigkeiten.

Ein neues Programm wird derzeit angeleiert, nämlich die Privatisierung von gut funktionierenden staatlichen Unternehmen, welche von den erwähnten Lobbyisten in die Wege geleitet wird. Beispiele aus der jüngsten Vergangenheit sind die Bundesbahn und die Post. Auf der Wunschliste der Investoren und Geschäftemacher steht nun die Privatisierung der Autobahnen (Autobahngebühren, die Kontrollstellen sind schon da), der Schulen, der Stadtwerke und der Wasserversorgung.

Zu diesem Zweck ist ein neues Geschäftsmodell für Geschäftemacher und Banker erfunden worden, die ›Public Private Partnership‹ (öffentliche private Partnerschaft). Hierbei bauen private Investoren Straßen, Autobahnen, Schulen, Verwaltungsgebäude usw. und vermieten diese dann für 30 bis 50 Jahre an die Stadt oder das Land. Die Renditen der Investoren und Banken sind enorm. Ohne Investoren wäre es wesentlich billiger.

Die juristische Begründung für dieses anglo-amerikanische Geschäftsmodell ist das Gesetz »Schuldenbremse für die öffentlichen Haushalte«. Für den Wähler hört sich das sehr gut und harmlos an. Dieses Gesetz wurde im Jahre 2009 sowohl vom Bundestag als auch vom Bundesrat gebilligt. Die Lobbyisten und die Globalisierer können zufrieden sein. Deutschland bleibt in Schuldhaft und damit erpreßbar.

Die geplante Deindustrialisierung Deutschlands

Es ist keine Narretei, was derzeit unter dem Namen ›Energiewende‹ in bezug auf die Energieversorgung der deutschen Industrie abläuft. Der Vorgang ist, wie bereits gesagt, seit langem in anglo-amerikanischen ›Denkfabriken‹ unter der Bezeichnung ›Die Große Transformation‹ geplant und wird von törichten Schreiberlingen aus der deutschen Medienwelt als technisches und wirtschaftliches Wunderwerk zur Bewältigung der zukünftigen Energieprobleme beschrieben. Gemäß dieser Theorie soll die werteschaffende produktive Industriegesellschaft im Verlauf dieser Transformation durch eine Diensleistungsgesellschaft ersetzt werden, die keine Werte schafft, sondern nur das in der Industrie verdiente Geld umschichtet. Wenn die Industrie kein Geld mehr erwirtschaftet, schaffen in der Dienstleistungsgesellschaft die Banken das Geld aus dem Nichts. Das mächtige derzeitige Finanzsystem hat die Banken-Gesetze, die solches früher nicht erlaubten, von den Regierungen dementsprechend ändern lassen. Was also ist falsch an der Energiewende, das wirtschaftliche oder das technische Konzept?

Alles ist falsch daran. Noch nie hat ein Industrie-Staat eine kostengünstige und sichere Energieversorgung aufgegeben, um sie durch unsichere und teure Energietechniken zu ersetzen. Wenn man es getan hätte, wäre das Land daran zugrunde gegangen. England ist bekanntlich den Weg von der Industrie- in die Dienstleistungsgesellschaft gegangen. Es hat den daraus folgenden Niedergang durch Ausbeutung seiner Kolonien und schließlich durch die Entfesselung von zwei Weltkriegen mit anschließender Ausplünderung Deutschlands verzögert, aber nicht aufhalten können.

Im Zuge der Energiewende sollen die bisherigen Kern- und Kohlekraftwerke durch Solar- und Windkraftwerke ersetzt werden. Die erneuerbaren Energien ohne Energiespeicher (erforderlich für den Fall, daß die Sonne nicht scheint und der Wind nicht weht) können nicht kontinuierlich Energie liefern. Industrie und Haushalte verlangen das aber. Außerdem könnte der THTR (Thorium-Hochtemperatur-Reaktor) die Energieversorgung Deutschlands und Europas gewährleisten ohne die Nachteile der Druckwasserreaktoren.[18] Die Entwicklung dieses Reaktors wurde, wie gesagt, 1989 aus politischen Gründen eingestellt. Das weiß die Industrie, die allerdings mehr oder weniger von Staatsaufträgen abhängt. Um die Zweifel der Industrie an den erneuerbaren Energien zu zerstreuen, subventionierte der Staat in den vergangenen Jahren den Kauf und die Installation von Solarzellen und Windrädern in Deutschland mit erheblichen Mitteln, allerdings ohne Speichermöglichkeiten für die Energie – eventuell ein Fall von Bestechung. Es sind bis Ende 2013 rund 32 000 Megawatt Windleistung und rund 35 000 Megawatt Solarleistung in der BRD installiert worden. Mit etwa 80 000 Megawatt aus Kohle- und Kernkraftwerken konnte bisher der Strombedarf der BRD sicher und kostengünstig gedeckt werden. Die 67 000 Megawatt aus regene-

---

[18] Siehe: www.adew.eu/Berichte.Vorschlag für deutsche Energiepolitik.htm.

rativen Energien können nicht einmal genügend Strom für das Land Baden-Württemberg liefern (durchschnittlicher Bedarf an elektrischer Leistung ca. 10 000 MW), da sie nur in 20 Prozent der Zeit ihre volle installierte Leistung abgeben (bei Starkwind und mittags bei wolkenlosem Himmel). Die Subventionierung der erneuerbaren Energien hat dazu geführt, daß es jetzt ca. 5 Millionen meist private Kleinkraftwerke gibt, die ihre elektrische Energie ins Netz einspeisen – mit Vorrang vor den Kohle- und Kernkraftwerken, welche die Energie viel billiger anbieten, aber bei Starkwind und hoher Sonneneinstrahlung abschalten müssen, damit die Spannung im Netz nicht zu hoch wird. Nach dem »Erneuerbare Energien Gesetz« (EEG) gilt diese Bestimmung für die kommenden 20 Jahre, was den Strompreis erheblich verteuern wird. Da derzeit die konventionellen Kraftwerke nicht mehr kontinuierlich laufen und Strom erzeugen, werden sie unwirtschaftlich und nach und nach abgeschaltet, was den Strom weiter verteuert.

Die Industrie wird wegen der hohen Energiepreise und der unsicheren Energieversorgung in Länder mit kostengünstiger und sicherer Energieversorgung auswandern. Welche Möglichkeiten gibt es, dies zu verhindern? Das Vernünftigste wäre, die Energiewende rückgängig zu machen, bis eine kostengünstige und sichere Energieversorgung zur Verfügung steht, mit Einschluß der erneuerbaren Energien, sobald für diese eine geeignete Speichertechnik entwickelt ist: die Wasserstoff- bzw. Methanoltechnik.

Die jetzt bestehenden Solar- und Windkraftwerke ohne Speichermöglichkeit sind für die Energieversorgung eines Industrielandes nur bedingt geeignet. Sie können aber zu mehreren Regionalkraftwerken zusammengeschlossen werden mit einer Leistung von einigen 100 Megawatt, die ihren Überschußstrom in die zu entwickelnde Wasserstoff- bzw. Methanolproduktion leiten.[19] Den geglätteten Strom können sie an die Energieversorger verkaufen, Wasserstoff, Sauerstoff, Methanol unter anderem an die chemische Industrie. Hier ist erheblicher Entwicklungs- und Organisationsbedarf. Mit anderen Worten: Wir haben mit unseren Kraftwerken auf der Grundlage von erneuerbaren Energien eine großartige Möglichkeit, die Wasserstoff- und Metha-

[19] Siehe: www.adew.eu/Wasserstofftechnik.htm

noltechnik im industriellen Maßstab zu entwickeln. Die vorhandenen Windkraftwerke müssen also nicht zurückgebaut werden, sondern sie dienen einem guten Zweck.

Mit 65 Gigawatt elektrischer Leistung aus Kraftwerken der erneuerbaren Energien können durch Wasserelektrolyse rund 20 Milliarden Kubikmeter Wasserstoff und 10 Milliarden Kubikmeter Sauerstoff pro Jahr hergestellt werden, daraus Methanol, Benzin usw.

Ein sinnvolles Projekt wäre, die elektrische Leistung von etwa 50 Windrädern (insgesamt 70 bis 80 Megawatt) dazu zu verwenden, elektrolytisch Wasserstoff zu erzeugen, der verkauft werden oder als Rohstoff für die Methanolerzeugung dienen kann. Das scheint mir die einzige Möglichkeit zu sein, die erneuerbaren Energien in rund 20 Jahren in die Lage zu versetzen, einen Beitrag zur Energieversorgung eines Industrielandes zu leisten.

Die Energiewende ist unüberlegt und mindestens 20 Jahre zu früh durchgeführt worden, nur aufgrund politischer und ideologischer Vorgaben und ohne die dadurch entstehenden erheblichen Nachteile für die deutsche Industrie zu berücksichtigen. Der Industrie bleibt nichts anderes übrig, als die Produktionsstätten in Länder mit sicherer und billiger Energieversorgung zu verlegen. Die Folgen sind Arbeitslosigkeit und Verarmung in Deutschland.

Verschleierung des kommenden Energienotstands

Der Wert des Geldes in Deutschland ist durch die Schuldenpolitik im Euro-Land äußerst gefährdet. Die Ersparnisse der arbeitenden Bevölkerung und ihr Wohlstand gehen durch diese verhängnisvolle Politik zum größten Teil verloren, auch wenn Medien und Politiker dies bestreiten. Der Wohlstand kann allerdings wieder aufgebaut werden, wenn eine leistungsfähige Industrie in Deutschland vorhanden ist. Wenn diese Industrie nicht mehr vorhanden ist oder ins Ausland abwandert, ist der Wohlstand endgültig verloren. Die deutsche Industrie wurde in 150 Jahren aufgebaut und hat zwei Weltkriege überlebt, die zu deren Vernichtung angezettelt worden waren. Sie wird an der Energie- und Klimapolitik der Bundes- und Landesregierungen der vergangenen dreißig Jahre zugrunde gehen. Denn die Industrie benötigt eine sichere und kostengünstige Energieversorgung. Diese grundsätzliche Vorbedingung für eine funktionierende Industrie ist seit den achtziger Jahren allmählich, allen sichtbar seit der Energiewende 2011, aufgegeben worden.

Der Energieverbrauch Deutschlands im Jahre 2011 betrug 463 Millionen Tonnen Steinkohleneinheiten (1 Tonne SKE ist die Energie, die bei der Verbrennung von 1 Tonne Steinkohle frei wird). Diese Energie wurde durch folgende Energieträger geliefert:

Mineralöl	159	Millionen Tonnen SKE
Kohle	111	»
Erdgas	94	»
Erneuerbare Energien	49	»
Kernenergie	40	»
Grubengas, Abfälle usw.	9	»

Die deutsche Nuklearindustrie, bis in die neunziger Jahre technisch Weltmarktführer, ist seit den achtziger Jahren von der Politik systematisch zugrunde gerichtet worden; die letzten Kernreaktoren in Deutschland werden, wie bereits ausgeführt, im Jahre 2022 abgeschaltet.

Der Kohlenausstieg wird schon seit 1945 betrieben und kommt jetzt in seine Endphase: Die internationale Organisation ›Greenpeace‹ verkündete in einer Pressemitteilung vom 12. April 2013, daß 80 Prozent der deutschen Bevölkerung aus der Kohlenutzung aussteigen wollten. Also bleiben für die Energieversorgung Deutschlands nur noch Mineralöl, Erdgas und erneuerbare Energien. Mineralöl und Erdgas werden überwiegend aus dem Ausland bezogen und durch Börsenmanipulationen und Emissionshandel (CO_2-Rechte) erheblich und dauernd verteuert. Die erneuerbaren Energien sind aber in ihrem jetzigen Entwicklungsstand und ohne Speichermöglichkeit für ein Industrieland völlig untauglich. Die deutsche Industrie zieht aufgrund dieses Sachverhalts den einzig vernünftigen Schluß: Sie wandert ins Ausland aus, wo es eine sichere und kostengünstige Energieversorgung gibt, etwa nach Rußland oder China. Die mittelständische Industrie geht ihrerseits zugrunde.

Die Leute sollen das allerdings nicht bemerken. Deswegen ist für die deutschen Medien diese für Deutschland katastrophale

Entwicklung kein Thema. Die Geldentwertung und die mögliche Beschlagnahme von Vermögenswerten infolge der Euro-Krise und zur Rettung der bankrotten Banken werden ausführlich behandelt, um die tödliche Gefahr für das Überleben Deutschlands zu verdecken, nämlich die Vernichtung seiner Industrie. Die mit Absicht herbeigeführte europäische Schuldenkrise und die Sorge um seine Ersparnisse beunruhigen den deutschen Bürger; die Energieversorgung der Industrie ist nicht seine Sache und interessiert ihn kaum. Sie müßte doch gesichert sein, weil inzwischen überall im Land Windräder stehen, die sich zwar häufig drehen (sehr oft im Leerlauf), aber im Laufe des Jahres nur rund 20 Prozent ihrer installierten Leistung liefern.

Vom Atomausstieg über die Energiewende zur Ökodiktatur und Weltregierung

Am 6. Juni 2011 beschloß die BRD-Regierung, wie gesagt, den stufenweisen Atomausstieg bis zum Jahre 2022. Dieser Atomausstieg führt über die geplante ›Energiewende‹ (zukünftige Energieversorgung nur durch erneuerbare Energien) direkt und zwangsläufig zur Ökodiktatur. Am 6. Juni 2011 hat also ein perfekter Staatsstreich stattgefunden mit dem Ziel, aus der Industriegesellschaft auszusteigen und die bisherige angebotsorientierte Energiepolitik durch eine bedarfsorientierte zu ersetzen. Gekennzeichnet ist diese neue Energiepolitik unter anderem durch Energiesparmaßnahmen, Wärmedämmung von Gebäuden (mit Schimmelpilz als Folge), Einbauzwang von intelligenten Stromzählern für jeden Haushalt. Die erneuerbaren Energien (Sonnenenergie, Windenergie, Bioenergie) sollen die bisher verwendeten Energieträger (Kohle, Erdöl, Erdgas, Kernenergie) ersetzen. Die Energie in Deutschland wird durch diese 68er Energiepolitik so teuer, daß wir in einigen Jahren über jede verbrauchte Kilowattstunde Rechenschaft ablegen müssen, daß wir statt mit dem Auto mit dem Fahrrad zur Arbeit und in den Urlaub fahren. Die deutsche Industrie wird in Länder mit billiger und zuverlässiger Energieversorgung auswandern, Arbeitsplätze werden verloren gehen, das Land wird verelenden. Also eine vollständige Katastrophe für Deutschland.

In den nächsten Jahren werden in den aufstrebenden Ländern Hunderte von neuen Kernkraftwerken im Wert von mehreren Billionen Euro gebaut werden. Dies wird ohne deutsche Beteiligung geschehen. Da die deutsche Industrie aus der effizientesten Energietechnik aussteigt, wird sie langfristig an Glaubwürdigkeit und Ansehen verlieren.

Die 68er Republik BRD ist derzeit das Versuchsfeld für die ›Große Transformation‹ weltweit, die zu einer Weltregierung führen soll, wenn die langfristigen Pläne der Wall Street in Erfüllung gehen.

Wie der Ausstieg aus der Kernenergie und der Industriegesellschaft ablaufen wird, kann man dem vermutlich auch im Zusammenhang mit der Fukushima-Katastrophe verfaßten »Gesellschaftsvertrag für eine große Transformation« entnehmen. Dort erfährt man Erstaunliches und bisher Unbekanntes, so zum Beispiel von der Existenz folgender Dinge und Ideen aus dem grünen Narrenhaus:

- planetarische Leitplanken der Nachhaltigkeit,
- 2°C-Klimaschutzleitplanke und Gestaltung des Unplanbaren,
- Weltgesellschaftsvertrag für eine klimaverträgliche und nachhaltige Weltwirtschaftsordnung,
- nichtnachhaltige Lebensstile sind zu problematisieren,
- ökonomische Pfadabhängigkeiten, Interessenstrukturen sowie Vetospieler erschweren den Übergang zur nachhaltigen Gesellschaft,
- Klimaallianzen beschleunigen den Aufbau postfossiler transnationaler Ordnungsstrukturen,
- klimapolitisches Mainstreaming auf Bundes-, Landes- und kommunaler Ebene,
- parlamentarisches Gesetzgebungsverfahren, um eine deliberative Zukunftskammer zu erweitern,
- Dekarbonisierung in sämtlichen Politikbereichen der EU,
- Anspruchsvolle unilaterale Angebote im Rahmen eines Pledge-and-Review-Verfahrens usw.

Da staunt der Laie, und der Fachmann wundert sich. Aber er braucht sich nicht zu wundern, denn bei den Erfindern dieser Ideen handelt es sich um dieselben Leute, die an unseren Schulen

›Dekarbonisierung‹ ist das magische Wort innerhalb der ›Großen Transformation‹. Eine ganze Kaste strebt gar die gänzliche Beseitigung der CO^2-ausstoßenden Industrien an. Auf die angebliche Gefährlichkeit des CO_2 werden wir im zweiten Teil dieses Buches ausführlich eingehen. Im ›pledge and review‹-Verfahren sagen die Länder, um wie viel sie ihre Emissionen senken wollen (›pledge‹), und dann wird geschaut, ob diese freiwilligen Emissionsreduktionen reichen, um das Zwei-Grad-Ziel zu erreichen (›review‹).

die Lehre vom ›Gender Mainstreaming‹ verkünden, der zufolge die Geschlechtsdifferenzierung von Mann und Frau und die Heterosexualität als Norm aufgehoben werden sollen (Gabriele KUBY).

Die Idee zu dieser ›Großen Transformation‹ stammt aus anglo-amerikanischen Finanzkreisen, als man in den vierziger Jahren Krieg gegen Deutschland führte und der US-amerikanische Präsident ROOSEVELT und sein Finanzminister MORGENTHAU beschlossen, aus Deutschland eine Ziegenweide zu machen. Der Plan wurde aufgeschoben, weil die Konfrontation mit der Sowjetunion nach 1945 eskalierte.

Nach dem Zerfall der Sowjetunion 1989 hatte sich die Lage geändert. Damit es nicht noch einmal schief ging, mußten die Deutschen selbst den Umbau Deutschlands zur Ziegenweide übernehmen. Der Plan dazu wurde von der im Jahre 1991 gegründeten ›Denkfabrik‹ PIK (›Potsdamer Institut für Klimaforschung‹) nach Direktiven aus New York ausgearbeitet.

Zur Durchführung des Transformationsprojekts brauchte man diesmal statt der Hetze gegen Deutschland wie vor den beiden Weltkriegen eine ›wissenschaftliche‹ Begründung, die den Vorteil hatte, daß sie auch auf Rußland und weitere Länder anwendbar war. Leiter des PIK wurde Prof. Dr. SCHELLNHUBER, der von der britischen Königin 2004 zum ›Commander of the Most Excellent Order of the British Empire‹ ernannt wurde. Er darf seinen Namen jetzt mit dem Titel ›CBE‹ schmücken. Die Aufgabe seines Instituts ist es nachzuweisen, daß das bei der Verbrennung von fossilen Energieträgern entstehende Kohlendioxid in der Atmosphäre die Erdtemperatur gefährlich erhöhe und daß Kernreaktoren grundsätzlich nicht sicher seien. Die Wissenschaft im Solde der Finanzkreise vertritt mit Unterstützung der wichtigsten Medien diesen Standpunkt der Gefährlichkeit des CO_2 und der Nichtbeherrschbarkeit der Kernreaktoren. Die unabhängige Wissenschaft ist gegenteiliger Meinung, die aber in den Medien nicht veröffentlicht wird.

Die mit falschen Argumenten herbeigeführte Energiewende führt zu einer beträchtlichen Verknappung und Verteuerung der Energie in Deutschland, da die erneuerbaren Energien nicht ausgereift sind (es fehlt die Speichermöglichkeit) und noch lange nicht für den Einsatz in einem Industrieland geeignet sind. Die Entwicklung zur Einsatzreife wird noch viele Jahre dauern.

Deutschland soll also das Versuchsfeld für die Energiewende und die ›Große Transformation‹ sein, zum Nachteil für Deutschland und zum Wohle der Globalisierer aus der Londoner City und der Wall Street sowie deren deutscher Handlanger.

Bei diesem infamen Spiel werden die aufstrebenden Schwellenländer nicht mitmachen, weder Rußland noch China, Indien, Brasilien usw. Um dem durch die Energiewende drohenden Unheil zu entgehen, müßte Deutschland Beziehungen zur Shanghaier Organisation aufnehmen und die Zusammenarbeit mit Rußland erweitern. Dies zu verhindern und Deutschland als Bündnispartner uninteressant zu machen, war vermutlich der eigentliche Grund für den Atomausstieg. Seit über 100 Jahren war Deutschland eine wissenschaftlich-technische Großmacht, die nach 1945 gemäß anglo-amerikanischer Weltsicht vernichtet werden mußte – was zum großen Teil gelungen ist. Der Gedanke, daß sich Deutschland und Rußland darauf verständigen könnten, die Infrastruktur der Länder Eurasiens weiter zu entwickeln, verursachte Albträume bei den Herren des Geldes in New York und

London. Deswegen wurden jahrelang Antikernkraft-Kampagnen in Deutschland inszeniert und intensiv Werbung für die erneuerbaren Energien (ohne Speicherung) gemacht. Seit 20 Jahren gibt es deswegen keine deutsche Kernforschung mehr.

Der Ausweg

BISMARCK konnte das zweite Deutsche Reich schaffen, weil er sich der Macht und Unterstützung des preußischen Königs und seines Heeres sicher war und weil seine geniale Diplomatie die richtigen Züge zur richtigen Zeit machte, um die Widerstände von Parlamenten, Fürsten und Ausland zu überwinden.

Deutschlands Lage ist derzeit ähnlich verworren und verwikkelt wie die Preußens um 1860. Wie kommt unser Land aus dieser fatalen Situation heraus? Keine unserer Institutionen ist machtvoll, alle sind unterwandert von Logen und Agenten, also

Parlamente	Parteien	Polizei
Gewerkschaften	Verbände	Verfassungsschutz
Kirchen	Armee	Bildungsbürgertum
Industrie	Medien	Konservative Eliten

Eine ehrliche, auf den derzeitigen Realitäten beruhende Analyse führt zu dem Ergebnis, daß nur eine enge Zusammenarbeit mit Rußland uns die Möglichkeit gäbe, unsere Freiheit wiederzuerlangen. Natürlich sollte man das nicht laut hinausposaunen.

Unsere Feinde wissen das ohnehin. In der jetzigen Phase des Zusammenbruchs des globalen Finanzsystems der Londoner City und der Wall Street wird die deutsche Industrie zwangsläufig den Kontakt zu Rußland verstärken. Das wird das MERKEL-Mädchen nicht verhindern können. Sobald der Dollar einbricht und die Banken in Konkurs gehen, müssen die Weichen von einer Notstandsregierung richtig gestellt werden: langfristige Kooperationsverträge zum Aufbau der Infrastruktur in Rußland und Asien, Wiederbelebung der Nuklearindustrie in Deutschland, Sicherung der Energieversorgung.

Durch die sich ausweitende Finanzkrise werden die Profiteure des anglo-amerikanischen Kapitalismus und der Globalisierung veranlaßt sein, allmählich die Fronten zu wechseln. Da sie Opportunisten sind, haben sie eine gute ›Witterung‹ für zukünftige politische Veränderungen: Den Globalisierern geht seit einiger Zeit alles schief. Außerdem gerät das höchste Gut dieser Leute, ihr Bankkonto, in Gefahr. Und einige werden sogar merken, daß sie jahrzehntelang belogen worden sind. Die Klügeren unter ihnen werden sogar schon gemerkt haben, daß sie ihren Wohlstand nur bewahren können, wenn es Deutschland gut geht. Die Globalisierung auf amerikanisch hingegen vernichtet die produktive deutsche Industrie und damit das Fundament Deutschlands.

Zwar versuchen die Drahtzieher, den Untergang des Systems hinauszuzögern, um ihr Schäfchen ins trockene zu bringen, aber verhindern kann man ihn nicht mehr. Börsen, Banken und Versicherungen werden in den nächsten Monaten und Jahren durch heftige Turbulenzen segeln müssen, bevor sie untergehen und dabei viele unschuldige Firmen und Familien in den Abgrund ziehen. Logisch und für das Gemeinwohl am besten wäre es, wenn die Banken jetzt Konkurs anmelden würden, da sie die ausstehenden Kredite (viele Billionen für Spekulationsgeschäfte) nie zurückerhalten werden. Sie müßten unter staatliche Kontrolle gestellt werden, bis geklärt ist, welche Kredite für die Schaffung von Werten und welche für die Börsenspekulation verwendet wurden. Die letzteren müssen zu hundert Prozent abgeschrieben werden; auf keinen Fall dürfen sie durch Geldschöpfung der EZB usw. gelöscht werden. Dieses vernünftige Verfahren wird durch die noch herrschende Finanzoligarchie verhindert. In der Zwischenzeit – bis zum endgültigen Kollaps des anglo-amerikanischen Systems – müßte die deutsche Industrie ihre Kontakte zu Rußland intensivieren, um dort die Infrastruktur und die Industrie zu modernisieren und aufzubauen.

Der Untergang des anglo-amerikanischen Systems Londoner Prägung ist die eine Seite des derzeit ablaufenden historischen Geschehens. Die andere Seite ist unsere Reaktion darauf.

Ist es jetzt möglich, einen Friedensvertrag zu schließen? Welche Folgen hat das? Mit unseren Todfeinden jenseits des Kanals und aus Übersee geht das nicht, aber mit Rußland müßte es möglich sein. Zwar haben die Herren des Geldes und der Erpressungen alle möglichen Vorkehrungen dagegen getroffen: Alle deutschen Institutionen sind von ihren Agenten unterwandert (Logen usw.), die Osterweiterung der NATO wird betrieben, die Nachbarstaaten unter Druck gesetzt. Der Abschluß eines Friedensvertrages scheitert vor allem deswegen, weil die fremdbestimmte Regierung der BRD keinen Friedensvertrag will und alle Gruppen in Deutschland unterdrückt, die einen Friedensvertrag (= Beendigung des Kriegszustandes) anstreben. Es ist im Interesse unserer anglo-amerikanischen ›Freunde‹, daß der Kriegszustand mit Deutschland erhalten bleibt, nicht aber im Interesse Rußlands, schon gar nicht im Interesse Deutschlands, das seine Souveränität wiedererlangen soll.

Ist in der derzeitigen Weltsituation eine Beendigung des Zweiten Weltkriegs möglich? Ist die Zeit reif dafür, einen Friedensvertrag für Deutschland zu fordern? Es ist auf jeden Fall an der Zeit, die Bemerkung des damaligen Bundesaußenministers GENSCHER am 17. Juli 1990 anläßlich der Zwei-plus-Vier-Verhandlungen in Paris zu einem Friedensvertrag bekannt zu machen. Als über die Grenzen der BRD verhandelt wurde, soll GENSCHER erklärt haben, daß ein Friedensvertrag oder eine Friedensregelung nicht beabsichtigt sei. (Protokoll des französischen Vorsitzenden Nr. 354 B, Anlage 2, drittes Treffen der Außenminister der Zwei-plus-Vier-Verhandlungen)

Was spricht dafür, was spricht dagegen? Überwiegen für Deutschland die Vorteile aus einem derartigen Vertrag?

Jede Siegermacht des Zweiten Weltkrieges kann ohne weiteres Deutschland besetzen, wenn es ihr paßt. Manche meinen, mit der (scheinbar) endgültigen Aufgabe der alliierten Rechte über Deutschland 1990 seien die Feindstaatenklauseln 53 und 107 der UN-Charta unwirksam geworden. Das heißt: In diesen beiden noch gültigen Feindstaatenklauseln haben sich die Siegermächte das Recht gegeben, sich in ihren Beziehungen zu den ehemaligen Feindstaaten (Deutschland und Japan) nicht an das allgemeine Gewaltverbot, an das Interventionsverbot sowie an den Grundsatz der Vertragstreue zu halten. Wenn man das Thema ›Friedensvertrag‹ erörtert, erfährt die erstaunte Öffentlichkeit, daß wir seit 1945 noch immer im Kriegszustand mit u. a. England, Frankreich, den USA und Rußland sind, wodurch klar wird,

ERLINER
MORGENPOST
Tempelhofer Anzeiger
nderthalb Millionen Amerikaner wollen Europa besuchen

Bundesrepublik heute souverän

12 Uhr mittags tritt der Deutschlandvertrag in Kraft
ierliche Regierungserklärung des Bundeskanzlers

arklage wurde abgewiesen

Differenzen um Wiener Öl

Durch die Hinterlegung der Ratifikationsurkunden der Londoner und Pariser Abmachungen wurde die Bundesrepublik am 5. Mai 1955 ›offiziell‹ souverän. Von links: André François-Poncet, daneben Konrad Adenauer, vor dem Mikrophon der britische Botschafter F- R. Hoyer-Millar.

Durch den sogenannten ›4 + 2-Vertrag‹, der offiziell mit einem Friedensvertrag gleichgesetzt wird (!), hat die BRD keineswegs ihre *volle* wirtschaftliche, innen- und kulturpolitische Souveränität zurückerlangt; man denke unter anderem an Teil 6 des Vertrags, die Enteignung von deutschem Auslandsvermögen und anderem betreffend. Zum Auftakt der Zwei-plus-Vier-Gespräche der Außenminister wurde das Wachgebäude am Grenzübergang ›Checkpoint Charlie‹ in Berlin am 22. Juni 1990 demontiert.

Die Bundesrepublik Deutschland hat auch vor allem deshalb keine volle Souveränität, weil Deutschland noch immer keinen Friedensvertrag hat. Hier: Aufnahme von der Feier zur kleinen Wiedervereinigung im Oktober 1990 in Berlin.

- warum wir noch immer zahlen müssen (Hans Meiser[20] hat für den Zeitraum 1954–2009 einen Gesamtbetrag an Wiedergutmachung in Höhe von 6.281,479 Mrd. Euro errechnet),
- warum unsere Regierung nicht souverän ist,
- warum die Kontrollrats-Verordnungen aus der Besatzungszeit noch immer gültig sind,
- warum die DM abgeschafft und der Maastricht-Vertrag eingeführt wurden,
- warum die Ausländer unser Land überfluten,
- warum unsere Regierung nicht die Familie schützt,
- warum unsere Infrastruktur (Verkehr, Industrie, Bildung, Sozialstaat) verkommt,
- warum die BRD-Regierungen jeder Zumutung der Siegermächte von 1945 entsprochen haben usw.

Deutschland-Europa aus geopolitischer Sicht mit Blick auf Rußland

Das große Spiel um die Weltherrschaft wird von anglo-amerikanischen Finanzgruppen aus der Londoner City und der Wall Street seit langem geplant und gelenkt.

Auf ihr Betreiben ist derzeit die Deindustrialisierung Deutschlands und in der Folge die Europas in vollem Gange, die Industriegesellschaft wird durch die Dienstleistungsgesellschaft ersetzt; Rohstoffpreise und Energiepreise werden an den Börsen, und nicht von den Erzeugern festgelegt; das aus dem Nichts erschaffene Bankengeld gilt in diesem anglo-amerikanischen Wirtschaftssystem als Grundlage der Wirtschaft, nicht die werteschaffende Arbeit in Handwerk, Landwirtschaft, Industrie oder Labor.

Die angelsächsische Geldwirtschaft ist das Paradies der Bankiers und Spekulanten, während die Realwirtschaft der Industrie Arbeitsplätze und Wohlstand für das Volk schafft. Am Beispiel Griechenland sieht man eindeutig, wie man ein Land gezielt finanziell zugrunde richtet – so wie man in den vergangenen 50

[20] Hans Meiser, *Ausplünderung Deutschlands seit 1919. 18 Billionen bis 2010*, Grabert, Tübingen 2010.

Jahren Afrika zugrunde gerichtet hat – und wie man schließlich Deutschland zugrunde richten will. Auch uns drohen unter anderem Sonderabgaben, Zwangshypotheken, Rentenkürzungen, Entlassungen.

So weit haben sie es mit ihren ›Rettungsschirmen‹ für Europa, die Deutschland bezahlen soll, gebracht.

Das Ende des kapitalistischen Systems nach Art der Londoner City und der Wall Street, die Pariser Börse nicht zu vergessen, ist absehbar. Es beherrschte seit über zweihundert Jahren große Teile der Welt, war die Ursache furchtbarer Kriege, beutete die Völker in Asien, Afrika und nach den Weltkriegen in Europa hemmungslos aus.

Wie wird die Welt nach dem Untergang dieses Ungeheuers aussehen? Wie kann man dieses Ungeheuer beseitigen? Die Frage ist nicht einfach zu beantworten. Das Problem ist allerdings lösbar, wenn man herausfindet, was die Plutokraten der Londoner City am meisten beunruhigte und was sie unter anderem mit zwei Weltkriegen auf jeden Fall zu verhindern suchten. Und wie haben sie es geschafft, uns dahin zu bringen, wo wir jetzt sind?

Britische Geopolitik

Der Albtraum der Londoner City und des angeschlossenen Imperiums war die strategische Partnerschaft zwischen Deutschland und Rußland seit etwa 1880.

Der englische Geopolitiker Halford MACKINDER (1861–1947)[21] hat es in seinem 1904 veröffentlichten Buch *The Geographical Pivot of History*, in dem er die britische Strategie zur Weltbeherrschung beschrieb, mit verschlüsselten Worten verraten. Darin vertritt er die Auffassung, daß die Herrschaft über das Kernland Eurasiens (Rußland) der Schlüssel zur Weltherrschaft sei und daß England als Seemacht durch seine übliche Blockadepolitik dieses Gebiet nicht beherrschen könne. Das Zentrum Eurasiens kann aber durch eine transatlantische Gemeinschaft von Westeuropa und USA kontrolliert werden, wie MACKINDER 1924 vorgeschlagen hat, was nach 1989 durch die NATO und die EU verwirklicht werden sollte (JELZIN). Auf jeden Fall mußten eine strategische Partnerschaft und

[21] *Encyclopedia Britannica*, Stichwort ›Halford Mackinder‹, DVD 2005.

Durch den britisch-russischen Interessenausgleich vom 31. August 1907 wurde die 1904 zwischen Großbritannien und Frankreich geschlossene Entente cordiale zur Tripelentente. Damit war der Ring zur Einschließung Deutschlands geschlossen... Hier: russisches Plakat aus dem Jahre 1914 mit bezug auf die 1907 zustande gekommene Tripelentente.

Allianz zwischen Deutschland und Rußland verhindert werden. Das war schon um 1900 klar: Ein Zusammengehen Deutschlands und Rußlands würde das britische Empire nicht überleben, ebenso wenig der Erbe des britischen Empire, das US-amerikanische Empire. Denn eine Vereinigung der technischen und wissenschaftlichen Potenz Deutschlands mit dem Rohstoffreichtum Rußlands und seiner riesigen Landmasse hätte jeder längeren Blockade der Seemacht Englands und seiner Bundesgenossen USA, Kanada und Australien widerstanden. Deutschland mußte also vernichtet werden, um so die eurasische Allianz zu verhindern.

1907 wurde konsequenterweise die Tripelallianz zwischen Großbritannien, Frankreich und Rußland gegen Deutschland abgeschlossen. Von da ab gab es dauernd Krisen, Zwischenfälle in Nordafrika, auf dem Balkan usw. als Vorspiel zum geplanten Krieg (wie heute). Die Erfinder der Tripelallianz, die britischen Diplomaten, hatten damit ihr Ziel erreicht, nämlich eine Allianz zwischen Deutschland und Rußland zu verhindern und die beiden Mächte in einen selbstzerstörerischen Krieg gegeneinander zu hetzen. Im Ersten Weltkrieg sollten sich gemäß den Plänen der Londoner City Deutschland und Rußland zum Nutzen des anglo-amerikanischen Finanzsystems zerfleischen, was sie dann auch taten. Ab 1916, also während des Weltkriegs, durchschaute der russische Zar vermutlich das üble Spiel und war bereit, sich mit Deutschland zu arrangieren. Die deutsche Diplomatie und die Heeresführung hielten die Anregungen des Zaren für eine Falle und gingen nicht darauf ein, sondern unterstützten im Sinne der Londoner City LENIN.

Die britische Diplomatie sah sofort die große Gefahr, die sich aus einem Friedensschluß zwischen Deutschland und Rußland für ihre Weltherrschaft ergeben würde, und reagierte sehr schnell, indem es im kriegsmüden Rußland eine Revolution mit Hilfe von revoltierenden Heeresteilen hervorrief, die das Zarenregime beseitigte und über die KERENSKI-Regierung zum Bolschewismus führte. Damit war Rußland Ende 1917 als Partner Deutschlands ausgeschaltet. Das Versailler Diktat 1919 diente dazu, Deutschland zugrunde zu richten, um den Albtraum ›Eurasisches Reich‹ endgültig loszuwerden, dem vor 1914 auch andere kontinental-europäische Staaten beigetreten wären.

Ein Aufbegehren Deutschlands und der Sowjetunion im Vertrag von Rapallo 1922 führte zu engeren Beziehungen zwischen beiden Staaten, sehr zur Beunruhigung der alliierten Geldmächte. Diese beruhigten sich erst wieder, als die Sowjetunion damit begann, in Richtung Weltrevolution zu marschieren. Auch heute noch führt jede Annäherung zwischen Deutschland und Rußland zu panischen Reaktionen bei unseren ›Freunden‹ aus der westlichen Wertegemeinschaft. Gute Beziehungen zwischen Deutschland und Rußland brachten den Menschen beider Länder immer große Vorteile.

Beispiele für vorteilhafte Zusammenarbeit Deutschland–Rußland

Da ist zunächst die Hanse zu erwähnen, die in der Zeit von etwa 1150 bis 1500 n.Chr. den Handel zwischen Westeuropa und Osteuropa organisierte und auf Handel, Handwerk, Landwirtschaft und Kultur in Rußland befruchtend wirkte. Ab dem 18. Jahrhundert zogen Hunderttausende deutsche Siedler an die Wolga und ins Schwarzmeergebiet, wo dank ihrer Arbeit blühende Landschaften entstanden.

Auch 1940 bestanden kurzzeitig Pläne, den Drei-Mächte-Pakt zwischen Deutschland, Italien und Japan durch die Sowjetunion zu erweitern, um eine neue Ordnung in Europa und im asiati-

Haus eines reichen Wolgadeutschen. Infolge der verursachten Hungersnot in der Wolga-Republik 1921/22 (STALIN nahm den Wolgadeutschen die gesamte Getreideernte und verkaufte sie ins Ausland) starben über hunderttausend deutscher Kolonisten.

schen Raum zu schaffen[22 u. 23] und die britische ›balance-of power‹-Politik zu beenden. Das Kriegsende hat diese Pläne vereitelt. Die Sieger-Mächte wollten etwas ganz anderes im Sinne der Anglo-Amerikaner, nämlich das weltweite Dollar-Imperium. Der Plan sah zunächst die Zerstörung der deutschen Industrie und Souveränität vor. Danach hatte man ohne deutsche Konkurrenz leichten Zugriff auf die anderen Staaten Europas. Hauptwaffen bei diesem Krieg mit nicht-militärischen Mitteln sind die Energie- und Finanzpolitik sowie die psychologische Kriegführung durch die Medien und Hollywood.

Bretton Woods und die europäische Wirtschaftsgemeinschaft nach 1957

Im Juli 1944 trafen sich in Bretton Woods (USA) Vertreter von 44 Nationen, um unter Führung der USA die Währungs- und Finanzordnung nach dem Krieg festzulegen. Das Ergebnis dieser Konferenz war das Zoll- und Handelsabkommen GATT, die Gründung des internationalen Währungsfonds IWF und die Goldwährung (Dollar in Gold umtauschbar). Dies war der von der FED organisierte wichtigste Schritt in Richtung Dollarimperialismus und Weltregierung sowie Globalisierung.

---

[22] Walter POST, *Hitlers Europa*, Druffel & Vowinkel, Gilching 2014.

[23] Heinrich HUNKE, *Europäische Wirtschaftsgemeinschaft*, Haude & Spenersche Verlagsbuchhandlung, Berlin 1943.

Noch im Juli 1944 reagierte der Reichswirtschaftsminister Walter FUNK auf diese Konferenz von Bretton Woods. Ihm zufolge könne die Währung nur die Dienerin der Wirtschaft sein, nicht aber ihre Herrscherin. Man kann die Währung nur mit Wirtschaftsmaßnahmen, nicht mit Währungsplänen in Ordnung bringen. Mit monetären Maßnahmen allein lassen sich wirtschaftliche Mißstände nicht beseitigen.

Um Deutschland und Europa dem anglo-amerikanischen Finanzsystem zu öffnen, wurde im März 1967 die europäische Wirtschaftsgemeinschaft EWG gegründet, bestehend aus den Staaten Deutschland, Frankreich, Italien und den Benelux-Staaten, mit dem Ziel, die Zollschranken abzuschaffen, den freien Dienstleistungs-, Personen- und Kapitalverkehr zu gewährleisten und europäische Institutionen zu gründen.

US-Finanzminister Henry MORGENTHAU (links) und der britische Ökonom John Maynard KEYNES auf der Konferenz von Bretton Woods. Keynes legte einen Plan zur Schaffung eines internationalen Zahlungsmittels vor.

Die Wiedervereinigung Deutschlands 1989 kam überraschend. Sie paßte den Freunden aus der westlichen Wertegemeinschaft nicht. So wurde die DDR-Industrie demontiert, um zu verhindern, daß sie ein deutscher Brückenkopf nach Osteuropa wurde. Sie war bis dahin die siebtgrößte Volkswirtschaft der Erde und lieferte dem Ostblock die Technik. Vermutlich geschah die Demontage im Auftrag der Londoner City. Als Grund wird angegeben, daß die industrielle Infrastruktur der DDR veraltet gewesen sei und ihre Produkte auf dem Weltmarkt nicht hätten abgesetzt werden können. Allerdings gab es für die DDR-Industrie einen großen Markt im Osten, der von der Lieferung technisch hochwertiger Produkte aus Mitteldeutschland abhängig war.

Es ist offenkundig, daß nicht nur die ehemalige DDR mit Absicht deindustrialisiert wurde, sondern auch das östliche Mitteleuropa, Osteuropa und die Balkanländer, die durch Schulden in Abhängigkeit von der ›Finanzindustrie‹ gebracht wurden.

Mit Unterstützung westdeutscher Firmen hätten die mitteldeutschen Werke innerhalb weniger Jahre auf den neuesten Stand gebracht werden können. Die leistungsfähigen und leistungsbereiten Menschen waren vorhanden. Warum hat man die DDR-Industrie nicht modernisiert? Warum hat man den Chef der Treuhand, ROHWEDDER, erschossen, der die mitteldeutschen Werke modernisieren, nicht schließen wollte? Warum wurde HERRHAUSEN, ein nationalbewußter deutscher Bankier, von einem Spezialkommando in die Luft gesprengt, der die osteuropäischen Länder nach dem Untergang des Kommunismus wieder aufbauen wollte?

Die Anglo-Amerikaner haben nach 1945 unsere Energieinfrastruktur zerstört und die deutsche Wirtschaft in Abhängigkeit vom anglo-amerikanischen Erdöl-Business gebracht. Jeder deutsche Versuch, sich aus dieser Umschlingung zu befreien, wurde aufs heftigste propagandistisch bekämpft, unter anderem mit Kampagnen gegen Kohle und Kernenergie, gegen den Bau von Erdgasleitungen in Rußland. 1970 lieferte die Firma Mannesmann 1,2 Millionen Tonnen Rohre für eine russische Erdgasleitung, die die Sowjetunion durch Gaslieferungen im Wert von 2,5 Milliarden DM bezahlte. Es gab deswegen heftige politische Diskussionen in den westlichen Medien. Die Firma Mannesmann-Seiffert-Rohrbau, die die Rohre geliefert hatte, wurde 1980 aus unbekannten Gründen geschlossen, die Firma Mannesmann einige Jahre später. Vermutlich war es die Strafe Londons für die unerwünschte Rohrlieferung und die politische Öffnung nach Osten.

Die Westbindung der BRD

Die deutsche Wirtschaft und das wiedervereinigte Deutschland wurden seit den neunziger Jahren unter die Kuratel von Brüssel gestellt, die DM wurde abgeschafft, das Land durch Bürgschaften für verschiedene Rettungsschirme finanziell ruiniert, ganz im Sinne der anglo-amerikanischen Geld-Mafia. Mit der den Deutschen nach 1945 verordneten ›Westbindung‹ können die heutigen und künftigen Probleme Europas nicht gelöst werden. Diese Westbindung ermöglichte die Schaffung des gemeinsamen europäischen Marktes hauptsächlich auf Kosten Deutschlands. Nach dem Fall der Berliner Mauer haben sich die Prioritäten für Deutschland geändert. Der Westen stagniert, unsere Zukunft liegt im Osten. Die 1919 in Versailles geschaffene und nach 1945 in Jalta erneuerte Weltordnung ist durch das völkerrechtswidrige Verhalten der USA und die aus diesem Grunde erfolgte Gründung der ›Shanghaier Organisation für Zusammenarbeit‹ (SOZ) zusammengebrochen. Dies ist die große Chance für Deutschland und Europa in den nächsten Jahren. Die Aufgabenverteilung innerhalb Europas kann einvernehmlich mit den anderen Partnern der EU vereinbart werden, indem beispielsweise Frankreich vorrangig im Mittelmeergebiet und in Nordafrika tätig wird. Wenn Deutschland im Osten aktiv wird, bringt das auch Vorteile für die anderen europäischen Partner. Es ist wie einst Aufgabe Deutschlands, den osteuropäischen Staaten und Rußland den Weg in ein unabhängiges europäisches Haus zu bahnen.

Allerdings ist zu bedenken, daß es viele Gründe dafür gibt, beim Umgang mit Rußland vorsichtig zu sein, besonders nach den Erfahrungen mit dem Panslawismus und den Kriegen im 20. Jahrhundert. Rußlands Streben nach Weltherrschaft ist viele hundert Jahre alt, ebenso sein zeitweiliges Überlegenheits- und Allmachtsgebaren. Eine strategische Partnerschaft mit Rußland setzt eine stetige Verbindung Deutschlands mit anderen kontinentaleuropäischen Staaten voraus. Die derzeitige Währungskrise bietet die Möglichkeit, die europäische Wirtschaftsgemeinschaft auf eine neue Basis zu stellen.

Die zukünftige Bedeutung Eurasiens

Für die Erben des britischen Empire – die Wall Street und ihr Anhang – gelten auch heute noch die geopolitischen Regeln, die MACKINDER um 1900 aufgestellt hatte: nämlich zu verhindern, daß sich in Eurasien eine mächtige Wirtschaftsgemeinschaft bildet. Allerdings haben die Strategen der Wall Street übersehen, daß

Rußland und China das heimtückische ›große Spiel‹ der Anglo-Amerikaner durchschaut haben und nicht mehr glauben, daß Deutschland die kriegslüsterne Eroberer- und Verbrechernation ist, als die es von den ›Freunden‹ der westlichen Wertegemeinschaft dargestellt wird.

Im Sinne MACKINDERS verabschiedete der US-Kongreß am 19. März 1999 das »Seidenstraße-Strategie-Gesetz«. Es beschreibt die geostrategischen Interessen der USA in Zentralasien und ist der Fahrplan für die Beherrschung der Welt.[24] Das eigentliche Ziel der USA wird hier sichtbar, nämlich in Zentralasien Vasallenrepubliken zu installieren, wie sie schon in Mittelamerika und Europa existieren, die ihre Handlungsanweisungen von der Wall Street in New York erhalten. Dieses Vorhaben ist somit dem US-Präsidenten gesetzlich vorgeschrieben.

Die Shanghaier Organisation

Als Reaktion auf dieses Seidenstraßen-Gesetz wurde am 15. Juni 2001 von den möglichen Opfern dieses Gesetzes die ›Shanghai Cooperation Organisation SCO‹ gegründet (auf deutsch ›Shanghaier Organisation für Zusammenarbeit‹ (SOZ) mit Sitz in Peking.

Mitglieder dieser Organisation sind Rußland, China sowie die zentralasiatischen Staaten Kasachstan, Kirgistan, Tadschikistan und Usbekistan. Zweck der SOZ ist die Zusammenarbeit auf den Gebieten der Wirtschafts- und Sicherheitspolitik. Sie steht für weitere Länder offen. Hier wird das Dollar-Imperium seine entscheidende Niederlage erleiden.

Der eurasische Kontinent wird nach dem Untergang des anglo-amerikanischen Geldimperiums auf Grund seines Menschenpotentials und seiner Rohstoffreserven die Geschicke der Welt in steigendem Maße bestimmen. Auf dem eurasischen Kontinent entsteht derzeit ein freiwillig organisierter Staatenbund, der im Gegensatz zum anglo-amerikanischen Zinseszins-Imperium die natürlichen Unterschiede und Eigenheiten der beteiligten Völker achtet. Die Infrastruktur Mittelasiens muß allerdings zum großen Teil noch aufgebaut oder erneuert werden: Verkehrswege, Energieversorgung, Kraftwerke, Gesundheitswesen, Ausbildung.

[24] Siehe: www.de.wikipedia.org/seidenstraßestrategie

Deutschland würde bei diesem Aufbauwerk eine wichtige Rolle spielen: Seine technischen, finanziellen, organisatorischen Hilfestellungen sind zur Lösung der anstehenden schwierigen Aufgaben beim Bau von Autobahnen, Bahnlinien, Kanälen, Energie- und Telekommunikationssystemen unbedingt erforderlich.

Die russische Karte

Welche Rolle spielt nun Rußland in diesem großen Spiel? Die Antwort auf diese Frage hat der russische Ministerpräsident PUTIN in einem Vortrag auf einer Tagung gegeben, die unter dem Titel »4. Führungstreffen Wirtschaft« am 25. und 26. November 2010 in Berlin stattfand.[25] Sein Vorschlag wurde nur einen Tag lang von wenigen westlichen Medien veröffentlicht; danach verschwand er auf Nimmerwiedersehen. Der Vorschlag scheint den Freunden der westlichen Wertegemeinschaft nicht zu gefallen. PUTIN sagte unter anderem:

> »Heutzutage ist es offensichtlich, daß der Ausbruch der weltweiten Krise im Jahr 2008 nicht nur durch das Aufblähen der ›Blasen‹ und mißglückte Finanzmarktregulierung verursacht wurde, sondern strukturbedingt war.
>
> Die Verteilung des geschaffenen Wohlstandes vollzog sich äußerst ungleichmäßig, und zwar sowohl zwischen verschiedenen Ländern als auch unter einzelnen Bevölkerungsschichten, was die Erosion der Beständigkeit der Weltwirtschaft bewirkte, das Aufflammen von lokalen Konflikten schürte und die Konsensfähigkeit der Weltgemeinschaft bei der Erörterung von akuten Problemen hemmte. Wir schlagen also vor:
>
> Erstens: Die Gestaltung einer harmonischen Wirtschaftsgemeinschaft von Lissabon bis Wladiwostok. In Zukunft kämen eventuell auch eine Freihandelszone, gar noch fortgeschrittenere wirtschaftliche Integrationsformen in Frage. In der Tat würde damit ein gemeinsamer Kontinentalmarkt entstehen, dessen Kapazitäten Billionen von Euro stark wären.

---

[25] Wladimir PUTIN, »Plädoyer für eine Wirtschaftsgemeinschaft«, unter: www.zeit-fragen.ch/ausgaben/2010/nr48-vom-6122010; auch in: *Süddeutsche Zeitung,* 25. 11. 2010.

Zweitens: Eine gemeinsame Industriepolitik, welche sich auf die Zusammenballung der Technologie- und Ressourcenpotentiale Rußlands und der EU stützen soll, aber auch die Implementierung von gemeinsamen Förderungsprogrammen für die in der realen Wirtschaft aktiven kleinen und mittelständischen Unternehmer zu beinhalten hat. Markenzeichen wie ›Made in Germany‹ oder ›Made in EU‹ sind wahrlich goldwert. Aus meiner Sicht ist auf die gemeinsame Agenda die Frage zu setzen, wie wir die neue Industrialisierungswelle über den europäischen Kontinent rollen lassen können. Insbesondere dadurch, daß strategische Allianzen etwa in Bereichen des Schiff- und Flugzeugbaus, der Automobilproduktion, der Weltraumtechnologien, der Medizin- und Pharmaindustrie, der Kernenergie und Logistik geschmiedet werden.

Drittens: Die Idee eines gemeinsamen Energiekomplexes in Europa pocht buchstäblich an die Tür. In den jüngsten Jahren war die Zusammenarbeit auf dem Gebiet der Energie zwischen Rußland und der EU ein Thema, das größere Aufmerksamkeit auf sich lenkte und – offen gesagt – zu sehr politisiert wurde.

Viertens: Ohne eine entwickelte Industrie ist kein Fortschritt in der europäischen Bildung und Forschung möglich. Bereits jetzt entscheiden sich talentierte junge Leute viel weniger für technische Berufe. Sie sehen für sich keine Zukunft als Ingenieure oder Facharbeiter.«

Die Annäherung zwischen Rußland und der EU kann unmöglich gegen jemanden gerichtet sein und verlangt keinerlei Abschwächung der Beziehungen zu traditionellen Partnern und Verbündeten.

Rußland und China weisen Deutschland den Weg, wie unser Land aus dem Vasallenstatus entkommen kann, in dem es von der Londoner City und der Wall Street gehalten wird.

Wenn sich die europäischen Politiker zur Lösung der derzeitigen wirtschaftlichen Schwierigkeiten äußern, so schlagen sie immer geldpolitische Maßnahmen vor, im Sinne der Londoner City, der Wall Street, der Pariser Börse und von Brüssel.

Die Euro-Rettungsschirme sind auf illegale Weise zustande gekommen. Sie werden alle Ersparnisse der Deutschen vernichten

PUTIN ist aus der liberalkapitalistischen Profitordnung – dem ungestörten Wirken transnationaler Konzerne – ausgeschert und fährt einen nationalen Kurs im Interesse des Volkes; das bedeutet eine umfassende Entamerikanisierung.

Eckhard CORDES leitet den ›Ost-Ausschuß‹. der sich als Sprachrohr für die 6000 deutschen Firmen versteht, die in Rußland engagiert sind. CORDES zeigt sich überrascht über das Vorgehen der Bundesregierung in Sachen Wirtschaftssanktionen gegen Rußland. Die Wirtschaftssanktionen hätten bislang keinen Fortschritt in der Ukraine-Krise gebracht. »Wir schaden uns also zunehmend selbst, ohne die erhoffte politische Wirkung zu erzielen«, meinte er.

und an anglo-amerikanische Banken transferieren; sie verstoßen gegen das deutsche Grundgesetz und gegen die europäischen Verträge. Deutschland ist durch sie für Generationen in Schuldhaft genommen; alle seine Arbeit soll in Zukunft nur noch dazu dienen, die Zinsen für die eingegangenen Bürgschaften und Zahlungsverpflichtungen zu zahlen – ein Super-Versailles ohne Krieg. Wenn der durch die Medien desinformierte Bürger das erkennt, werden Unruhen aufflammen, die das Land verändern.

Wir müssen uns mit Rußland arrangieren, um aus dieser Zwangssituation herauszukommen.

Aus Moskau hört man seit einiger Zeit, daß man die Deindustrialisierung Deutschlands und Europas beenden und in Osteuropa und Asien neue Industrien aufbauen solle. Das ist genau das Mittel, das uns auf Dauer aus den derzeitigen Schwierigkeiten führen wird. Um den Weg in Richtung Osten frei zu machen, sollte sich die BRD eine Verfassung geben, die vom deutschen Volk in freier Entscheidung beschlossen worden ist, wie es der Artikel 146 des Grundgesetzes vorgibt.

Eine vom Volk erarbeitete, bestimmte und zu verabschiedende neue *Verfassung* zu erarbeiten, hat sich der Verein ›Verfassung vom Volk e.V.‹ vorgenommen, dessen Gründer und Vorsitzender Heinz KRUSE, Ministerialrat a.D. und Wirtschaftsdezernent a.D., ist. Der ständige Bruch des Grundgesetzes durch die Regierung MERKEL und die Bundestagsparteien sowie die faktische Aufhebung der Gewaltenteilung angesichts der geförderten Invasion von über einer Million illegaler Einwanderer haben zu dieser Initiative geführt, ebenso die Tatsache, daß im Grundgesetz die Macht nur noch formal vom Volk ausgeht, es ihm tatsächlich aber an Gesetzen, Freiheit und Souveränität fehlt, um über sein Schicksal zu entscheiden. Der Verein will an die Stelle einer alle Lebensbereiche gängelnden Bürokratie also neue Werte setzen wie Selbstbestimmung, Selbstorganisation und Selbstverwaltung. Diese Verfassung, die »nach Meinung der Initiatoren ökologischen wie sozialen Erfordernissen wie auch der technischen-wirtschaftlichen Entwicklung« entsprechen werde, soll nach ihrer Vollendung von einer Nationalversammlung verabschiedet werden: Allerdings wurden bislang noch keine Wege beschritten, wie das GG außer Kraft gesetzt werden könnte.[26]

Der bevorstehende chaotische Zusammenbruch des anglo-amerikanischen Finanzsystems und seiner europäischen Ableger könnte der Anlaß zu einer solchen Volksabstimmung sein. In der Folge könnte der neue deutsche Staat einen Friedensvertrag mit Rußland abschließen. Damit wäre der Weg frei für den Aufbau einer eurasischen Wirtschaftsgemeinschaft zum Wohle der Menschen in Deutschland und Europa.

---

[26] Weitere Einzelheiten unter: www.verfassung-vom-volk.org

II. Die neue Weltordnung

Anglo-amerikanische Völkerkunde

Nach anglo-amerikanischer Auffassung gibt es nützliche gute und auch böse ungehorsame Völker, je nachdem, ob sie den Briten oder den US-Amerikanern nutzen oder ihnen im Wege sind. Die starken Völker sind gemäß diesem Grundsatz schädlich und müssen beseitigt werden.

Fast dreihundert Jahre lang hatten die Briten ein pfiffiges System, um ihr nach Seeräuberart zusammengeraubtes Reich vor möglichen Konkurrenten aus Europa zu schützen: Immer wurde die stärkste europäische Macht durch Koalitionen der Schwächeren unter britischer Leitung und wegen vorgeschobener moralischer Gründe vernichtet und so dem ›Guten‹ zum Siege verholfen. Man nannte dieses System der Kriegführung beschönigend ›Balance of Power‹ und lebte ganz gut davon. So wurden nacheinander Spanien, Portugal, Holland, Frankreich und im 20. Jahrhundert Deutschland zugrunde gerichtet und schließlich das britische Imperium selbst, weil es sich im Krieg gegen Deutschland übernommen hatte und Hilfe der USA benötigte.

Die US-Amerikaner übernahmen das britische System, sie nannten ihre Kriege allerdings ›Friedensmissionen‹ oder ›Kreuzzüge für die Demokratie‹. Sie übersahen dabei, daß sich außerhalb Europas während der beiden Weltkriege neue Mächte gebildet hatten, die das anglo-amerikanische Streben nach der Weltherrschaft nicht unterstützen wollten, nämlich China, Indien und Rußland. Diese Tatsache wird das anglo-amerikanische System zur Weltbeherrschung zum Einsturz bringen.

Zum Zusammenhalt der anglo-amerikanischen Koalitionen der Willigen brauchte man immer handfeste moralische, religiöse und finanzielle Argumente. Während man bei der Vernichtung des spanischen Imperiums im 17. Jahrhundert religiöse ›Untaten‹ der Spanier instrumentalisierte (Inquisition, Ketzerprozesse), mußte man zur Bekämpfung Deutschlands schlagkräftigere Argumente erfinden. Die bekanntesten Unterstellungen aus dem Ersten Weltkrieg waren: Die Deutschen sind Hunnen, sie schlagen den Kindern ihrer Gegner die Hände ab und verarbeiten ihre Kriegsgefangenen zu Seife; sie streben nach der Weltherrschaft und wollen alle anderen Völker versklaven. Diese Geschichten wurden vor, während und nach dem Zweiten Weltkrieg durch neue Legenden beträchtlich erweitert.

Die Kampfgefährten der Anglo-Amerikaner durften immer passende eigene Argumente einbringen und hatten Anspruch auf beträchtliche Teile der zu erwartenden Beute. Frankreich fühlte sich durch die Reichsgründung 1871 beleidigt, weil es danach nicht mehr die deutschen Kleinstaaten gegeneinander ausspielen konnte zum Nachteil Deutschlands. Die Rückkehr von Elsaß-Lothringen ins Deutsche Reich verletzte seine Eitelkeit und diente der französischen Politik als Argument, das eigene Volk zum Haß gegen das neue Deutsche Reich aufzustacheln. Rußland wurde Unterstützung bei seinen Eroberungsplänen im Vorderen Orient zugesagt, vor allen Dingen beim Erwerb von Konstantinopel und den Meerengen. Den Italienern wurden Südtirol und der Dodekanes versprochen.

Unter dem Banner der ›Balance of Power‹ beteiligte sich England von 1800 bis 1940 mit seinen Alliierten an achtzig Kriegen, die angeblich kriegslüsternen Deutschen an dreiundzwanzig. Für die ›friedliebenden‹ US-Amerikaner gibt es kaum ein Jahr in ihrer Geschichte, in dem sie nicht auf einer ›Friedensmission‹ oder einem Kreuzzug irgendwo auf der Welt unterwegs waren. Die eigene Bevölkerung der Alliierten wurde durch Veröffentlichungen in den Medien (Zeitungen, Zeitschriften, Bücher, Filme, Radio, Theater) über die ›Bösartigkeit der deutschen Unholde‹ genau unterrichtet. Dem entsprechend waren die Pläne, wie man mit den Deutschen nach dem Krieg umgehen sollte: Zu den bekannteren gehören der Kaufman-, der Hooton-, der Nizer- und der Morgenthau-Plan, allesamt echte Hetzschriften gegen Deutschland, das die USA weder bedroht noch angegriffen hatte, noch je dazu in der Lage war.

Der Kaufman-Plan

Theodore Kaufman, Präsident der amerikanischen Friedensvereinigung ›American Federation of Peace‹ (!), machte 1941 in der Broschüre *Germany must perish* einen originellen Vorschlag zur

Ausrottung des deutschen Volkes, nämlich alle deutschen Männer und Frauen zu sterilisieren mit genauen Angaben über die Vorgehensweise. Auf diese Weise würde das deutsche Volk rasch verschwinden und ewiger Frieden unter den zivilisierten Völkern herrschen, wie die *New York Times* begeistert schrieb. Der Plan wurde nicht verwirklicht.

Der Hooton-Plan

Der amerikanische Professor für Anthropologie Earnest Albert HOOTON hatte 1943 eine andere bösartige Idee, nämlich das deutsche Volk durch ständigen Zuzug Fremder aus anderen Kulturkreisen, durch rassische Vermischung und die damit angestrebte Wesensveränderung bzw. geistige Umorientierung auf das Niveau eines unterentwickelten Landes zu bringen, um so seine Konkurrenz auf dem Weltmarkt auszuschalten.[27] Dieser Plan ist erst nach dem Zusammenbruch der Sowjetunion nach 1990 aktiviert worden, da Deutschland nach 1945 ziemlich zerstört und von vielen Millionen Vertriebener aus Ost-Deutschland überfüllt war – man hätte kaum Einwanderer aus fremden Ländern gefunden, die den Deutschen beim Wiederaufbau geholfen hätten. Jetzt kann man am deutschen Wohlstand teilhaben. Der Hooton-Plan wird derzeit verwirklicht, nicht nur für Deutschland, sondern für ganz Europa. Inzwischen ist die Einwanderung nach Europa bestens organisiert. Das Verfahren ist gut durchdacht und läuft folgendermaßen ab: Ein wunschgemäß ausgebrochener Bürgerkrieg oder Krieg in Afrika oder Asien sorgt für Flüchtlingsströme, die nach Europa gelenkt werden. Die vermutlich ahnungslosen europäischen Mitarbeiter bei diesem Projekt sorgen für das Bleiben und Wohlergehen der Flüchtlinge in der neuen Heimat.

Der Nizer-Plan

Louis NIZER, der Mitglied der B'nai-Brith-Loge war, schrieb 1943/44 sein Buch *What to do with Germany*, das für ROOSEVELTS Kabinett Pflichtlektüre war und von General EISENHOWER, dem alliierten Oberbefehlshaber in Europa, in 100 000 Exemplaren an seine Trup-

[27] Der HOOTON-Plan, so genannt nach Prof. Earnest HOOTON von der Harvard-Universität, wurde in den USA erstmals am 11. Oktober 1944 in der *New York Times* veröffentlicht.

Von oben: Theodore N. Kaufman, Henry Morgenthau und Earnest Hooton.

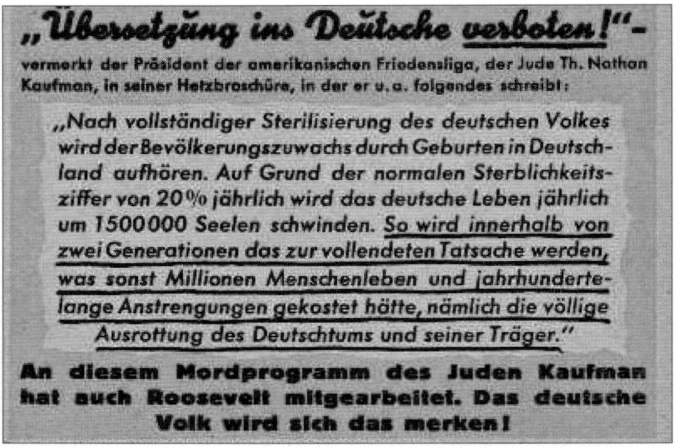

„Übersetzung ins Deutsche verboten!" – vermerkt der Präsident der amerikanischen Friedensliga, der Jude Th. Nathan Kaufman, in seiner Hetzbroschüre, in der er u. a. folgendes schreibt:

„Nach vollständiger Sterilisierung des deutschen Volkes wird der Bevölkerungszuwachs durch Geburten in Deutschland aufhören. Auf Grund der normalen Sterblichkeitsziffer von 20% jährlich wird das deutsche Leben jährlich um 1500000 Seelen schwinden. So wird innerhalb von zwei Generationen das zur vollendeten Tatsache werden, was sonst Millionen Menschenleben und jahrhundertelange Anstrengungen gekostet hätte, nämlich die völlige Ausrottung des Deutschtums und seiner Träger."

An diesem Mordprogramm des Juden Kaufman hat auch Roosevelt mitgearbeitet. Das deutsche Volk wird sich das merken!

Parole der Woche 44/1941. Zentralverlag der NSDAP, München

pen verteilt wurde. In Beantwortung der Frage »Was sollen wir mit Deutschland machen?« nennt Nizer folgende Möglichkeiten: 1. Ausrottung, 2. Zuchtwahl, 3. politische Aufteilung und 4. Zwangsverschickung. Nizers Überlegungen finden sich im Morgenthau-Plan wieder, der, im September 1944 bereits von Roosevelt und Churchill gebilligt, zunächst 1945/46 die alliierte Besatzungspolitik in Westdeutschland maßgeblich bestimmte.

Der Morgenthau-Plan

Der US-Finanzminister Henry Morgenthau jun. hatte auch einen Plan. Er schlug Präsident Roosevelt vor, die Industrie in Deutschland nach dem Krieg abzuschaffen, dort nur Kleinbauern zuzulassen und Deutschland zu einer Ziegenweide zu machen. Dieser Plan wurde, wie gesagt, im September 1944 auf der Konferenz in Quebec von Roosevelt und Churchill gutgeheißen. Die Vernichtung der deutschen Industrie wurde generalstabsmäßig geplant und begann im April 1945: Beschlagnahme aller deutschen Patente (750000 Patente),[28] Verschleppung von rund 600 deutschen Wissenschaftlern und Ingenieuren zum Technologietransfer in die USA und von etwa 600

[28] Siehe: Friedrich Georg, *›Unternehmen Patentenraub‹ 1945*, Grabert, Tübingen 2008.

Wissenschaftlern nach Großbritannien, Konfiszierung des gesamten deutschen Auslandsvermögens, Demontage der wichtigsten deutschen Industriebetriebe, systematisches Durchkämmen auch kleiner Betriebe auf der Suche nach Betriebsgeheimnissen, Beschlagnahme der gesamten deutschen Handelsflotte.

Die Demontage betraf alle Industriezweige, die das Fundament der deutschen Industrie bildeten: Stahlwerke, Maschinen- und Apparatebau, Elektro- und Automobilindustrie, chemische Werke, Firmen zur Herstellung von Industriegütern. In der britischen Besatzungszone wurden 496 Werke demontiert, in der US-Zone 185 Werke, in der französischen Zone 236 Werke.[29] Wegen des Kalten Krieges gegen die Sowjetunion wurde dieser Morgenthau-Plan 1948 abgebrochen, da man auf deutsche Hilfe gegen die Sowjetunion angewiesen war. Nach dem Zusammenbruch der Sowjetunion nach 1990 wurde er wieder reaktiviert: Die Industrie in Deutschland wird abgeschafft, indem die hiesige sichere und kostengünstige Energieversorgung durch Kohle- und Kernkraftwerke ersetzt wird durch erneuerbare Energien ohne Speichermöglichkeit für elektrischen Strom, so daß die Energielieferung vom Wetter abhängig ist. Die Industrie wird deshalb Deutschland verlassen. Damit ist die Existenzgrundlage Deutschlands beseitigt.

Die gleiche Absicht verfolgt der Klimaschwindel: CO_2, das bei der Verbrennung von Kohle als Abgas entsteht, soll ein ›Klimagift‹ sein und zu einer starken Erwärmung der Erdatmosphäre mit katastrophalen Folgen für die Umwelt führen. Aus physikalischen Gründen kann CO_2 das nicht bewirken. Aber die fremdbestimmte deutsche Politik hat die Absicht, alle Kohlekraftwerke in Deutschland zu schließen (sogenannte ›Dekarbonisierung‹ Deutschlands), um die CO_2-Emission in die Atmosphäre zu verringern.

Aus dem oben Angedeuteten ergibt sich, daß die anglo-amerikanischen Pläne aus dem Zweiten Weltkrieg zur Niederwerfung Deutschlands 70 Jahre nach Kriegsende noch immer gelten. Anscheinend sind die Anglo-Amerikaner gar nicht an einem Friedensvertrag interessiert. Es ist nun für Deutschland an der Zeit, mit den anderen ehemaligen Kriegsgegnern einen Friedensvertrag

---

[29] Siehe: Hans Meiser, *Ausplünderung Deutschlands seit 1919,* aaO. (Anm. 21).

zu vereinbaren, der die Souveränität der Bundesrepublik gewährleistet.

Neue Weltordnung im Kommen

Die Pläne der Globalisierer aus Wall Street und Londoner City zur Errichtung einer ihnen hörigen Weltregierung sind im Frühjahr 2011 gut vorangekommen. Es gelang ihnen, neue Brandherde in Asien, Afrika und Europa zu entfachen oder zu verstärken. Dabei gingen sie strategisch sehr geschickt vor. Die durch eine Tsunami-Welle verursachte Reaktorkatastrophe in Japan kam ihnen wie gerufen. Diese Herren des großen Geldes verstehen es ausgezeichnet, unvorhergesehene Ereignisse sofort und wirksam für ihre Zwecke zu instrumentalisieren, da ihnen die freie Presse der westlichen Wertegemeinschaft untertan ist.

So ist jetzt eine lautstarke Antikernkraft-Kampagne im Gange, die wegen drohender Verstrahlung die Bevölkerung hier in Angst und Schrecken versetzt. Damit werden ganze Industriezweige in Deutschland lahmgelegt und Volkswirtschaften destabilisiert.

Der Krieg in Libyen hingegen war lange Zeit vorher geplant. Er diente nicht der Befreiung der Menschen in Libyen, er soll vielmehr die libyschen Öl-, Gas- und Wasservorräte in die Hände anglo-amerikanischer Plutokraten bringen, Nordafrika destabilisieren und politische Spannungen schaffen. Was die westlichen Medien seinerzeit über Libyen berichteten, hatte kaum etwas mit der Realität zu tun. In den vergangenen 15 Jahren ist der Verfasser einige Male in Libyen gewesen, als man dort überlegte, ein großes Solar-Wasserstoff-Institut an der Mittelmeer-Küste zu gründen. Bei diesen Besuchen sah man, daß in den Städten und Dörfern ein für nordafrikanische Verhältnisse überdurchschnittlicher Wohlstand herrschte, die Infrastruktur in einem tadellosen Zustand war, an der Universität Tripolis eine sehr optimistische Grundstimmung herrschte, dort mehr Frauen als Männer eingeschrieben waren. Natürlich ist der libysche Staat nicht mit einem mitteleuropäischen zu vergleichen. In Libyen gelten noch die alten Stammesstrukturen, die Karl MAY vor über 100 Jahren so realistisch beschrieben hat. Vor allen Dingen im Osten des Landes gibt es Stämme, die mit GADDAFI nicht einverstanden waren. Es ist nicht auszuschließen, daß diese Stämme von unseren westlichen Freunden mit Waffen versorgt worden sind, die dann nach den vorbereitenden Aktionen in Tunesien und Ägypten zufällig losgegangen sind. Darauf mußte die NATO natürlich reagieren – mit Bomben zum Schutz der angeblich schon lange notleidenden Bevölkerung. GADDAFIS großer Fehler war, daß er die Reichtümer Libyens der Bevölkerung zugute kommen ließ, und nicht den Herren der Wall Street und der Londoner City. GADDAFI mußte jetzt weg und wurde durch Figuren ersetzt, die der Wall Street genehm und untertan sind. Das Verfahren ist bekannt.

Die Lunte an Europa ist schon vor einigen Jahren gelegt worden, und zwar durch die absichtlich hervorgerufene Schuldenkrise und die damit verbundenen Unruhen in verschiedenen europäischen Ländern. Durch den im März 2012 verabschiedeten Europäischen Stabilitätsmechanismus (ESM), der vor allem Deutschland verpflichtet, für die Schulden aller Euro-Staaten geradezustehen, wird Deutschland zugrunde gerichtet. Das führt zu Unruhen. Es gibt noch einige andere verdeckte Brandherde in Afrika (Sudan) oder Asien (Zentralasiatische Republiken), die jederzeit aktiviert werden können, sowie die offenen Brandherde im Irak und in Afghanistan.

Aber die Vorbereitungen zum großen Knall scheinen jetzt erfolgreich abgeschlossen. Die Sache läuft von nun an automatisch weiter. Einer der obersten Weltordner, der Herr ROCKEFELLER aus New York, wußte das schon vor vielen Jahren:

> »Wir befinden uns am Anfang einer globalen Umwandlung. Alles, was uns noch fehlt, ist eine große weltweite Krise, bevor die Nationen die ›Neue Weltordnung‹ annehmen.«

Bis zum Ausbruch der großen Krise wird man die Flammen nicht ausgehen lassen und die Menschen mit allerlei Nachrichten beunruhigen:

- aufgebauschte Reaktorkatastrophe (in Fukushima),
- durch Internet und CIA organisierte Bürgerkriege (Tunesien, Libyen),
- Berichte über unbekannte Gefahren, zum Beispiel die Verursachung von Erdbeben durch HAARP und andere Aberglauben,

HAARP-Antennenanlage der USA in Gakona, Alaska. Lothar STEINLE (»Fukushima – Ein Tsunami mit Auffälligkeiten«, in: *Deutschland in Geschichte und Gegenwart*, 3/2015, S. 26) vertritt die These, daß der Tsunami in Fukushima kein Naturereignis als Folge eines Erdbebens war, sondern *gezielt* herbeigeführt wurde.

- CO_2-Hysterie, drohende Radioaktivität, giftige Lebensmittel,
- Krankheiten und Epidemien,
- fürchterliche Naturkatastrophen.

Die Berichte über Unruhen und Kriege werden von den Medien immer bedrohlicher gestaltet. Beginn und Verlauf der ›großen weltweiten Krise‹ hängen von den jeweiligen Umständen ab – seit Sarajevo 1914 oder Danzig 1939 haben sich die angewandten Methoden nicht geändert. Es könnte folgendermaßen ablaufen: Das große Ereignis, das direkt zur ›Neuen Weltordnung‹ führen soll, wird vermutlich durch einen überraschenden Atomschlag hervorgerufen, der sich aus einem lokalen Krieg ergibt, den man durch Waffenlieferungen an die gegnerischen Gruppen wohl vorbereitet und in die Wege geleitet hat. Einen Krieg mit Atombomben kann man notfalls auch organisieren. Man hat schließlich die Mittel dazu. Es werden vielleicht danach auch Atombomben in großer Höhe gezündet. Durch den dabei hervorgerufenen nuklearen elektromagnetischen Puls (NEMP) werden alle Computer zerstört. Damit brechen die Energieversorgung, die Wasserversorgung, die Nahrungsmittelversorgung, der Verkehr, die gesamte Infrastruktur für mehrere Wochen zusammen mit einem darauffolgenden unvorstellbaren Chaos auf der ganzen Welt, da dies alles über Computer gesteuert wird. Dies gilt es zu verhindern. Es wäre an der Zeit, daß unsere Regierung Rechner für die Infrastruktur installiert, die nicht durch NEMP beschädigt werden können. Privatpersonen sollten damit beginnen, Vorräte für einige Wochen anzulegen.

Globalisierung auf amerikanisch oder ›full spectrum dominance‹

Nachdem der Erste Weltkrieg mit der Niederlage Deutschlands geendet hatte, äußerte sich der internationale Großindustrielle Walther RATHENAU dazu sinngemäß: Wenn Deutschland den Krieg gewonnen hätte, wäre die bisherige Weltgeschichte sinnlos gewesen. Die Bedeutung dieses Ausspruchs wird nach über 80 Jahren auch demjenigen klar, der die geschichtlichen Ereignisse nur in ihrem äußeren Schein wahrnimmt und deren Interpretation durch Medien, Propagandabüros und bezahlte Historiker für bare Münze nimmt. Sinn und Ziel der Geschichte sei nach RATHENAU der Eine-Welt-Staat, der von einer überschaubaren Zahl von Drahtziehern im Hintergrund gesteuert wird – RATHENAU spricht von etwa 300 Personen, deren Identität nur ihresgleichen bekannt ist.

Dieses Ziel ist heute fast erreicht. Der Weg dahin führte über einen zweiten Weltkrieg gegen Deutschland zur Vernichtung seines Staats, seiner Technik und seiner Energiegrundlagen sowie zur Ausschaltung Europas als eigenständiger Macht.

Unbemerkt von der Öffentlichkeit, wurden alle Staaten Europas im Laufe der Nachkriegszeit zu Vasallen der USA, auch England, das die Leitung des Eine-Welt-Projekts an die New Yorker Hochfinanz abgeben mußte. Die USA selbst sind inzwischen ein Opfer dieser New Yorker Mafia.

In seiner Rede bei der Entgegennahme des Nobelpreises 2005 meinte Harold PINTER: »Das ist der Fall. Ihre offiziell erklärte Politik ist jetzt als ›Full Spectrum Dominance‹ definiert. Das ist nicht mein Ausdruck – es ist ihrer. ›Full Spectrum Dominance‹ meint die Kontrolle des Landes, der See, der Luft und des Weltraums und aller begleitenden Ressourcen.«

Es ist bewundernswert, mit welcher Konsequenz und Hartnäckigkeit das Ziel der Weltherrschaft seit Jahrhunderten von der Londoner Finanzoligarchie und in deren Nachfolge von den New Yorker Plutokraten verfolgt wurde. Grundlage der Macht der Londoner City war

- die Beherrschung der Rohstoffe (Gold, Erdöl),
- die Beherrschung der Finanz- und Anleihemärkte (um andere Staaten durch Zinszahlungen in Abhängigkeit zu bringen),
- die Beherrschung der Handelswege und des Handels.[30]

Das durch Kriege und Mißwirtschaft geschwächte Großbritannien war seit den vierziger Jahren nicht mehr in der Lage, die Ansprüche der Londoner City zu unterstützen, so daß die Geschäftsführung des Projekts zur Erlangung der Weltherrschaft auf die Wall Street in New York überging. Damit änderte sich nicht das Ziel des Vorhabens, aber die Methoden wurden nach bekannter Western- und Chicago-Manier rauher.

Die New Yorker Prioritäten-Liste besteht aus folgenden Punkten:

- Beherrschung der Rohstoffmärkte – vor allem Energie, Metalle, Wasser,
- Beherrschung der Finanz- und Anleihemärkte; der Dollar wird zur Leitwährung der Welt,
- Beherrschung der Handelswege und Handelsvorschriften; uneingeschränkter globaler Freihandel, GATT, WTO,
- Infiltrierung aller nationalen und internationalen Organisationen durch Netzwerke,
- militärische Vorherrschaft, um die Ziele der internationalen Hochfinanz durchzusetzen,
- Herrschaft über die Landwirtschaft aller Staaten: Patente auf gentechnisch veränderte Pflanzen.
- Herrschaft über Medien, Kultur, Werte.

Eine derartige Herrschaft nennt man seit einigen Jahren ›full spectrum dominance‹.

---

[30] F. William ENGDAHL, *Mit der Ölwaffe zur Weltmacht*, Kopp, Rottenburg a. N. 2006.

Der langjährige Berater amerikanischer Präsidenten Zbigniew Brzezinski drückte den Sachverhalt so aus:[31]

> »Kein Nationalstaat darf sich mit den USA in den vier Schlüsselbereichen der Macht (militärisch, wirtschaftlich, technologisch, kulturell) messen können, die gemeinsam die entscheidende globale politische Schlagkraft ausmachen.«

An anderer Stelle meinte er:

> »Als Teil des amerikanischen Systems muß das weltweite Netz von Sonderorganisationen, allen voran internationale Finanzinstitutionen, betrachtet werden.« (IWF; Weltbank, 1944 in Bretton Woods gegründet, von Wall Street und Londoner City beherrscht.)

Tausende andere Institutionen helfen beim Aufbau der amerikanischen Hegemonie mit, meist verdeckt, in Politik, Wirtschaft, Medien, Kultur usw., wie Walter Hirt in dem Aufsatz »Netzwerke statt Nationen« nachweist.[32]

Die Herrschaft über das Erdöl war viele Jahre lang das Hauptziel der anglo-amerikanischen Finanzoligarchie. Dabei sammelten sich riesige Mengen Dollars in den Banken der USA an, die man dazu verwendete, andere Rohstoffmärkte unter Kontrolle zu bringen oder Firmen im Ausland aufzukaufen. Man sollte dabei nicht übersehen, daß dies mit dem Geld geschah, das die Ölförderländer in der Wall Street angelegt hatten. Dieses Geld hatte seit 1971 keine reale Deckung mehr, da die Einlöseverpflichtung des Dollar in Gold 1971 aufgegeben worden war. Seitdem ist der Dollar nur noch das private Geld des Federal Reserve Systems (FED), das ein Zusammenschluß anglo-amerikanischer Großbanken ist – vor allen Dingen der Rockefeller- und Rothschilddynastien. Die FED hat die Kontrolle über die amerikanischen Banken und die Ausgabe des Dollar. Dieser wird seit dem Zweiten Weltkrieg von fast allen Staaten der Welt als Reservewährung gehalten (früher Gold) und seit 1971 in stetig steigendem Maße hemmungslos und ohne Deckung gedruckt.

---

[31] Zbigniew Brzezinski, *Die einzige Weltmacht,* Ullstein, Berlin 1997. Neuauflage: Kopp, Rottenburg a. N. 2016.

[32] Eberhard Hamer, *Wie kann der Mittelstand die Globalisierung bestehen?* Aton, Unna 2005.

75 Prozent der Geldvorräte der Welt werden heute in Dollars gehalten. Der Vorteil, den die USA von der Eigenschaft des Dollar als Reservewährung haben, besteht darin, daß sie ihre Auslandsschulden mit selbst gedrucktem Geld bezahlen, das allerdings Falschgeld ist, da es durch keinen Wert gedeckt ist. Die Ausgabe von selbst gedrucktem Geld (ohne werthaltige Deckung) zu hohen Zinsen und der daraus folgende große Einfluß auf Banken, Börsen, Politik und Medien haben sehr viele Staaten in Abhängigkeit von New Yorker Finanzgruppen gebracht. Inzwischen bringt der Handel mit Geld mehr Gewinn als der Handel mit Erdöl. Wie das Spiel mit Erdöl und Dollars läuft, soll am Beispiel Venezuelas gezeigt werden.

Venezuela ist eines der größten Erdölförderländer der Welt. Es förderte 2002 rund 163 Millionen Tonnen Erdöl, vergleichbar etwa mit der Förderung des Iran oder Norwegens. 80 Prozent der Exporterlöse des Landes sind Erdölprodukte. 1930 war das Land sogar der größte Erdölexporteur der Welt.[33] Als 1973 die Erdölpreise stark stiegen, erhöhten sich auch die Einnahmen Venezuelas beträchtlich. Internationale Banken stellten dem reichen Land zum Bau von Infrastruktur und Industrieanlagen riesige Kredite zur Verfügung. Diese Anlagen waren meist überdimensioniert und wurden von US-amerikanischen Firmen erstellt. Die Kredite gingen zum großen Teil direkt an die amerikanischen Anlagenbauer (Bechtel, Halliburton usw.) sowie an korrupte Poli-

Der venezolanische Bolívar verliert immer mehr an Wert. Die Inflation lag 2016 bei rund 800 Prozent. Mitte Dezember 2016 wurde der 100-Bolívar-Schein für ungültig erklärt: Mittlerweile war die größte Banknote nur noch vier US-Cent wert. Hauptgrund für den Niedergang ist der Fall des Ölpreises ab 2014, da Venezuela fast alle seine harten Devisen durch das Ölgeschäft erwirtschaftet. (Foto: AP)

[33] John Perkins, *Bekenntnisse eines Economic Hit Man*, Riemann, München 2005.

tiker in Venezuela. In den achtziger Jahren fiel der Erdölpreis, und damit sank das Volkseinkommen bis Ende der neunziger Jahre um über 40 Prozent. Venezuela hatte Schwierigkeiten, die Zinsen für die Kredite aufzubringen, und mußte daher neue Kredite aufnehmen. Andere Länder ohne Erdölvorkommen sind auf diese Art in eine hoffnungslose Verschuldungsfalle geraten. Nach seiner Wahl zum Präsidenten 1998 verdoppelte CHAVEZ die Lizenzabgaben der ausländischen Ölkonzerne und brachte die Ölgesellschaft Petroleos de Venezuela unter staatliche Kontrolle. Seitdem ist Venezuela durch Generalstreiks, politische Unruhen usw. gefährdet.

Neben dem Erdöl spielen also der Dollar und das mit ihm zusammenhängende Finanzsystem eine immer größere Rolle bei den Bemühungen, die ›Neue Weltordnungv zu installieren und alle Staaten zu Vasallen der USA zu machen. Das soll in den folgenden Kapiteln näher beschrieben werden.

Beherrschung der Rohstoffmärkte

Durch Kriege, Bestechung, Erpressung und politischen Druck war es den anglo-amerikanischen Oligarchien gelungen, die Erdölreserven der Welt in ihre Hände zu bringen.[34] Als nach dem Zweiten Weltkrieg einige Erdölförderstaaten ihre Erdöllager verstaatlichten, setzten es die Amerikaner durch, daß alle Erdölrechnungen in Dollar bezahlt werden mußten. Dieses Verfahren wurde später auch für die meisten anderen Rohstoffe der Erde – Erze, Nahrungsmittel – eingeführt. Das spülte riesige Mengen Dollars, die bei amerikanischen Banken geliehen worden waren, in das Finanzsystem der USA, da die Lieferländer der Rohstoffe die verdienten Dollars wieder bei amerikanischen Banken anlegten. Diese Dollars wurden zum Kauf von Waren und Fabriken eingesetzt, so daß beispielsweise in Europa große Dollarguthaben bei den Notenbanken entstanden. In den späten sechziger Jahren ließ sich Frankreich seine Dollarguthaben in Gold auszahlen, weil der Dollar damals noch eine Golddeckung aufwies. Für 35 Dollars erhielt man ca. 31,1 Gramm Gold.

Im Jahre 1971 waren die Goldreserven der USA aufgebraucht, so daß Präsident NIXON die Golddeckung aufgeben mußte. Seit-

[34] ENGDAHL, Mit der Ölwaffe zur Weltmacht, aaO. (Anm. 30).

dem ist die einzige Deckung des Dollar die Beherrschung der Rohstoffmärkte, vor allen Dingen des Erdölmarkts.

Zur Sicherung ihrer Vorherrschaft auf dem Energiemarkt haben die USA nach 1945 eine Reihe von Maßnahmen ergriffen, die vor allen Dingen zu Lasten Deutschlands gingen: Verbot der Kohleverflüssigung, Vernichtung der deutschen Nuklearindustrie, insbesondere des Hochtemperaturreaktors.[35] Seit einigen Jahren ist nun bekannt, daß dies ein großer Fehler für die gesamte Weltwirtschaft war, weil die Erdölreserven sehr schnell zu Ende gehen.[36] Die USA sind seitdem gezwungen, zur Rettung ihres Systems Gegenmaßnahmen zu ergreifen, die sie selbst schädigen und die immer hektischer werden. Sie versuchen zur Zeit, alle Erdölressourcen sowie den Handel mit Erdöl und Erdgas unter ihre Kontrolle zu bringen, auch mit militärischen Mitteln, wenn die Netzwerke nicht die gewünschten Erfolge gebracht haben. Deswegen laufen die offenen und verdeckten Aktionen im Irak, im Iran, in Kaukasien, Mittelasien, Venezuela, Bolivien, Westafrika, Nigeria, im Kongo, im Sudan, gegen die Ostseegasleitung usf.

Beherrschung der Finanz- und Anleihemärkte durch den Dollar als Leitwährung

Im Gegensatz zur FED war die deutsche Bundesbank bis zur Einführung des Euro eine von politischen Pressionen unabhängige Zentralbank (= Notenbank; diese regelt den Geldumlauf und die Kreditversorgung des Landes gemäß der Leistungsfähigkeit der deutschen Volkswirtschaft). Sie war gesetzlich dazu verpflichtet, die Währung und damit die Ersparnisse der Bürger zu sichern. Als stabile Währung kam die DM dadurch in eine Konkurrenzsituation zum Dollar, der in großer Menge ohne Deckung und staatliche Garantie gedruckt wurde, was seinen Wert auf Dauer verminderte. Viele Länder legten also ihre Finanzreserven in DM an, was unseren amerikanischen ›Freunden‹ mißfiel. Die DM als Reservewährung bedrohte die Dollarherrschaft, so daß Bundes-

---

[35] Richard Melisch u.a., *Energiepolitik als Überlebensstrategie der Nation,* Arbeitsgem. Deutsche Energie- und Wirtschafts-Politik 2006.

[36] Ebenda.

kanzler KOHL dafür sorgte, daß der Euro eingeführt wurde und die europäische Zentralbank (EZB) für die Geldversorgung in Deutschland zuständig ist. Die EZB vertritt die Interessen der Globalisierer, weniger die Deutschlands. Der Wert des Euro beruht zu 90 Prozent auf Dollarpapieren, so daß heute alle Geldersparnisse in Deutschland aufs höchste gefährdet sind. Andere Länder sitzen in derselben Falle: Die Währungsreserven der chinesischen Zentralbank betragen über 825 Milliarden Dollar – es sind die Erlöse von chinesischen Verkäufen in den USA. Ähnliche Dollarbeträge liegen bei der japanischen Notenbank. Über 75 Prozent der Geldmenge auf der Welt wird in Dollar gehalten. Somit können alle Währungen der Welt über Börsenmanöver, Verkauf oder Ankauf von Währungen usf. von der Wall Street manipuliert werden. Mit den frisch gedruckten wertlosen Dollars werden zur Zeit alle greifbaren Werte der Welt (Rohstoffe, Industrien, Infrastrukturen) von amerikanischen Investoren im Auftrag der Wall Street gekauft.

Die größte Gefahr für den Papierdollar besteht darin, daß Erdölförderländer ihre Erdöllieferungen nicht mehr in Dollar, sondern zum Beispiel in Euro fakturieren. Wer das versucht (zum Beispiel Saddam HUSSEIN, CHAVEZ, AHMADINEJAD), wird zum Terroristen erklärt und zum Abschuß freigegeben.

Eine zweite Gefahr für das Dollarimperium entsteht nun dadurch, daß die Besitzer großer Dollarguthaben damit begonnen haben, ihre wertlosen Dollarreserven zum Kauf von Rohstoffen – Erdöl, Erze – und Firmen zu verwenden. Das tun unter anderen die Chinesen und die Russen.

Wie die anglo-amerikanischen Finanzgruppen in Deutschland vorgehen, um reale Werte mit falschem Geld zu erwerben, soll an zwei Beispielen gezeigt werden.

Der deutsche Bürger sparte von jeher fleißig. Er legte seine Ersparnisse auf Sparkonten bei Sparkassen, Volksbanken, Postbank usf. an. An diese Gelder kam die Börse nicht heran, sie hatte aber großen Appetit auf sie. Deswegen wurde in den neunziger Jahren eine künstliche Aktieneuphorie entfacht (man denke an die Privatisierung der Bundespost). Die Spargelder flossen daraufhin in großen Mengen in Aktien, die zunächst hoch- und danach nach unten manipuliert wurden und dadurch in den Taschen der professionellen Börsenspekulanten verschwanden. Als nämlich die Aktienblase 2002 platzte, war der deutsche Sparer um mehrere hundert Milliarden DM ärmer.

Eine zweite Aktion ist zur Zeit im Gange, nämlich die Privatisierung von Bahn, Verkehrswegen, Kanalisation, Wasserversorgung usw. Mit dem wertlosen Dollar werden seit einigen Jahren alle früher in Deutschland unverkäuflichen, dem Volk gehörigen Werte aufgekauft. Damit strömen die stetig und zuverlässig eingehenden Zahlungen der Bürger für Strom, Wasser, Straßennutzung usw. in die Kassen der New Yorker Finanzoligarchie.

Die Privatisierung der Deutschen Bahn AG soll beispielhaft zeigen, wie dabei vorgegangen wird.[37] Seit Mitte der neunziger Jahre ist der Vorstand der Bundesbahn damit beschäftigt, die Bahn börsentauglich zu machen. Je größer der Gewinn eines Unternehmens ist, desto börsentauglicher ist es. Also wird Personal entlassen, werden unrentable Strecken stillgelegt. Seit 1993 sank die Zahl der Beschäftigten um über 120 000; über 10 000 Kilometer des Streckennetzes wurden stillgelegt. Außerdem wurden die Investitionen reduziert: 1995 rund 12 Milliarden DM jährlich, 2005 nur noch 2,4 Milliarden Euro. Die Beispiele Großbritannien und USA zeigen, daß die Privatisierung die Bahn ruiniert. Nach erfolgtem Börsengang würde die Deutsche Bahn AG in bekannter Manier von Investoren übernommen, die dann die gewinnträchtigsten Teile – Nahverkehr, Schienennetz, Fernverkehr, Güterverkehr, Bahnhöfe – weiterverkaufen würden.

Beherrschung der Handelswege und Handelsstandards (GATT, WTO). Uneingeschränkter globaler Freihandel

Spätestens nach 1945 haben die USA Großbritannien in der Herrschaft über die Seewege abgelöst. Die USA sind somit in der Lage, alle Seewege für ihre militärischen und wirtschaftlichen Zwecke freizuhalten und die Gegner daran zu hindern, diese Wege zu nutzen. Um den Welthandel unter ihrer Kontrolle zu halten, haben die Briten im Laufe der Jahrhunderte Marinestützpunkte rund um die Welt entlang der wichtigen Handelsrouten angelegt: Gi-

[37] Alexander HARTMANN, »Stoppt die Bahn-Privatisierung«, in: *Neue Solidarität*, 31. 5. 2006.

braltar, Malta, Zypern, Suez, Aden, Bahrain, Singapur, Honkong, Karibik. Diese Positionen werden nun zusammen mit den USA gehalten, oder die USA haben in ihrer Nähe eigene Basen, meist Luftwaffenstützpunkte, errichtet. Inzwischen gibt es über tausend amerikanische Militärbasen, die nach der Erklärung des Krieges gegen den Terrorismus (11. 9. 2001) als Angriffsbasen genutzt werden können,[38] unter anderen Hurghada (Ägypten), Bahrain, Diego Garcia (Indischer Ozean), Ramstein, Spangdahlem, Okinawa, Rota (Cadiz), Guantanamo, Camp Dona (Kuwait), Al Kharj (Saudi-Arabien), Sao Tome (Golf von Guinea).

Wenn man einen Blick auf die Weltkarte wirft, sieht man, daß diese Militärbasen die Seetransportrouten für Erdöl und andere Rohstoffe kontrollieren. Sie haben aber nur beschränkten Zugriff auf die Landverbindung zwischen Mitteleuropa und Ostasien. Auf dieser Strecke liegen, aufgereiht auf einem langen Bogen, die Industriegebiete Mitteleuropa – Moskauer Becken und Donez-Becken – Uralgebiet – Karaganda – Kusnezk Becken – Baikal See – Fu Shun (China–Japan). Diese Industriegebiete können/könnten mit Hilfe deutscher Technik durch Schnellbahnstrecken untereinander verbunden werden, wobei die gesamte Infrastruktur modernisiert oder aufgebaut würde. Damit wären die angloamerikanischen Finanzgruppen und Globalisierer matt gesetzt. Im übrigen ist dies die einzige Deutschland und anderen eurasischen Ländern verbliebene Möglichkeit, der geplanten Vernichtung zu entgehen.

Infiltrierung aller nationalen und internationalen Organisationen durch Netzwerke

Im Laufe der vergangenen 150 Jahre hat die anglo-amerikanische Finanzoligarchie, aufbauend auf alten britischen Traditionen, ein Netzwerk von unzähligen Einrichtungen in aller Welt geschaffen, durch die sie ihre Ziele in Regierungen, Parlamenten, internationalen Organisationen, Industrieverbänden, Gewerkschaften, Parteien, Kirchen, Wissenschaft, Kultur, Sport, Medien usw. verfolgt und meist durchsetzt. Alle diese einzelnen Einrichtungen

---

[38] Knut MELLENTHIN, *Angriffsbasen weltweit*, Uni Kassel, AG Friedensforschung, 34109 Kassel.

sind personell vernetzt, sie sind entweder aus alten Vereinen, Clubs, Logen usw. entstanden oder sind Neugründungen. Eine Auflistung einiger dieser Netzwerke (Seilschaften) findet man bei HAMER und COLEMAN.[39, 40] Unser ganzes öffentliches und wirtschaftliches Leben in der BRD wird durch diese Seilschaften beeinflußt und gesteuert. Gelenkt und finanziert wird dieses Geflecht von der New Yorker Finanzoligarchie.

Betrachten wir zum Beispiel die Bilderberger, die in diesem Verbund eine wichtige Rolle spielen. Dieser Verein veranstaltet jährlich streng abgeschirmte Treffen, bei denen die wichtigsten geplanten Aktionen der Wall Street einem ausgewählten Kreis von Hauptakteuren aus Politik, Medien, Kultur und Wirtschaft mitgeteilt werden. Diese Hauptakteure sorgen dann für die Ausführung der Vorhaben in ihren jeweiligen Bereichen. Die 51. Bilderberg-Konferenz fand vom 5. bis 8. Mai 2005 in Rottach-Egern in einem Luxus-Hotel statt. Die Teilnehmer der deutschen Sektion waren[41] Josef ACKERMANN (Deutsche Bank), Hubert BURDA (Burda Medien), Mathias DÖPFNER (Axel Springer AG), K. KLEINFELD (Siemens AG), Angela MERKEL (CDU), Matthias NASS (*Die Zeit*), Friedbert PFLÜGER (CDU), Otto SCHILY (SPD, Innenminister BRD), Jürgen SCHREMPP (Daimler-Chrysler), Ekkehard SCHULZ (Thyssen-Krupp), Matthias WISSMANN (CDU), Klaus ZUMWINKEL (Deutsche Post).

Die letzte Tagung der Bilderberger fand im Juni 2016 in Dresden statt. Wie immer diskutierte die ›Weltregierung‹ drei Tage lang hinter verschlossenen Türen. Auf deutscher Seite waren führende ›Volksvertreter‹ anwesend: Ursula VON DER LEYEN, Thomas DE MAIZIÈRE, Wolfgang SCHÄUBLE, Stanislaw TILLICH; dazu hochkarätige Wirtschaftsvertreter, unter anderen John CRYAN (Deutsche Bank AG), Matthias DÖPFNER (Axel Springer SE), Thomas EBELING (ProSiebenSat.1), Thomas ENDERS (Airbus Group), Ulrich GRILLO (Grillo-Werke AG; Präsident des Bundesverbands der Deutschen Industrie), Timotheus HÖTTGES (Deutsche Telekom AG), Julia JÄKEL (Gruner + Jahr), Joe KAESER (Siemens AG), Carsten KENGETER

---

[39] HAMER, *Wie kann der Mittelstand die Globalisierung bestehen?*, aaO. (Anm. 32).
[40] John COLEMAN, *Das Komitee der 300*, Edition LibLit, Peiting 2002.
[41] HAMER, *Wie kann der Mittelstand die Globalisierung bestehen?*, aaO. (An. 32).

Im Dresdener Tassdchenbergpalais kamen im Juni 2016 rund 130 hochrangige Vertreter aus Politik, Wirtschaft, Wissenschaft und Medien zusammen, um über das Weltgeschehen zu beraten. Die deutsche Bundesregierung war außergewöhnlich stark vertreten; Angela Merkel und Frank-Walter Steinmeier hatten allerdings kurzfristig abgesagt. Wie in den früheren Jahren wurde die Bilderberg-Konferenz von Großdemonstrationen begleitet, wie hier 2015 in Telfs in Österreich (Foto: imago Eibner Europa).

(Deutsche Börse AG), Hans-Werner Sinn (u. a. Prof. an der Ludwig Maximilians-Universität München).[42]

In der Hierarchie der Netzwerke stehen die Bilderberger sehr weit oben in der Nähe der Drahtzieher der Globalisierung. In den niedrigeren Etagen befinden sich die Rotarier, Lions usw., die für die Beeinflussung lokaler Größen im Sinne der New Yorker Finanzelite zuständig sind. Es gibt keine Stadtverwaltung, keine Behörde, kein Gericht, kein Lokalblatt, wo nicht ein Vertreter der Netzwerke sitzt. Da diese Netzwerke in ihren Satzungen hohe Ideale wie Brüderlichkeit, Humanität, soziale Fürsorge usw. als Vereinszweck angeben, wissen viele Mitglieder nicht, bei wem sie da eingeschrieben sind. Wie ein Pilzgeflecht im Waldboden durchsetzen diese Netzwerke die ganze Gesellschaft der BRD. Sie agieren verdeckt, beeinflussen das Bewußtsein der Mitglieder in der von den Globalisierern gewünschten Weise. Es ist

[42] Die vollstgändige Teilnehmerliste ist einzusehen unter: www.macht-steuert-wissen.de/.../teilnehmerliste-bilderbergertreffen-2016-in-dresden/

geplant, daß sie das Grundgerüst des zukünftigen multikulturellen Staats bilden, der das traditionelle Deutschland ersetzen soll. Die Netzwerke sorgen dafür, daß gegen den Willen der Volksmehrheit die deutsche Identität vernichtet wird, daß Ausländer das Land überfluten, die DM abgeschafft, der Maastricht- und der 2+4-Vertrag abgeschlossen wurden, Deutschland allmählich verschwindet. Sämtliche Fehlentwicklungen sind inzwischen hausgemacht, von deutschem Personal ausgeführt.

Militärische Vorherrschaft zur Unterstützung der Ziele der Hochfinanz

Zur Sicherung ihrer Finanzmacht und des Dollar benötigen die Globalisierer die militärische Macht von US-Armee, US-Luftwaffe, US-Kriegsmarine und US-Marinekorps. Allerdings ziehen die amerikanischen Soldaten nicht, wie früher in Europa üblich, in den Krieg zur Verteidigung des Vaterlandes, sondern sie beteiligen sich an ›humanitären‹ oder ›friedenstiftenden‹ Interventionen, die sie gemeinsam mit der UNO, der NATO oder Vasallen durchführen. Dabei stiegen im Laufe der Zeit die Verluste der Zivilbevölkerung sehr stark an – bei den letzten Kriegen bis zu 80 Prozent der Getöteten. Das seien allerdings Kollateralschäden und somit unvermeidlich einem ›guten‹ Zweck dienend. Im Jahre 2003 belief sich der Militärhaushalt der USA auf rund 380 Milliarden Dollar; das sind 40 Prozent aller Militärausgaben der Welt;[43] im Jahre 2015 beliefen sich die Militärausgaben der USA gar auf rund 596 Milliarden US-Dollar. Die Waffentechnik ist seit dem Zweiten Weltkrieg erheblich verbessert worden durch atomare, chemische und biologische Waffen, durch Raketentechnik und elektronische rechnergestützte Systeme, durch Funkmeßverfahren und Lasertechnik. In den einzelnen Golfkriegen wurden diese neuen militärischen Systeme und Verfahren praktisch erprobt. Die über die ganze Welt verteilten Militärbasen werden an späterer Stelle beschrieben.

---

[43] Reinhard Uhle-Wettler, »Militärische Geostrategien«, in: E. Hamer, *Wie kann der Mittelstand die Globalisierung bestehen?,* aaO. (Anm. 32), S. 171ff.

Herrschaft über die Landwirtschaft aller Staaten

Die totale Herrschaft über die Welt verlangt auch die Kontrolle über die menschliche und tierische Nahrungsmittelkette. Dies ist durch genetisch veränderte Pflanzen möglich. Genmanipuliert sind vor allen Dingen Reis, Mais, Sojabohnen, Kartoffeln, Baumwolle, Raps und Kürbis. Die genetische Manipulation kann so

Monsanto – ein Name, der für Umweltskandale (Aspartam, Agent Orange, PCB und Dioxin) steht. Monsanto ist der größte Hersteller und Patenthalter für genmanipuliertes Saatgut und der benötigten Agro-Chemie. 2013 wurde vom US-Kongreß und Präsident Obama ein Gesetz verabschiedet, das es der Firma Monsanto ermöglicht, sich über gerichtlich angeordnete Verkaufsstopps ihres Saatgutes hinwegzusetzen. Daß Bayer Leverkusen den US-Riesen für 66 Milliarden Dollar im Herbst 2016 übernahm, ist für viele völlig unverständlich, zeigt jedoch, wohin die Reise geht.

durchgeführt werden, daß der Bauer sein Saatgut nicht mehr wie bisher selbst erzeugen kann, da durch die genetische Veränderung die Frucht unfruchtbar und somit nicht mehr als Saat zu verwenden ist. Durch die genetische Veränderung können außerdem gewünschte Eigenschaften der Pflanzen erzeugt oder Resistenz gegen Krankheiten und Schädlingsbefall bewirkt werden. Rund 55 Prozent aller Sojabohnen sind genetisch verändert, auch das in den Hamburgern von McDonalds verwendete Mehl. Die Landwirte in Nordamerika, Australien, Argentinien, Brasilien haben die Kontrolle über das Saatgut an große Biotechnikfirmen (Monsanto, DuPont usw.) abgegeben, die damit den Anbau der Grundnahrungsmittel beherrschen. Das genetisch veränderte patentierte Saatgut (Terminator-Saat) muß jedes Jahr bei Monsanto oder anderen Firmen gekauft werden, ebenso wie die dazu passenden Dünge- und Spritzmittel.[44] In Handelsverträgen haben die USA inzwischen viele Länder verpflichtet, gentechnisch veränderte Lebensmittel anzupflanzen.

Herrschaft über Medien, Kultur und Werte

Die Medien haben im Börsenkapitalismus die Aufgabe, die Massen zu lenken und in der von der Finanzoligarchie gewünschten Weise zu beeinflussen. Mit den Medien sind die Zeitungen, Zeitschriften, Buchverlage, die Kinowelt, Radio- und Fernsehstationen, die Werbebranche gemeint sowie das Internet und neuerdings die Telefonie. Nicht zu den Medien zählt man die Theater, Schulen, Universitäten, Kirchen, die eher zum Kulturbereich gehören, in denen auf andere Art Propaganda im Sinne der Hochfinanz betrieben wird. Es soll hier ein kurzer Blick auf die Medien- und Informationsindustrie geworfen werden, die auch als ›Bewußtseinsindustrie‹ bezeichnet wird, da es ihr um kulturelle und politische Beherrschung geht. Lutz HACHMEISTER[45] meint:

> »Der Journalismus ist in hohem Maße abhängig von den Einflüsterungen durch bestimmte Informanten, verborgene oder offenkundige redaktionelle Linien, selektive Wahrnehmung und Kollegen-Konformität. Den Managern der Medienkonzerne geht es vor allem um den Profit ihrer Unternehmen. Sie sind dabei abhängig von den Aufträgen der Werbebranche.«

Es dreht sich bei diesem Geschäft also nicht um die Verkündung der Wahrheit und die Offenlegung von Machtmißbrauch, wie der biedere und naive Deutsche glaubt. Die Medien verkünden Belanglosigkeiten, Halbwahrheiten, Desinformationen. Bekannte Beispiele sind die Berichte über den Irak-Krieg und seine Ursachen. Wichtige Fragen wie der bevorstehende Zusammenbruch des derzeitigen Finanz- und Geldsystems, die eigentlichen Gründe für die Arbeitslosigkeit und die Auflösung der deutschen Sozialsysteme, die allmähliche Verwahrlosung der deutschen Infrastruktur werden nicht angesprochen. Fragt man die Menschen, warum sie sich unter diesen Bedingungen die Zeitungen noch

---

[44] Richard FUCHS, »Die Monopolisierung unserer Nahrung«, in: E. HAMER, ebenda, S. 223 ff.

[45] Lutz HACHMEISTER, *Wer beherrscht die Medien?*, C.H. Beck, München 2002.

halten, so hört man: nur wegen der Lokalnachrichten. Und wenn man sie fragt, warum sie das Fernsehabonnement nicht kündigen, so erhält man die Antwort: Es gibt manchmal gute Dokumentarfilme über Tiere und fremde Länder. Auch die Sportnachrichten seien sehenswert.

Notwendige Maßnahmen beim Zusammenbruch des Dollarsystems

Deutschland ist ein Industriestaat ohne große Rohstoffvorkommen und damit von einem möglichst ungehinderten Warenaustausch auf der Erde abhängig. Dabei müssen aber auch die eigene Bevölkerung und Industrie geschützt, die Ausbeutung fremder Staaten vermieden und der Wohlstand der unterschiedlichen Völker gemehrt werden. Das Ziel der derzeitigen Globalisierer ist es, alle Schätze und Werte dieser Erde an sich zu reißen, die Völker und Staaten in einen Vasallenstatus zur anglo-amerikanischen Hochfinanz zu bringen und eine minderwertige Mickey-Mouse-Kultur nach Hollywooder Machart auf der ganzen Erde zu etablieren, die leicht beherrscht werden kann.

Diese Fehlentwicklung muß beendet und die Globalisierung in eine Richtung gelenkt werden, die allen Menschen nutzt. Für Deutschland heißt dies:

- Autarkie bei der Energieversorgung,
- Neutralisierung der Netzwerke,
- verstärkte Zusammenarbeit mit Ländern, die weniger mit Netzwerken infiltriert sind,
- Austritt aus dem Maastrichter Vertrag und der NATO,
- Wiedereinführung einer nationalen Währung mit unabhängiger Bundesbank,
- Verstaatlichung der von internationalen Investoren gekauften und mit Dollars bezahlten Firmen, Institutionen, Infrastruktureinrichtungen, soweit sie für das Gemeinwohl wichtig sind. Die Entschädigung der derzeitigen Besitzer erfolgt über Dollarzahlungen.
- Wiedereinführung von Kapitalkontrollen,
- Verstaatlichung der mit wertlosem Geld gekauften Firmen, Infrastruktureinrichtungen und Institutionen. Entschädigung der Enteigneten mit Dollars.

Die Loslösung Europas vom amerikanischen Zwangssystem

In konservativen und volkstreuen Kreisen ist es heute üblich, mehr oder weniger geheime Hintergrundmächte wie Logen, Jesuiten, Juden, Großkapital, Globalisierer, multinationale Industrie- und Medienkonzerne usw. für alle Übel, die diese Welt zur Zeit heimsuchen, verantwortlich zu machen. Ganz falsch ist das nicht, ganz richtig aber auch nicht.

Der geschichtliche Ablauf und der Zustand der Gesellschaft werden durch eine Vielzahl von Kräften beeinflußt, die oft chaotisch zusammenwirken. Das Parallelogramm dieser Kräfte ist nicht stationär, das heißt, die wirkende Kraft ändert dauernd Richtung und Größe. Es ist keine leichte Aufgabe, diese Kräfte nach Größe und Richtung zu bestimmen.

Der jetzige Zustand der Welt ist dadurch gekennzeichnet, daß eine einzige Macht – die USA – vorherrschend geworden ist, indem sie seit über hundert Jahren ihre potentiellen Gegner konsequent vernichtete, ihre Freunde kleinmachte sowie ihre Förderer, die sie unter Kontrolle hatte, stärkte.

Ein potentieller Gegner war zum Beispiel das Deutsche Reich, das durch sein industrielles, wissenschaftliches und technisches Potential sowie durch sein andersartiges Geldsystem und den hohen Ausbildungsstand der Bevölkerung eine Gefahr für die aufstrebende Macht werden konnte. Das friedfertige Deutschland wurde vorsorglich durch zwei Weltkriege vernichtet, die befreundeten Mächte Großbritannien und Frankreich in ihrem Einfluß erheblich beschränkt, Rußland durch eine lebensfeindliche Ideologie (von Wall Street finanziert) zugrunde gerichtet. Bewundernswert ist, wie zielstrebig und konsequent man dabei vorging.

Der Griff zur Weltmacht gelang nur durch punktgenauen Einsatz aller Hilfstruppen, wie verhetzten Völkern, Logen, Medienkonzernen, Hochfinanz, Dollar.

Strategien der Machtausübung und des Machterhalts

Um zu ihrem Ziel zu gelangen, haben die heutigen Weltmachthaber in Krieg und Frieden ein Bündel von Maßnahmen angewendet, um Feind und Freund zu vernichten. Kein Rivale sollte übrig bleiben, nur noch eine amorphe manipulierbare Masse von bindungslosen Großstädtern. Hier einige dieser Maßnahmen:

1. Ausschaltung der bisherigen Eliten,
2. Beherrschung der Bildungseinrichtungen und Medien,
3. Diffamierung und Vernichtung der bisherigen Kulturelemente wie Musik, Literatur, Theater, Film, Baukunst, Malerei, die bisher dem Wahren, Schönen, Guten verpflichtet waren;
4. Einführung einer Gegenkultur, die dem Unwahren, Häßlichen, Schlechten verpflichtet ist;
5. Diffamierung und Vernichtung jahrhundertealter Traditionen,
6. Verfälschung der Geschichte durch unverschämte Lügen, Lüge als Grundlage des Herrschaftssystems;
7. Korruption der Beamtenschaft,
8. Umsturz der Rechts- und Finanzordnung,
9. Ununterbrochene Gehirnwäsche des unterlegenen Volkes,
10. Zerstörung aller Gemeinschaften, die nicht manipulierbar sind;
11. Vernichtung der Volkssubstanz durch Rassenmischung und Geburtenreduzierung,
12. Vertreibungen aus der Heimat,
13. Einwanderung und Seßhaftmachung von Volksfremden, die durch opulente Sozialleistungen in großen Massen ins Land gelockt werden;

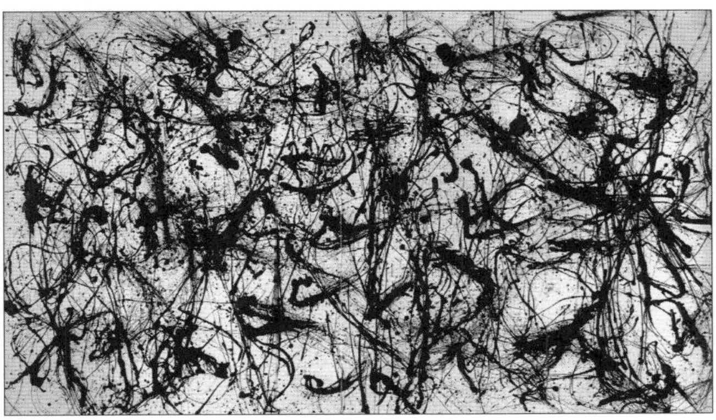

Die dem Unwahren, Häßlichen, Schlechten verpflichtete heutige Gegenkultur ist nahezu allmächtig. Prof. Richard W. EICHLER spricht in diesem Zusammenhang zu Recht von »Miserabilismus«, um diese Abkehr von den ästhetischen Regeln und den Sturz in die Niederungen zu bezeichnen. Von SCHILLERS Auffassung der »Kunst als Kind der Schönheit« sind wir weit entfernt. Hier: Jackson POLLOCK, »Number 32«, Kunstsammlung Nordrhein-Westfalen. Sein Bild »»Number 5« aus dem Jahre 1948 erzielte den Rekordpreis von 140 Millionen Dollar (109,6 Millionen Euro).

14. Zerstörung der Sprache,
15. Besetzung von Schlüsselstellungen und Leitungsfunktionen in allen Institutionen durch minderwertige Schwätzer und Kreaturen,
16. Einsetzung von unfähigen Satellitenregierungen
17. Vernichtung bewährter Institutionen wie Staatsform, Rechtswesen, Universitäten, Finanzsystem, Sozialversicherung,
18. Verhöhnung und Kriminalisierung von Volkshelden und der Vorfahren,
19. Verführung der Jugend zu artfremdem Verhalten, Verherrlichung von Abartigem,
20. Einführung und Verherrlichung von fremden Verhaltensweisen, Lebensart usw.
21. Entfachung von Streit und Mißverständnis zwischen den Generationen, Geschlechtern, Ständen,
22. Förderung von Alkoholismus, Rauschgiftkonsum,
23. Förderung von Promiskuität und Sexismus,
24. Zerstörung der Familien,
25. Umsturz aller überkommenen Werte, Entsittlichung, Ersatz durch Materialismus,
26. Beherrschung der Rohstoffe, besonders der Energierohstoffe,
27. Beherrschung des Geldsystems,
28. Flächendeckende Einführung der Computertechnik.

Diese Liste der Maßnahmen zur Welteroberung ließe sich beliebig fortsetzen. Die Maßnahmen sind allesamt moralisch sehr zweifelhaft. Es ist schwierig, positive Aspekte zu finden, zum Beispiel bequemes und sicheres Leben durch die Fortschritte der Technik und Medizin, die allerdings meist in Europa erfunden wurden. Die Geschichte zeigt, daß große Reiche nur dann Bestand hatten, wenn sie den Menschen geistige und materielle Vorteile brachten, etwa ein sicheres Rechtssystem, die Sicherheit vor Willkür und Gewalt, die Respektierung unterschiedlicher sittlicher Verhaltensweisen, den Schutz der überkommenen Werte. Das amerikanische System entspricht keiner dieser Forderungen.

Der Angriff auf die Werte der Völker erfolgt an allen Fronten. Keine Niederträchtigkeit und Infamie ist ausgelassen. Alles, was den Völkern wert ist, wird verhöhnt. Die Akteure der Welteroberung ahnen diese Schwäche. Damit die große Mehrheit im Volk nicht merkt, was man mit ihr vorhat, wird ihr eine Scheinwelt von Wohlstand vorgegaukelt.

Dieser Wohlstand ist aber sehr zerbrechlich; das jetzige Finanzsystem und die Wirtschaft können innerhalb kürzester Zeit zusammenbrechen, die heutige Technik in Sekundenbruchteilen zerstört werden (siehe Bemerkungen zur Computertechnik).

Es ist hier ein verbrecherisches Gesamtkonzept zur Unterjochung aller Völker sichtbar. Der Angriff ist nicht nur gegen das deutsche Volk gerichtet, sondern gegen alle noch freien Völker.

Es scheint so, als wäre es den Machthabern in den USA gelungen, das deutsche Volk zu vernichten. Das deutsche Volk war ihr erstes Opfer, das sie mit Hilfe ihrer Vasallen in zwei nicht von Deutschland verantworteten Weltkriegen hinschlachteten; danach kamen die Freunde dran. Jetzt ist die Reihe am Islam, dann an Indien, dann an China.

In ihrer Verblendung und in ihrem Allmachtwahn glauben sie, sie könnten sich die ganze Welt untertan machen; sie, die immer erst dann zum Beutemachen kamen, wenn die Kontrahenten, die sie heimtückisch gegeneinander gehetzt hatten, erschöpft am Boden lagen; sie, die seit jeher bis in unsere Tage das geistige Eigentum und die technischen Errungenschaften höher stehender Völker geraubt hatten (Patente, Verschleppung und Abwerbung von Wissenschaftlern).

Ergänzende Bemerkungen

Zu den Punkten 1 bis 25 kann man sich nicht äußern, da die Political correctness und in vielen Fällen das Gesetz vorschreibt, was man denken soll und was nicht diskutiert werden darf. Zu dieser Maßnahme sind die Machthaber gezwungen, denn die Lüge verträgt die Wahrheit nicht. Um bestehen zu können, muß sie sogar immer neue Lügen und absurdere Unwahrheiten erfinden. Nach einiger Zeit ist sie gezwungen, die Wahrheit zu verbieten und unter Strafe zu stellen.

Schließlich wird sie sich selbst durch ihr Übermaß *ad absurdum* führen und nur noch von Schwachsinnigen und Korrupten geglaubt werden.

Es ist das Kennzeichen eines untergehenden Systems, daß die Lüge, auf der es basiert, allgemein erkannt wird. Die Ereignisse im Vorderen Orient in letzter Zeit haben den wahren Charakter des amerikanischen Systems aller Welt klar gezeigt.

Punkt 26: Beherrschung der Energierohstoffe

Eines der wichtigsten Mittel zur Ausübung der Weltherrschaft ist die Verfügungsgewalt über die Energieressourcen. Ohne Maschinen und Energie ist heute keine Wirtschaft möglich. Das Ziel aller US-Regierungen seit hundert Jahren war es darum, die Erdöl- und später die Erdgasquellen in ihren Besitz zu bekommen. Wo dies nicht gelang, haben sie durch Verträge mit Vasallenregierungen, die über Erdöl verfügten, erreicht, daß die Erdöllieferungen in Dollar zu fakturieren waren. Diese Dollars mußten sich die Länder, die Erdöl brauchten und keine Dollars durch Verkäufe in die USA besaßen (also meist Entwicklungsländer), bei Banken in New York besorgen. Dafür zahlten und zahlen sie immer noch dort Zinsen; meist ist es ein großer Teil des Steueraufkommens des jeweiligen Entwicklungslandes.

Die Araber, die das Erdöl lieferten, brauchten die Dollars nicht, außer zum Einkauf von Waffen in den USA oder zum Import von Luxusartikeln. Kamen die Araber einmal auf die Idee, die Dollars nicht in den USA, sondern in Deutschland zum Kauf von Panzern auszugeben, gab es erheblichen Ärger, was unsere ›deutschen‹ Politiker auch schnell verstanden. Diese Erdöldollars (sogenannte ›Petrodollars‹) wurden also auf Banken in den USA angelegt und dienten zur Bezahlung ausländischer Lieferungen, oder sie wurden weiter verliehen und brachten gute Zinsen. Ganze Volkswirtschaften liefern ihre Steuern in New York ab, um ihren Zinsverpflichtungen zu genügen. Die zur Bezahlung der Erdölrechnungen eingesetzten Dollars sind durch einen realen Wert gedeckt, nämlich durch das Erdöl, das es in genügender Menge gibt.

Solange die Erdöllieferungen in Dollars fakturiert werden müssen, sind die New Yorker Banken gut dran, denn es kommen dauernd Leute/Staaten, die frische Dollars brauchen, die gegen Zinsen ausgeliehen werden. Der Irak hat bei diesem Spiel nicht mehr mitgemacht; seit 2000 hat er Erdöl gegen Euro geliefert.

Nun hat er eine gehörige Zurechtweisung erfahren, genauso wie HITLER in den dreißiger Jahren, als er landwirtschaftliche Lieferungen aus dem Balkan mit Lokomotiven bezahlte. Wenn nun andere große Lieferanten auf die Idee kommen sollten, ihr Erdöl oder Erdgas nicht gegen Dollars zu verkaufen, wäre der Dollar am Ende – und damit die USA.

Keiner brauchte ihn mehr außer auf dem amerikanischen Binnenmarkt, wo aber nicht so viel zu verdienen ist.

Es ist die Rede, daß Venezuela, Saudi-Arabien und der Iran ihr Erdöl in Zukunft gegen Euros verkaufen wollen. Das heißt aber, daß man sich auf Kriege im Vorderen Orient und in Zentralasien gefaßt machen muß, die die USA aber nicht gewinnen können.

Da die Beherrschung der Energieversorgung eine wesentliche Voraussetzung der amerikanischen Erpressung ist, werden andere Energieträger wie Kernenergie, Kohle, Wasserstoff, erneuerbare Energien nicht gefördert, wie es für eine verantwortungsbewußte Staatsführung nötig wäre. Es werden allerdings Alibi-Projekte durchgeführt, die schließlich in den Schubladen der Ministerien verschwinden.

Es könnte sein, daß die Brennstoffzelle die erste entscheidende Niederlage der amerikanischen Energiepolitik bewirkt.

Eine dem Wohl des Landes und seiner Menschen verpflichtete Regierung müßte alles daran setzen, die Energieversorgung der Volkswirtschaft zu einem beträchtlichen Teil vom fremden Erdöl auf die heimische Kohle umzustellen. Dabei sollten die Techniken der Kohleverflüssigung reaktiviert sowie Biomassevergasung und Wasserstofftechnik tatkräftig entwickelt und ausgebaut werden. Das hilft allen Völkern. Aber was tut unsere Bundesregierung? Sie kürzt die Kohlesubventionen und gibt unser Land damit völlig in die Hände der Globalisierer. Sie hat in der Vergangenheit zum Schein einige Wasserstoffprojekte gefördert, sie anschließend aber alle sterben lassen – eine unglaubliche Vergeudung von Steuermitteln und technischem Wissen.

Fazit: Das amerikanische System kann durch neue Energietechniken zum Einsturz gebracht werden.

Punkt 28: Computertechnik

Es soll hier nicht über Vor- und Nachteile der Computertechnik diskutiert werden. Ein Computer ist ein recht nützliches Instrument, mit dem Routineaufgaben einfach und wirkungsvoll gelöst werden können, also Einsatz als Schreibmaschine, zur Verwaltung von Dateien, für Lagerbuchhaltung, Buchführung, Kassen, Bestellungen, Einsatz im Bankenbereich, in der Medizin, bei der Steuerung von Maschinen und Prozessen usw. Es gibt kaum ein Gebiet mit routinemäßigen Aufgaben, in dem der Computer nicht mit gutem Ergebnis eingesetzt werden kann.

Auch bei Routineaufgaben in der Technik findet er vielfältige Anwendung.

Die Strom- oder Wasserversorgung der Kommunen wird durch Computer gesteuert, Verkehrsflüsse in Luft, auf Straßen und Bahn werden von Computern gelenkt.

Mikroprozessoren (wichtige Bauelemente im Computer) sind inzwischen in fast allen Autos und modernen Elektrogeräten eingebaut. Die in den Rechnern eingesetzten Mikroprozessoren vertragen üblicherweise keine Spannungen über 20 Volt. Bei höheren Spannungen treten zerstörerische Kurzschlüsse auf. Die normale Netzspannung liegt bei 230 Volt. Sie wird zum Betrieb des Rechners durch einen Transformator auf einen niedrigeren Wert umgewandelt. Schädliche Spannungsstöße, die bei Gewittern durch Blitzeinschlag in die Leitung auftreten können, werden durch einen eingebauten Überspannungsschutz abgeleitet und richten so keinen Schaden an, wenn die Spannung nicht zu hoch ist.

Bei der Explosion einer Atombombe im nahen Weltraum, zum Beispiel in 200 km Höhe, wird eine sehr intensive elektromagnetische Strahlung ausgesandt, die dem Auge durch einen sehr grellen Blitz (heller als tausend Sonnen) sichtbar wird.

Diese elektromagnetische Strahlung bewirkt in allen Stromleitungen durch Induktion einen sehr hohen Spannungsstoß, der zur Zerstörung der empfindlichen Mikroprozessoren in Computer, Internet, Autos, elektrischen Geräten führt.

Strom-, Wasser-, Gas-, Geldversorgung fallen innerhalb einer Tausendstel Sekunde aus und sind auf Monate lahmgelegt. Die Folgen kann man sich in unserem komplexen Wirtschaftsgebilde vorstellen.

Fazit: Das amerikanische System kann ganze Volkswirtschaften innerhalb einer Sekunde lahmlegen, selbst aber auch lahmgelegt werden.

Folgerungen

Alle Zeichen deuten darauf hin, daß die USA eine untergehende Macht sind. Unsere Vasallenregierung ist den Amerikanern aber immer noch knechtisch ergeben; man denke unter anderen an die amerikanischen Besatzungstruppen in Deutschland, die deutschen Söldner in Afghanistan und am Horn von Afrika, den Erlaß volksfeindlicher Gesetze im Auftrag der Ostküste.

Es wäre an der Zeit, zum zivilen Ungehorsam aufzurufen, zum Steuerstreik, zum Fernsehstreik, zum Wahlstreik, zum Austritt aus insgeheim volksfeindlichen Verbänden usw. Das herrschende System kann durch Volksbegehren nach Schweizer Muster friedlich verändert werden. Die Lizenzparteien fürchten aus gutem Grund solche Volksbegehren wie der Teufel das Weihwasser, weil sie um ihre Macht bangen.

In einer juristischen Orientierungshilfe mit Fallbeispielen beruft sich Thor von Waldstein auf Artikel 20 Absatz 2, 3 u. 4 des Grundgesetzes: »Gegen jeden, der es unternimmt, diese Ordnung zu beseitigen, haben alle Deutschen das Recht zum Widerstand, wenn andere Abhilfe nicht möglich ist.« Vor dem aktuellen Hintergrund der Flüchtlingskrise zeigt von Waldstein auf, daß

> »die Bundesregierung die verfassungswidrige Beseitigung des Souveräns, des deutschen Volkes, nicht nur fahrlässig hinnimmt, sondern vorsätzlich durch millionenfache, willkommenskulturbeschleunigte Einschleusung rechtswidriger eingedrungener... Migranten ins Werk zu setzen beabsichtigt«.[46]

Demnach hätten die Deutschen, die in ihre Mehrheit offensichtlich mit der Politik der Abschaffung des eigenen Volkes nicht einverstanden seien, nicht nur ein Recht auf, sondern auch eine Pflicht zum Widerstand. Niemand wird die USA daran hindern können, in den nächsten Jahren wild um sich zu schlagen. Die

[46] Thor von Waldstein, *»Wir Deutsche sind das Volk« – Zum politischen Widerstandsrecht der Deutschen nach Art. 20 IV Grundgesetz in der »Flüchtlingskrise«*, Schnellroda 2016.

USA sind dabei, sich selbst zu vernichten. Die geschminkte Hollywood-Maske ist ab, und dahinter kommt eine grausame Wolfsfratze zum Vorschein. Sie haben das größte Unheil angerichtet, das in unserer mehr als 2000jährigen Geschichte über unser Volk gekommen ist, nicht um der Demokratie willen, wie sie sagen – das wäre auch anders gegangen –, sondern um der ganzen Welt ihr Dollar-System aufzuzwingen. Sie haben unser Volk, das seine Werte und Unabhängigkeit gegen einen hinterhältigen Angriff verteidigte, als Verbrechervolk verleumdet, nur um ihre eigenen Verbrechen zu rechtfertigen.

Deutschland und Europa sollten ihre Interessen im Auge haben. In Europa kennt man die Grausamkeiten der angelsächsischen Kriege. Die Zeit ist reif für einen neuen Anfang, für eine Loslösung vom amerikanischen Zwangssystem, für eine Reconquista und Erneuerung des Abendlandes, das von seinen Feinden verhöhnt wird.

Notbremse oder Untergang: der Zusammenbruch des globalisierten Finanzsystems

»Die Hochfinanz ist berufen, die Nachfolge der Kaiserreiche und Königtümer anzutreten, mit einer Autorität, die sich über den ganzen Erdball erstreckt.«

Internationale Bankenallianz, Paris 1913

Das die Welt derzeit beherrschende anglo-amerikanische Geldsystem der Globalisierung ist pervers, chaotisch, menschenverachtend. Sein Untergang ist sicher.

Die Deutschen glauben immer noch, die Deindustrialisierung des Landes, die Globalisierung und überhandnehmende Börsenspekulation würden sie nicht arm machen, da die Regierung diese Vorgänge billigt. Sie meinen, ihr gespartes Geld sei sicher im Ausland angelegt, in großen internationalen Fonds, da die Banken dies empfehlen. Bei dem bevorstehenden finanziellen Zusammenbruch werden sie plötzlich erfahren, daß dieses Geld nur bunt bedrucktes Papier ohne jeden Wert ist, seitdem es nicht mehr dazu dient, produktive Industrien und Infrastrukturen zu finanzieren, sondern an den Börsen dazu verwendet wird, durch Spekulation neues Geld aus dem Nichts zu schaffen. Die Deutschen werden also mit leeren Händen dastehen.

Andere haben mit diesem künstlichen Börsengeld inzwischen die Rohstoffvorkommen, Energiereserven und strategischen Industrien der Welt aufgekauft. Sie wissen nicht mehr, daß sie ihren jetzigen Wohlstand einem jahrtausendealten Leistungs- und Sozialsystem in Deutschland verdanken, das denjenigen belohnte, der immer stetig und mit Ausdauer sich bemühte – in Achtung der Sitten und Gebräuche des Volkes, gekennzeichnet durch Eigenschaften wie Fleiß, Redlichkeit, Wahrhaftigkeit, Disziplin, Treue, Standhaftigkeit. Man sieht den deutlichen Gegensatz zu den seit 1945 erwünschten Eigenschaften, wo Figuren wie Josef ACKERMANN, Joschka FISCHER, Ron SOMMER und ähnliche als Idole von den Medien herausgestellt wurden und werden.

Das derzeitig herrschende chaotische Dollarsystem ist ein getreues Abbild der Zustände in der Gesellschaft. Im folgenden sollen einige Aspekte dieses Geldsystems dargestellt werden. Der Zusammenbruch dieses Systems ist nicht mehr aufzuhalten. Leider tut der Staat nichts, seine Bürger vor der Katastrophe zu schützen.

Der Dollar als Leitwährung

Aufgrund der politischen Stärke der USA und der erheblichen Goldreserven nach zwei von den USA finanzierten Weltkriegen löste der Dollar nach 1945 das englische Pfund als Leitwährung ab (Bretton Woods 1944). Viele Länder halten den Dollar seitdem als Reserve in ihren Zentralbanktresoren. Wichtig für die Position des Dollar war die Tatsache, daß alle Erdölrechnungen und viele Lieferungen von Rohstoffen in dieser Währung zu zahlen sind; ein Umstand, der durch Vereinbarungen mit den Eliten der Erdöl fördernden Länder zustande gekommen war. Auf ähnliche Weise sind Banken, Versicherungen, Finanzdienstleister, Medien usw. der wichtigsten Länder durch Verträge, Beteiligungen und Abhängigkeiten miteinander verflochten, gesteuert von New York über die dahinter stehende finanzielle Macht. Das von dieser Macht angestrebte einheitliche Weltwährungssystem ist ein verhängnisvoller Irrweg, da die Welt aus sehr unterschiedlichen Wirtschaftsregionen besteht, aus entwickelten und weniger entwickelten, aus agrarischen und industriellen Ländern. Diese Gruppierung wird deswegen ihr insgeheim verfolgtes Ziel, die Beherrschung und Ausbeutung aller Völker durch den Mammon (also Dollar) über immerwährende Zinszahlungen, nicht erreichen. Es ist eine Schande, daß das private deutsche Bankgewerbe seit Anfang der neunziger Jahre bei diesen Aktionen eine aktive Rolle spielt.

Das Streben nach Weltherrschaft ist kostspielig; es erfordert erhebliche militärische und finanzielle Ausgaben zur Überredung eventueller Konkurrenten. Wegen des Verlusts der Wettbewerbsfähigkeit der amerikanischen Industrie – sie legte zunehmend ihre Gewinne in Börsenspekulationen an statt in der Verbesserung und Erfindung neuer Produkte – und wegen der Kosten dauernder Kriege, die in Gold bezahlt wurden, war der Goldschatz der USA 1971 verbraucht, so daß die Golddeckung des Dollar aufgegeben werden mußte. Anstelle des Goldes übernahm seitdem das Erdöl die Deckung des Dollar. Dies ist möglich, da, wie oben erwähnt, alle Erdölrechnungen in Dollar bezahlt werden müssen. Die Staaten, die Erdöl oder auch andere Rohstoffe einkaufen wollen, müssen sich, wie gesagt, bei New Yorker Banken Dollars besorgen, für die sie Zinsen zahlen. Die Dollars gingen an die arabischen Erdöllieferanten, die dieses Geld dann bei anglo-amerikanischen Banken anlegten (die arabischen Banken zahlen keine Zinsen), die damit an den Börsen spekulierten und so neue Dollars produzierten.

Jahrzehntelang lief diese Dollardruckmaschinerie wie geschmiert. Anfang der neunziger Jahre gab es jedoch eine Delle in diesem System der wunderbaren Geldvermehrung, als mißtrauische arabische Staaten damit begannen, ihr Geld in anderen Währungen anzulegen. Denn der Dollar war inzwischen abgewertet worden und damit auch der Wert der arabischen Guthaben in den USA. Außerdem sahen die Araber am Beispiel Libyen, daß ihre Gelder in New York mit einem Federstrich eingefroren werden könnten.

Da die Araber zum Teil ausfielen, brauchten die Anglo-Amerikaner jetzt dringend neue Abnehmer für die frisch gedruckten Dollars. Sie fanden sie in den exportorientierten Staaten wie Japan und Deutschland, die viel in den Dollar-Raum exportierten und mit den erlösten Dollars amerikanische Staatsanleihen kauften. Die amerikanische Bevölkerung verbraucht mehr, als sie produziert (*american way of life* à la Hollywood); es wird daher mehr importiert als exportiert. Das machte nichts, denn die im Ausland ausgegebenen Dollars kamen nach New York zurück. Um die allmählich immer ärmer werdende amerikanische Bevölkerung bei der Stange zu halten, wurden immer mehr Billigwaren aus China eingeführt, neuerdings auch aus Indien.

Seit 1971 ist es eine bewährte amerikanische Sitte, daß die USA ihre Rechnungen und Schulden mit neuen frisch gedruckten Dollars bezahlen, die nur durch künftige Erdöllieferungen gedeckt sind. Die Chinesen haben von diesen Dollars inzwischen mehr als 1000 Milliarden, die Japaner nicht viel weniger. Wenn die Chinesen diese Dollars verkaufen wollten, würde der Wert des Dollar drastisch sinken, wodurch die chinesischen Waren in den USA teurer würden und nicht mehr abgesetzt werden könnten. Die Chinesen spielen das Spiel also zunächst mit, suchen aber neue Käufer für ihre Waren. Der Nachteil für die USA ist, daß die produzierende Industrie im eigenen Lande zugrunde geht. Aber das interessiert die Finanzoligarchie nicht, da die FED für jeden Dollar, den sie im Auftrag des Staates druckt, Zinsen erhält.

Nach den uralten Regeln des ehrlichen Kaufmanns kann man nur Güter eines fremden Landes kaufen, wenn man vorher Waren des entsprechenden Werts in dieses Land geliefert hat oder die Güter mit werthaltigem Geld oder Gold bezahlt. Der Dollar allerdings ist Falschgeld.

Der fundamentale Fehler des anglo-amerikanischen Finanzsystems ist zu wähnen, daß die Grundlage der Wirtschaft das Geld sei. In Deutschland hingegen ist man seit jeher der Meinung, daß die Grundlage der Wirtschaft die Arbeit ist. Diese Auffassung der Deutschen machte sie bei den Anglo-Amerikanern sehr unbeliebt und führte zu zwei Weltkriegen. Die neue deutsche Elite hat die Lektion verstanden und die alte Auffassung für falsch erklärt. Während bis vor einigen Jahren der Wert einer Firma nach der Größe ihres Umsatzes, dem Wert ihrer Maschinen und Anlagen sowie der Leistungsfähigkeit und Kreativität ihrer Mitarbeiter bewertet wurde, gilt heute nur ihr Börsenwert, der durch

Aktienkäufe und -verkäufe beliebig manipuliert werden kann (*shareholder-value*-System).

Wie man auf gut anglo-amerikanische Art das Geld anderer Leute in die eigene Taschen lenkt und so zu mehr Geld kommt als durch produktive ehrliche Arbeit, soll am Beispiel eines Aktienfonds gezeigt werden: Eine Finanzfirma oder ein Investor will einen Aktienfonds gründen. Er geht deswegen zu seiner Hausbank, erklärt ihr, welche Aktien er kaufen wolle und wie positiv sich deren Kurse entwickeln würden. Man gewährt ihm den Kredit zum Kauf der Aktien. Er beteiligt außerdem das Anlegerpublikum an seinem Fonds, der an der Börse gehandelt wird und Dividenden erwirtschaftet. Der Investor hat das Recht, Aktien für ein Mehrfaches der Kreditsumme einzukaufen. Diese Aktien manipuliert er mit Hilfe seiner Freunde an der Börse hoch und verkauft sie dann eines Tages alle, wenn der Kurs hoch ist. Dieser Kurs hat wenig mit dem Wert der Firma zu tun. Er ist eine reine virtuelle Börsengröße. Durch den massenhaften Verkauf fällt der Kurs der Aktie; die Bank erhält vom Verkaufserlös den Kredit samt Zinsen zurück oder auch nicht; die Aktienkäufer stehen auf jeden Fall dumm da. Dieses Verfahren gilt nicht nur für Aktienfonds, sondern auch für Anleihen, Optionen, Pensionsfonds, Versicherungen (die haben ihre Gelder zum Teil in Fonds angelegt) u.ä. Der Fonds kann sich aber auch verspekulieren, weil Aktienkurse eventuell fallen, statt, wie geplant, zu steigen. Dadurch können Milliardenverluste entstehen, die den Fonds zum Konkurs zwingen. Die Bank erhält ihren Kredit nicht zurück und müßte normalerweise Pleite machen. Viele Privatbanken sind in letzter Zeit auf diese Weise in eine schwierige Lage geraten. Allerdings wird kein Konkurs angemeldet, weil dies das Ende des anglo-amerikanischen Finanzsystems bedeuten, ein großer Bankzusammenbruch den nächsten nach sich ziehen würde, da fast alle Privatbanken wegen uneinbringbarer Kredite überschuldet sind.

Die Lage nach 1989

Nach dem auf welche Weise auch immer zustande gekommenen Zusammenbruch der Sowjetunion änderte sich die Lage für die anglo-amerikanische Finanzoligarchie grundlegend. Die USA waren nach 1989 die einzig verbliebene Großmacht. Diese Lage wurde sofort zu Gunsten der Finanzoligarchie ausgenutzt. Die politische Lage Ende der achtziger Jahre war durch folgende bedeutsame Fakten gekennzeichnet:

Die Sowjetunion, der Kumpan der USA seit ROOSEVELTS Zeiten, brach zusammen.

Es bestand nun die Gefahr, daß sich die Sowjetunion mit Deutschland arrangiert – ein Albtraum für die Briten und die US-Amerikaner seit über hundert Jahren. Ein Grundelement des von der Londoner City betriebenen Großplans der Weltherrschaft ist die Verhinderung einer deutsch-russischen Zusammenarbeit. Wegen fundamentaler Fehler der deutschen Diplomatie nach BISMARCK und mit maßgeblicher Hilfe amerikanischer Finanzgruppen ist dieser Plan zeitweise gelungen. In Rußland hat man dieses Spiel jedoch erkannt.

Es bestand auch die Gefahr, daß Deutschland in Europa wieder eine wichtige politische Rolle übernimmt.

Die Erdöl fördernden Staaten im Orient waren unsicher geworden, da sich Widerstand gegen die herrschenden Eliten bemerkbar machte. Wenn das Erdöl aufgrund politischer Veränderungen im Orient nicht mehr in Dollar bezahlt wird, ist die amerikanische Währung, auf der das beschriebene heillose Finanzsystem basiert, wertlos.

Der Dollar, der Inbegriff aller amerikanischen Werte, war durch die hohe Verschuldung des Staates, der Wirtschaft und der Privathaushalte in eine gefährliche Schieflage geraten, da sich herumgesprochen hatte, daß er nicht gedeckt war.

Um diese für das anglo-amerikanische Finanzsystem nachteiligen Faktoren auszugleichen, beschloß man in New York im Laufe der Jahre folgende Maßnahmen:

- Verstärkte Deindustrialisierung der Industriestaaten, vor allen Dingen Deutschlands, Großbritanniens und Rußlands.
- Demonstration der unüberwindlichen Stärke der USA (Golfkrieg) nach dem Motto: Die Stärke des Dollar komme aus den Gewehrläufen.
- Beträchtliche Erhöhung des Verteidigungshaushalts, um die ›Neue Weltordnung‹, falls nötig, mit Gewalt durchzusetzen. Dadurch entstehende Finanzschwierigkeiten werden durch

Drucken neuer Dollars behoben (GREENSPANS göttliche Eingebung).

- Aufkaufen aller Energie- und Rohstoffvorräte der Welt und der wichtigsten Industriefirmen mit den frisch gedruckten Dollars. Flankiert wurden diese Maßnahmen durch Änderungen und durch die Internationalisierung bestehender Banken- und Börsengesetze sowie durch internationale Verträge zur Durchsetzung anglo-amerikanischer Ziele. So zielt das Programm ›Basel II‹ (siehe unten) auf die Vernichtung der verbleibenden mittelständischen Industrie in Deutschland durch die Festlegung bestimmter Richtlinien bei der Vergabe von Krediten durch Banken.

Schwierige finanzielle Situationen, zum Beispiel der Zusammenbruch großer Banken oder Fonds, werden durch Drucken neuer Dollars gelöst, die den Pleitemachern zur Verfügung gestellt werden (GREENSPANS Idee).

Das frisch gedruckte Falschgeld wird über die Börse und internationale Banken in Umlauf gebracht mit dem Ziel, ganze Volkswirtschaften zu überschulden und zu immensen Zinszahlungen zu zwingen. Mögliche Konkurrenten werden durch diese Maßnahmen und andere im folgenden beschriebene Taktiken klein gehalten oder vernichtet.

Die Deindustrialisierung der ehemaligen DDR

Nach den Plänen der anglo-amerikanischen Finanzoligarchie sollte die deutsche Wiedervereinigung der Türöffner zur finanziellen Versklavung Europas sein. Zu diesem Zweck wurde zunächst die Industrie Mitteldeutschlands vernichtet, danach sollte die westdeutsche Industrie drankommen. Der Rest Europas würde automatisch folgen.

Die DDR-Industrie wurde dadurch vernichtet, daß die DM-Ost zum großen Teil im Verhältnis 2:1 gegen DM-West umgetauscht wurde. Realistisch wäre ein Umtauschverhältnis von 4:1 gewesen. Außerdem wurden die Zollgrenzen zwischen BRD und DDR sofort geöffnet, statt daß sich die beiden unterschiedlichen Wirtschaftssysteme allmählich anpassen. Auf einen Schlag wurden damit alle DDR-Waren auf ihren ausländischen Märkten viel teurer, da Arbeiter und Angestellte nun in DM-West bezahlt werden mußten. Diese Waren konnten auf ihren osteuropäischen Märkten nicht mehr abgesetzt werden. Die DDR-Industrie brach aufgrund dieses unsinnigen Beschlusses, wie in New York geplant, zusammen und bescherte Deutschland einige Millionen Arbeitslose. Wie reagierte die deutsche Politik darauf, die ja dem Wohle des Landes verpflichtet ist?

Der damalige Bundeskanzler KOHL hatte im November 1989 einen 10 Punkte-Plan zur zukünftigen Zusammenarbeit zwischen BRD und DDR vorgelegt. Nach diesem Plan sollten die Währungen DM-West und DM-Ost für eine gewisse Übergangszeit beibehalten werden, was vernünftig gewesen wäre. Der Plan war mit Herrn HERRHAUSEN besprochen, dem damaligen Vorsitzenden der Deutschen Bank, der auch sinnvolle Pläne für den Aufbau der Infrastruktur in Osteuropa hatte. Der Nachteil des Plans war, daß er in Bonn ausgearbeitet wurde, ohne die Genehmigung der maßgeblichen Herrschaften in New York, London und Paris einzuholen. Das verärgerte die Herren sehr. Es mußte ein Exempel statuiert werden. Also wurde HERRHAUSEN einige Tage nach Vorlage des 10 Punkte-Plans in die Luft gesprengt, andere nicht lernfähige Leute wurden erschossen (u. a. ROHWEDDER, der die mitteldeutsche Industrie sanieren wollte). KOHL war also gehörig beeindruckt und eingeschüchtert und tat, was man von ihm verlangte. Er gab die Einwilligung zur Zerstörung der mitteldeutschen Industrie, außerdem zum Maastricht-Vertrag und zur Abschaffung der D-Mark.

Verschlissene Produktionsanlage der Leuna-Werke in Sachsen-Anhalt. Selbst die Filetstücke der mitteldeutschen Wirtschaft verschleuderte die Treuhand unter Birgit BREUEL oft für die symbolische 1 DM an ausländische Unternehmen. Millionenfache Arbeitslosigkeit fiel schließlich dem deutschen Staat zur Last und verschärfte die sozialen Spannungen.

Sein Nachfolger Gerhard SCHRÖDER war ein 68er mit den für diese Leute typischen geistigen Defekten und Wahnvorstellungen. Auch er handelte meist nach Anweisungen aus New York. Ausnahmen sind seine Haltung zum Irak-Krieg 2003 und die Vereinbarung mit Rußland zum Bau der Gas-Pipeline durch die Ostsee sowie seine freundschaftliche Haltung zu China. Wegen dieses Ungehorsams wurde er umgehend ersetzt (es gibt genügend Leute in den Parteien, die so etwas arrangieren) durch das ›Mädchen‹ Angela MERKEL, deren Gehorsam anglo-amerikanischen Bossen gegenüber bekannt ist.

Die drei erwähnten Kanzler wußten, was sie taten; sie kannten die Drahtzieher in den Ministerien, Parteien und Verbänden sowie deren Hintermänner.

Der Maastricht-Vertrag, der Euro und Basel II

Da die westdeutsche Industrie nicht wie die der DDR auf einen Schlag vernichtet werden konnte, erfand man ein längerfristiges Programm zu ihrer Beseitigung. Die wesentlichen Maßnahmen sind

- der Maastricht-Vertrag,
- die Abschaffung der D-Mark,
- internationale Verträge wie ›Basel II‹.

Durch den Maastricht-Vertrag und die Abschaffung der D-Mark hat Deutschland die Hoheit über sein Geld- und Finanzwesen an die europäische Zentralbank und an die EU in Brüssel (ein Ableger der New Yorker Finanzoligarchie) abgegeben mit der Folge, daß der deutsche Nationalstaat und sein Sozialsystem zugrunde gehen. Das hat schwerwiegende Folgen für jeden Deutschen, was den meisten leider nicht klar ist. Wegen der 3 Prozent-Klausel des Maastricht-Vertrags (die BRD darf sich nur um 3 Prozent des Bruttosozialprodukts verschulden) kann der Staat keine Kredite zur Erhaltung und Erneuerung der Infrastruktur (Energie, Verkehr. . .) mehr geben. Dazu muß man wissen, daß die Infrastruktur in Deutschland zum großen Teil über solche langfristigen niedrig verzinsten Kredite aufgebaut worden ist. Ohne Infrastruktur keine Industrie, kein Geld, kein Sozialsystem. Durch den Maastricht-Vertrag verkommt die Infrastruktur. Die privaten Banken geben keine langfristigen niedrig verzinsten Kredite, sie spekulieren lieber an Börsen mit ihren Fonds u.ä.

Einer der wesentlichen Gründe für die Einführung des Euro war, daß nun große kurzfristige Bankkredite in die südeuropäischen Länder (auch Frankreich) fließen. Das war vor der Einführung des Euro in geringerem Maße geschehen, da diese Länder von Zeit zu Zeit ihre Schulden durch Abwertung ihrer Währung verringerten und dadurch bei den Banken in einem schlechten Ruf standen. Durch den Euro bekamen sie nun stabiles Geld, das durch die Leistungsfähigkeit der deutschen Industrie gesichert war. Sie erhielten nun Kredite in Euro.

Die Exporterfolge der deutschen Industrie kommen allerdings jetzt nicht mehr der deutschen Volkswirtschaft zugute. Zu DM-Zeiten blieben die Exportgewinne in Deutschland und finanzierten dort neue Arbeitsplätze sowie fortschrittliche Produktionsverfahren. Heute gehen diese Gelder von der Firma zur Bank (der Zinsgewinn bei der Bank ist höher als der Gewinn durch Anlage des Gewinns in die Firma), die sie meist gegen hohe Zinsen nach Südeuropa transferiert. Diese Länder können die höheren Zinsen, die höher sind als in Deutschland, spielend tragen, weil ihre Inflationsrate über der Zinsrate liegt. Die deutschen Banken spielen hier ein übles Spiel mit kurzfristigen Gewinnen für sie zum Nachteil Deutschlands.

Mit anderen Worten: Der Euro ist deswegen einigermaßen stabil, weil der Exportüberschuß Deutschlands ungefähr so groß ist wie das Handelsbilanzdefizit unserer europäischen Freunde. An diesem unhaltbaren Zustand gehen allerdings die deutsche Wirtschaft und unser Sozialsystem zugrunde.

Deutschland lebt zur Zeit hauptsächlich von seiner mittelständischen Industrie, von seinem Handwerk und von Kleinbetrieben, in denen noch immer die schöpferische Leistungsfähigkeit und Verbundenheit mit dem Gemeinwohl eine Rolle spielen. Die Großindustrie ist globalisiert und deswegen am Gemeinwohl nicht mehr interessiert. Die Vernichtung der mittelständischen Industrie und des Handwerks ist im vollen Gange. Folgende Maßnahmen hat man dazu ergriffen:

1. Seit Jahren geben die privaten Banken nur noch sehr zögernd Kredite an mittelständische Firmen. Sie verkaufen sogar noch laufende Kredite an anglo-amerikanische Beteiligungsgesellschaften (neudeutsch: Private Equity Fonds).

Diese Private Equity Fonds sind Finanzfirmen, die einige Milliarden Dollars bei privaten und institutionellen Anlagern (Versicherungen, Pensionsfonds usw.) einsammeln. Aufgrund dieses Geldvermögens bekommen sie erhebliche Kredite von Privatbanken zum Kauf von Firmen.

2. Private Equity Fonds kaufen mit ihren erheblichen Mitteln (meist frische Dollar) seit einigen Jahren deutsche mittelständische Firmen auf, wobei die von den deutschen Banken abgegebenen Kredite (siehe 1.) als Druckmittel dienen. Rund 6000 deutsche Firmen sind in letzter Zeit in die Hände von Private Equity Fonds gegangen. Diese Firmen werden oft von ihren neuen Herren gezwungen, große Kredite aufzunehmen, mit denen die Bankkredite der Private Equity Fonds zurückbezahlt werden. Im weiteren Verlauf des Geschäfts wird die Firma in Einzelteile zerlegt, wobei die besten Abteilungen teuer verkauft werden, so daß die Firma in der Regel zugrunde geht. Den Schaden hat der deutsche Arbeiter, den Vorteil der anglo-amerikanische Private Equity Fonds und die Banken, die an den Krediten, Käufen und Verkäufen von Firmen gut verdienen. Die deutsche Politik läßt dieses infame Spiel zu.

3. Basel II: Kredite bekommt die mittelständische Industrie zur Zeit hauptsächlich von den Volksbanken und den Sparkassen, die einen öffentlich-rechtlichen Hintergrund haben und nicht an den Börsen gehandelt oder gekauft werden können. Das paßt den Globalisierern nicht. Rechtliche Grundlage für Bankgeschäfte und Finanzdienstleistungen ist in Deutschland das Gesetz über das Kreditwesen (KWG). Nach Vorgaben der Europäischen Union wird dieses Gesetz seit Jahren im Sinne der Globalisierer novelliert. Dies ist der eine Königsweg in die Globalisierung und Abschaffung der Nationalstaaten mit ihren teuren Sozialsystemen, auf deren Gelder die Banken und Börsen scharf sind. Der andere Königsweg führt über internationale Vereinbarungen, in diesem Zusammenhang zum Beispiel über das Projekt Basel II.

Basel II legt die Geschäftsbedingungen für Bankgeschäfte, die Bankenaufsicht und die Offenlegung der Bankgeschäfte fest.

Kredite an mittelständische Firmen können gemäß Basel II geschäftsschädigend sein. Damit sind die Volksbanken und Sparkassen als Finanziers der mittelständischen Industrie ausgetrickst; der Mittelstand bleibt auf der Strecke. Unsere Parlamente nicken das ab.[47]

Folgerungen

Wenn die deutsche Politik nicht grundlegend geändert wird, haben die Deutschen allen Grund, pessimistisch in die Zukunft zu schauen.

Um das deutsche Volk vor den verheerenden Folgen, die sich aus dem Zusammenbruch des inzwischen völlig bankrotten Weltfinanzsystems ergeben, zu schützen, müßten unverzüglich folgende Maßnahmen ergriffen werden:

- Deutschland führt nach einer Volksbefragung (das Grundgesetz läßt dies nach Artikel 20 GG zu) wieder die DM ein, um in Zukunft wirtschaftlich handlungsfähig zu sein und seine Mittel zum Wohle des eigenen Volkes einsetzen zu können. Wenn die deutschen Hilfsgelder nicht mehr fließen, werden einige EU-Länder aus dem Euro-Verband ausscheiden. Der Euro bleibt bestehen und dient als Verrechnungseinheit im internationalen Handelsverkehr wie früher der ECU. Es können dann langfristige strategische Abkommen zwischen der Euro- und der Rubel-Zone zur Entwicklung und Erneuerung der Infrastruktur geschlossen werden.
- Deutschland kündigt nach einer Volksbefragung den Maastricht-Vertrag, der den Staat hindert, langfristige Kredite für die notwendige Erneuerung der Infrastruktur (Energie, Verkehr, Bildung, Gesundheit. . .) zu geben.
- Deutschland betreibt eine für das Land zweckmäßige Energie- und Wirtschaftspolitik.
- Nachdem Deutschland auf diese Weise seine wirtschaftliche Handlungsfähigkeit wiedererlangt hat, schließt es langfristige strategische Abkommen zur Entwicklung der Infrastruktur und Industrie mit Rußland und anderen eurasischen Staaten. Da im Plan der Globalisierer Polen die Aufgabe hat,

---

[47] Zu Basel II siehe: Gerhoch Reisegger, *Wege aus dem Globalisierungschaos,* Hohenrain, Tübingen 2009, S. 218 ff.

eine Annäherung zwischen Deutschland und Rußland zu verhindern (siehe die wütenden Proteste gegen die Ostsee-Gaslinie), müssen die Schnellverbindungen zwischen Mitteleuropa und Asien eventuell über Ungarn laufen.

- Deutschland stellt enge Beziehungen zur Shanghaier Organisation her.
- Deutschland reduziert seine Mitarbeit bei der NATO. Es stellt seine Soldaten nicht mehr kostenlos fremden Finanzmächten zur Verfügung. Im 18. Jahrhundert bekamen deutsche Fürsten (Hessen) für ähnliche Dienstleistungen beträchtliche Mittel von den Briten. Diese Fürsten werden heute noch vom Volk verachtet. Es ist erstaunlich, was alles in einer Demokratie möglich ist.
- Deutschland kündigt nach einer Volksbefragung den NATO-Vertrag im Falle kriegerischer Auseinandersetzungen zwischen den USA und dem Iran (sog. Weltkrieg gegen den Terrorismus).
- Die in den letzten Jahren privatisierten Staatsbetriebe werden wieder verstaatlicht. Eine Entschädigung erfolgt in Dollar.
- Die Novellierungen des Gesetzes über das Kreditwesen (KWG) werden aufgehoben.
- In der Zusammenbruchphase des Finanzsystems wird zeitweise das gesamte Finanzwesen in Deutschland unter kompetente staatliche Kontrolle gestellt.

Die Globalisierung ist gescheitert, da die Welt sich aus unterschiedlichen Regionen mit unterschiedlichen Wirtschaftssystemen zusammensetzt. Diese Regionen sind unter anderen Europa, Rußland und Sibirien, Nordamerika, Südamerika, Ostasien, Südasien, Naher und Mittlerer Osten mit Nordafrika, Zentralafrika und Südafrika. Die Wirtschaft ist eng mit den geographischen Gegebenheiten des Raumes und der dort lebenden Bevölkerung verbunden. Deswegen ist es sinnvoll, die Erde in verschiedene Wirtschaftsräume aufzuteilen, in denen die Nationalstaaten zum Wohle ihrer Bevölkerung souverän handeln.

Die dem ganzen beschriebenen Unheil zugrunde liegenden finanziellen und politischen Probleme können erst nach dem Zusammenbruch des Dollarsytems gelöst werden. Eine alleinige Abwertung des Dollar, wie New York sie anstrebt, ist nicht hilfreich, weil sich die USA damit auf Kosten der anderen Länder, die Dollars in Reserve halten, entschulden. Die US-Schulden müssen verbrieft und eine langfristige Rückzahlung vereinbart werden. Das möchten die USA auf jeden Fall vermeiden, wenn es sein muß durch einen Weltkrieg gegen den Terrorismus.

Die Rückzahlung ist möglich, da die USA in den letzten Jahren alles Gold, dessen sie habhaft werden konnten, aufgekauft haben, zum Teil durch politischen Druck auf Zentralbanken.

Das bevorstehende Ende des Dollar-Imperiums

Das Dollar-Imperium wurde noch während des Zweiten Weltkriegs, am 22. Juli 1944, von 44 Staaten auf der Grundlage von Wall Street-Vorgaben in dem Städtchen Bretton-Woods in den USA gegründet. Diese 44 Staaten einigten sich damals darauf, daß der goldgedeckte Dollar die zukünftige Leitwährung des Westens sein solle, sowie auf die Gründung der von den USA beherrschten Weltbank und des Internationalen Währungsfonds (IWF). Die Weltbank hatte satzungsgemäß die Aufgabe, langfristige Kredite an Regierungen und Privatunternehmen zu geben, um vor allem Projekte auf dem Gebiet der Energiegewinnung und des Verkehrswesens zu fördern.

Der Wechselkurs der verschiedenen Währungen zum Dollar ist vertraglich festgelegt und nicht kontinuierlich schwankend durch Börsen-Manipulationen, wie es derzeit der Fall ist. Wer am internationalen Handel teilnehmen will, muß Dollars haben, die er sich an der Wall Street leihen kann.

Nach den in Bretton-Woods vereinbarten Regeln sind Außenhandelsdifferenzen (Differenz von Warenausfuhr und Wareneinfuhr) verschiedener Staaten in Gold auszugleichen. Dollarreserven der Zentralbanken außerhalb der USA müssen in die USA transferiert werden.

Ein Beispiel: Die USA kaufen in Deutschland Waren im Wert von 100 Millionen Dollar. Wenn Deutschland nun in den USA Waren für 100 Millionen Dollar einkauft, ist die Handelsbilanz zwischen den USA und Deutschland ausgeglichen. Wenn die USA nur für 50 Millionen Dollars Waren in Deutschland einkaufen, hat Deutschland einen Handelsbilanzüberschuß von 50 Millionen Dollar. Solange der Dollar goldgedeckt war (bis 1971), wurde dieser Handelsüberschuß Deutschlands in Gold im Wert von 50 Millionen Dollar ausgeglichen und auf einem Konto der Bundesbank gutgeschrieben. Durch Handelsüberschüsse in den Jahren zwischen 1951 und 1968 sammelte sich so für Deutschland ein Goldschatz von 3400 Tonnen Gold an. Die Länder mit Handelsbilanzdefizit kaufen mehr Waren ein, als sie produzieren und exportieren können, das heißt, sie leben über ihre Verhältnisse und auf Kosten der Länder mit Handelsüberschüssen. Die Defizitländer können ihre Lage verbessern, indem sie mehr produzieren oder ihre Währung abwerten, wodurch ihre Waren im Ausland billiger und damit konkurrenzfähiger werden.

Das Außenhandelsdefizit der USA war 1971 so groß geworden, daß die US-amerikanischen Goldreserven erschöpft waren. Deswegen hob US-Präsident Nixon die Goldbindung des Dollar auf. Die deutschen Handelsüberschüsse weltweit sind seitdem nicht mehr in Gold ausgeglichen worden. Sie lagen von 1971 bis 2012 bei 2500 Milliarden Euro, das entspricht etwa 60 000 Tonnen Gold – ein beträchtliches Vermögen, das aber nie an Deutschland ausgezahlt wird.

Vielleicht soll dieses Guthaben Deutschlands mit den Außenständen der Deutschen Bank verrechnet werden, die bei rund 35 Billionen Dollar liegen sollen.

Manche Insider sind gar der Meinung, daß das früher in den USA lagernde deutsche Gold bereits von US-Kreisen ausgegeben worden sei. Eine Meldung der englischen *Times*, der zufolge die deutschen Goldreserven seit Jahrzehnten nicht mehr von deutschen Beamten kontrolliert worden seien, scheint dies zu bestätigen. Die Frage ist also, ob das deutsche Gold, das nach Fachleuten fast ausnahmslos in den Tresoren der FED in New York liegen sollte, tatsächlich noch dort ist! »Pessimisten behaupten, das deutsche Gold sei von US-Bankern zur ›Marktstabilisierung‹ verwendet worden.«[48]

China und Japan haben große Handelsüberschüsse in den USA. Diese werden durch amerikanische Staatsanleihen ausgeglichen.

---

[48] Siehe: *Vertraulicher Schweizer Brief*, 26. 11. 2009.

China und Japan sind also besser gestellt als Deutschland, aber die amerikanischen Staatsanleihen werden in absehbarer Zeit wertlos werden. Denn das normale Außenhandelsdefizit der USA beträgt derzeit annähernd 1 Billion Dollar pro Jahr und wird niemals durch Warenlieferungen oder Dienstleistungen der USA ausgeglichen werden können. Das hat sich überall in der Welt herumgesprochen.

Handelsbilanzüberschüsse sind also ein Zeichen dafür, daß die Industrie des Landes mit Überschüssen leistungsfähiger ist als die des Landes mit Handelsbilanzdefiziten. Die USA haben den Dollar trotz ihrer hohen Handelsbilanzdefizite nicht abgewertet, weil das ein schlechtes Licht auf den Dollar geworfen und die Dollarbesitzer teilweise enteignet hätte. Ähnlich ist die Situation derzeit in der EU. Deutschland hat gegenüber den meisten Staaten Europas eine positive Handelsbilanz. Das heißt, die deutschen Handelsbilanzüberschüsse müßten als Guthaben auf dem Konto der Bundesbank erscheinen. Sie erscheinen hingegen auf einem Konto der Europäischen Zentralbank EZB als Forderung der Bundesbank in Höhe von derzeit 1000 Milliarden Euro (gemäß TARGET 2-Vertrag). Dieses Guthaben wird mit Sicherheit nicht von den Schuldnerstaaten an Deutschland ausgezahlt werden können. Deren Industrie ist offensichtlich nicht leistungsfähig genug. Außerdem können sie ihre Währung nicht abwerten, da sie alle die gleiche Währung, den Euro, haben. Die deutschen Handelsbilanzüberschüsse kommen also dem deutschen Bürger nicht zugute.

Das Währungssystem von Bretton-Woods ist offenbar fehlerhaft und muß geändert werden. Die USA können sich demnach nicht mehr mit dem Drucken von wertlosen Dollars zum Bezahlen guter Waren über Wasser halten: Sie werden untergehen.

Ein neues Weltwährungssystem

Die Besitzer von Dollars und US-amerikanischen Staatsanleihen sind sich inzwischen darüber klar, daß der Dollar keine Zukunft mehr hat, da das Außenhandelsdefizit der USA derzeit bei einer Billion Dollar pro Jahr liegt mit steigender Tendenz und daß die amerikanische Industrie nicht mehr in der Lage ist, den Großteil des Warenbedarfs des Landes mit eigener Produktion zu beliefern. Der Dollar, der in unbegrenzten Mengen gedruckt wird, ohne daß er einen Wert darstellt, wird erheblich an Wert verlieren. Der Welthandel wird in Zukunft in anderen werthaltigen Währungen abgewickelt werden. Folgende Ereignisse belegen dies:

- Die Shanghai-Organisation für Zusammenarbeit SOZ (ein 2001 gegründeter Staatenbund, bestehend aus den Staaten China, Rußland, Kasachstan und zentral-asiatischen Republiken) hat vereinbart, daß in Zukunft der zwischenstaatliche Handel der Partnerländer in Landeswährung abgewickelt wird.
- Rußland hat im Frühjahr 2014 einen Vertrag über Gaslieferungen an China im Wert von 400 Milliarden Dollar abgeschlossen, zahlbar in chinesischer Währung. Russische Energielieferungen nach Europa sollen in Rubel abgerechnet werden.
- Der Handel zwischen China und Deutschland soll ab September 2014 über eine Bank in Frankfurt abgewickelt werden – ohne Beteiligung der Wall Street.
- China will seine Dollars aus den Handelsbilanzüberschüssen der letzten Jahre loswerden. Es legt sie unter anderem in großen Entwicklungsprojekten in Afrika an.
- Die Länder Brasilien, Rußland, Indien, China, Südafrika (die sogenannten ›BRICS-Staaten‹) haben im Juli 2014 eine neue Entwicklungsbank und einen neuen Währungsfonds gegründet als Ersatz für die Weltbank und den Internationalen Währungsfonds IWF, die unter amerikanischer Kontrolle stehen. Die Bank hat ihren Sitz in Shanghai. Der Vertrag wurde am 16. Juli 2014 in Brasilien unterzeichnet.
- Die ›Eurasische Union‹, bestehend aus den Ländern Rußland, Weißrußland, Kasachstan, wurde am 29. Mai 2014 gegründet. Hauptsächliche Ziele dieses Staatenbundes sind: gemeinsame Abstimmung in Energie-, Industrie-, Landwirtschafts- und Verkehrsfragen, Austausch von Waren, Dienstleistungen, Kapital, Personal in einer Freihandelszone, Vermittlung zwischen Europa und Asien. Der Handel zwischen diesen Ländern wird in Landeswährung abgewickelt.

Die Gegenmaßnahmen der Wall Street in bezug auf diese Entwicklungen sind:

- die Ukraine-Krise, um eine Zusammenarbeit zwischen EU und Rußland zu verhindern,
- Propaganda für Schiefergas als Ersatz für russisches Erdgas,
- Pressekampagnen gegen China, Rußland und Indien.

Es besteht die Gefahr, daß die Wall Street zur Rettung des Dollar einen großen Krieg anzettelt, so wie England 1914 den Ersten Weltkrieg gegen Deutschland provozierte, um damals sein bankrottes Imperium zu retten. Wie bekannt, ist das nicht gelungen: Das britische Imperium ist von den USA übernommen worden, die jetzt auch am Ende sind. Deutschland darf sich daher nicht gegen Rußland und China aufhetzen lassen.

Zusammen mit dem gleichzeitig gegründeten Internationalen Währungsfonds (IWF) wurde die Weltbank zu einer wirkungsvollen Waffe des anglo-amerikanischen Finanzsystems auf dem Weg zur Weltherrschaft. Diese beiden von den Anglo-Amerikanern beherrschten Finanzinstitute waren nicht bereit, die Stimmenverhältnisse in ihren Leitungsgremien zu verändern, was durch das wirtschaftliche Erstarken der aufstrebenden Schwellenländer (u. a. China, Indien und Brasilien) erforderlich gewesen wäre, die mehr Mitsprache bei der Gewährung von Krediten forderten. Die Erfahrung zeigte, daß die von der Weltbank und vom IWF geforderten Voraussetzungen für Kredite viele Staaten vor allem in Afrika in Zahlungsunfähigkeit, Bürgerkrieg und Armut geführt hatten. Währungsmanipulationen derselben Geldinstitute führten zum selben Ergebnis.

Die Unzufriedenheit Chinas und anderer asiatischer Staaten mit dem beschriebenen amerikanischen Vorgehen führte im Jahre 2014 zur Gründung der ›Asien Infrastructure Investment Bank‹ (AIIB) durch China und 21 weitere asiatische Staaten. Diese Bank soll Kapital für die großen geplanten Infrastrukturprojekte in Asien bereitstellen, also für den Bau von Straßen, Eisenbahnen, Wasserstraßen, Energieversorgung, Schulen, Krankenhäusern usw.

Die Zahl der Mitgliedsstaaten dieser Bank hat sich bis Ende März 2015 auf 45 Staaten erhöht. Darunter sind 10 europäische Staaten, unter anderen: England (Beitritt am 13. 3. 2015), Deutschland (17. 3. 2015), Frankreich (17. 3. 2015), Italien (17. 3. 2015), die Schweiz (20. 3. 2015), Spanien (28. 3. 2015) und Rußland (28. 3. 2015).

Das Startkapital der Bank in Höhe von 50 Milliarden Dollar wird sich durch die Beiträge der neuen Mitglieder beträchtlich erhöhen.

Die Infrastrukturprojekte in der Eurasischen Union und entlang der Seidenstraße können somit ohne Vorbehalte und Einsprüche der Wall Street finanziert und in Angriff genommen werden. Die jahrzehntelange Einflußnahme der anglo-amerikanischen Plutokratie zur Ausbeutung anderer Staaten ist beseitigt. Die Infrastruktur in Asien wird nicht mehr mit Dollar finanziert, die üblicherweise dazu mißbraucht wurden, nichtindustrialisierte Entwicklungsländer in eine Schuldenfalle zu treiben. Der Dollar wird hier nicht mehr gebraucht.

Die Neuordnung Eurasiens erfordert unter anderem eine starke westliche Flanke, also ein souveränes Deutschland, das nicht als Vasallenstaat unter Fremdherrschaft steht. Die Zeit ist also reif für einen Neuanfang in Deutschland.

Die deutsche Industrie wird durch den Beitritt zu dem von der Wall Street unabhängigen Finanzsystem beim Aufbau der Infrastruktur Asiens erhebliche Vorteile haben. Selbst solche Verrücktheiten wie der Klimaschwindel und die Energiewende, die ja zum Vorteil der Wall Street erfunden wurden, würden sich damit erledigen.

Der ›Globalisierungsmensch‹ und die neuen Eliten

Vom ›Massenmenschen‹ hört man seit Jahren nichts mehr, obwohl er in den neuen Eliten massenhaft vertreten ist und die seit Jahrzehnten im Gange befindliche Umerziehung und Globalisierung nur mit dieser Menschenart zu machen sind. Das darf natürlich nicht bekannt werden, um das große Ziel – die zukünftige Weltregierung – nicht zu gefährden. Deswegen spricht man nicht mehr über diesen Menschen in Medien, Politik und Kulturelite, deren Mitglieder typische Beispiele dieser neuen Menschenart sind.

Der spanische Philosoph José Ortega y Gasset hat 1930 in seinem Buch *Der Aufstand der Massen* den Menschen beschrieben, der zukünftig in Europa bestimmend sein wird, nämlich den Massenmenschen. Im folgenden sind einige Zitate aus diesem Buch angeführt, das die Situation in Europa nach dem Ersten Weltkrieg beschreibt:

José Ortega y Gasset (1883–1955).

»Die Masse rückt entschlossen in den Vordergrund der Gesellschaft; sie besetzt die Lokale, benutzt die Geräte, genießt die Vergnügungen, die ehedem nur wenigen zustanden, die Masse setzt sich an die Stelle der Eliten. Die Massen lassen sich von den Eliten nicht mehr führen, sie verweigern ihnen Gehorsam, Gefolgschaft, Respekt, sie tun sie ab und nehmen selbst ihren Platz ein... Der Massenmensch ist der Mensch, der ohne Ziel lebt und im Winde treibt. Darum baut er nichts auf, obgleich seine Möglichkeiten und Kräfte ungeheuer sind. Und dieser Typus Mensch entscheidet in unserer Zeit...

Die Welt, die den neuen Menschen von Geburt an umgibt, zwingt ihn zu keinem Verzicht. Sie stellt ihm kein Verbot, keine Hemmung entgegen; im Gegenteil, sie reizt seine Gelüste, die prinzipiell ins Ungemessene wachsen können. Der gewöhnliche Mensch, der sich in dieser technisch und gesellschaftlich so vollkommenen Welt vorfindet, glaubt in der Tat, daß die Natur diese Welt hervorgebracht hat, und denkt niemals an die genialen Anstrengungen ausgezeichneter Männer, durch die sie geschaffen wurde. Noch weniger wird er zugeben, daß auch der Fortbestand dieser Errungenschaften von gewissen seltenen Tugenden der Menschen abhängt, deren geringster Ausfall den herrlichen Bau sehr rasch ins Wanken bringen würde... Eben die Vollkommenheit der Organisation, die das 19. Jahrhundert gewissen Lebensordnungen gegeben hat, ist die Ursache davon, daß die Massen, denen sie zugute kommt, sie nicht als Organisation, sondern als Natur betrachten. *Nichts beschäftigt sie so sehr wie ihr Wohlbefinden, und zugleich arbeiten sie den Ursachen dieses Wohlbefindens entgegen.* Da sie in den Vorteilen der Zivilisation nicht wunderwürdige Erfindungen und Schöpfungen erblicken, die nur mit großer Mühe und Umsicht erhalten werden können, glauben sie, ihre Rolle beschränke sich darauf, sie mit lauter Stimme zu fordern, als wären sie angeborene Rechte...

Während in der Vergangenheit das Leben für den Durchschnittsmenschen gleichbedeutend war mit Schwierigkeiten, Gefahren, Nöten, Schicksalsenge und Abhängigkeiten auf allen Seiten, erscheint die neue Welt gesichert, als ein Bereich praktisch unbegrenzter Möglichkeiten, wo niemand von niemandem abhängt. Dieser erste und dauernde Eindruck formt jede zeitgenössische Seele, wie der entgegengesetzte unsere Vorfahren formte... Heute hat der Durchschnittsmensch die deutlichsten Vorstellungen von allem, was in der Welt geschieht und zu geschehen hat. Dadurch ist ihm der Gebrauch des Gehörs abhanden gekommen. *Wozu hören, wenn er schon alles, was not tut, selber weiß. Es ist nicht mehr an der Zeit zu lauschen, sondern zu urteilen, zu befinden, zu entscheiden.* Im öffentlichen Leben gibt es keine Frage, in die er sich taub und blind wie er ist, nicht einmischte, seine Ansichten durchsetzte...

Der neue Mensch will das Automobil und genießt es, aber er glaubt, es wächst von selbst an einem Paradiesesbaum. Im Grunde seiner Seele weiß er nichts von dem künstlichen, fast unwahrscheinlichen Charakter der Zivilisation und wird niemals seine Begeisterung für die Apparate auf die Theorien ausdehnen, die sie ermöglichen... Die neue Technik ist ihrem Wesen nach durch Wissenschaft bedingt, und Wissenschaft existiert nicht, wenn sie nicht ihrer Reinheit und um ihrer selbst willen interessiert, und sie kann nicht interessieren, wenn die Menschen nicht mehr um die allgemeinen Grundlagen der Kultur bemüht sind. Wird dieser Eifer stumpf – wie es zu geschehen scheint –, so kann die Technik nur eine Weile weiterleben, nämlich solange die Trägheit des Kulturimpulses dauert, der sie schuf. Man vergißt nur zu gern, wenn man von der (modernen) Technik spricht, daß ihre Lebensader die reine Wissenschaft ist und die Bedingungen ihrer Fortdauer an diejenigen gebunden sind, die reine Wissenschaftsübung möglich machen. Glaubt man im Ernst, es gäbe Wissenschaft, solange es Dollar gibt?...

In der ganzen zeiträumlichen Ausdehnung der Erde und ihrer Geschichte konnte die Physikochemie einzig in dem kleinen Viereck entstehen und zu voller Entfaltung kommen, das durch die vier Punkte London, Paris, Rom, Berlin bezeichnet wird. Und auch dort nur im 19. Jahrhundert. Das beweist, daß die Experimentalwissenschaft eines der unwahrscheinlichsten Erzeugnisse der Geschichte ist. Zauberer, Priester, Krieger und Hirten hat es immer und überall gegeben. Aber diese Fauna des experimentierenden Menschen fordert augenscheinlich zu ihrer Entstehung ein Zusammentreffen von Bedingungen, noch ungewöhnlicher als jene, die das Einhorn hervorbringen. Ein glänzender Einfall in der Tat, daß Nordamerika, wenn Europa verschwinden sollte, die Wissenschaft fortführen könnte.«

Diese Auszüge aus dem Buch von ORTEGA Y GASSET beschreiben hinreichend, wie der Mensch aussieht, der sich zu Beginn des 20. Jahrhunderts anschickte, die Welt zu regieren. ORTEGA Y GASSET war ein mediterraner Großstadtmensch aus Madrid, ein sehr sensibler Beobachter der Zeit, der auch einige Jahre in Deutschland gelebt hatte. Seine Beobachtungen und Einsichten bezogen sich hauptsächlich auf die romanischen Länder, aber die Umerziehung in Deutschland seit 1945 hat uns jenen ähnlich gemacht. Vor der Umerziehung war der Deutsche durch die sogenannten ›preußischen Tugenden‹: Pflichtbewußtsein, Fleiß, Disziplin, Zuverlässigkeit, Treue, Gehorsam, Ordnungsliebe, Sauberkeit, Ehrlichkeit, Wahrheitsliebe, Gerechtigkeitssinn charakterlich geprägt. Diese Tugenden verleumdete der ›neue Mensch‹ und Ober-68er Oskar LAFONTAINE als »Sekundärtugenden«, mit denen man auch ein Konzentrationslager betreiben könne. Dieser Mann kann sich gar nicht vorstellen, daß unsere Kultur, von deren Früchten er ganz gut lebt, nur auf Grund dieser Tugenden im Laufe der Jahrtausende geschaffen werden konnte. Von diesen Leuten und der Frankfurter Schule wurde darum eine neue postindustrielle Moral verkündet, die weniger anstrengend ist und auf folgenden Tugenden beruht:

Selbstverwirklichung, Kreativität, Toleranz, Gleichberechtigung, Emanzipation, Solidarität: Mit diesem Tugendkanon schafft sich der moderne Mensch in Deutschland die ihm genehme Welt.

Moderne Wissenschaft oder Technik ist mit diesen Tugenden allerdings nicht möglich. Komplizierte technische und wissenschaftliche Probleme werden per Akklamation oder durch Parteitagsbzw. Gremienbeschlüsse gelöst und durchgesetzt (Wirkung der Tugenden Gleichberechtigung, Kreativität, Toleranz). Diese Methode hat den Vorteil, daß man Naturgesetze nicht mehr zu berücksichtigen braucht und auch außer Kraft setzen kann, was mit dem alten Tugendkanon unmöglich war. Es soll hier nur die Rede sein von den kreativen Heldentaten unserer modernen Eliten auf den Gebieten der Energie- und Klimapolitik. Aber ihr Betätigungsfeld ist viel umfassender. Seit Jahrzehnten kann man beobachten, wie der zur Macht gelangte Massenmensch die Grundlagen unserer Zivilisation zerstört. In völliger Unkenntnis über die kulturellen Leistungen unserer Vorfahren wird alles vernichtet, was diese geschaffen haben: in Literatur, Theater, Musik, Technik, Wissenschaft.

Unser Staat und sein Sozialsystem hängen von einer sicheren und funktionierenden Energieversorgung ab. Diese sichere Energieversorgung auf der Grundlage von Kohle und Kernenergie, die den Industriestaat Deutschland erst ermöglicht, soll nun Hals über Kopf durch eine von der Wall Street und der Londoner City beherrschte Energieversorgung (Erdöl und Erdgas) ersetzt werden. Die erneuerbaren Energien, die nicht gespeichert werden können, können in einem Industriestaat kein Ersatz für Kernenergie und Kohle sein. Die Kernenergie und Kohle werden verteufelt, weil durch sie unser Land energetisch autark würde und weil in Kernreaktoren radioaktive Substanzen entstehen; bei der Verbrennung der Kohle wird der ›Klimakiller‹ Kohlendioxid produziert. Es gibt Kernreaktoren, die absolut sicher sind, in denen kein GAU möglich ist, bei denen die Endlagerung gesichert ist, nämlich die Thorium-Hochtemperaturreaktoren. Allerdings wurde aus politischen Gründen deren Entwicklung in Deutschland vor 20 Jahren abgebrochen.

Die Verbrennung von Kohle soll das Klima ›killen‹, weil als Verbrennungsprodukt von Kohle Kohlendioxid entsteht. Kohlendioxid ist kein ›Klimakiller‹ und kann das Klima nicht beeinflussen, es ist hingegen für das Leben der Pflanzen unbedingt erforderlich.

Wie kann man diese unsinnigen und tagtäglich in den Medien wiedergekäuten Thesen unserer von der Hochfinanz gesteuerten ›neuen Eliten‹ verstehen? Der oben beschriebene ›neue Mensch‹ hat sich 1992, als seine Zeit in Deutschland gekommen war, eine ›wissenschaftliche Denkfabrik‹ nach anglo-amerikanischem Muster angeschafft, die die Bundesregierung in der Energie-, Klima- und Wissenschaftspolitik berät: der ›**W**issenschaftliche **B**eirat der Bundesregierung **G**lobale **U**mweltveränderungen‹ (WBGU). Den von diesem Beirat verfaßten, überaus technikfeindlichen »Gesellschaftsvertrag für eine große Transformation« haben wir zu Beginn dieses Buches vorgestellt.

Die Ausplünderung und Zerstörung der Wissenschaft

Frederick A. Lindemann (ab 1941 Lord Cherwell), Sohn eines aus der Pfalz stammenden Bauunternehmers, Freund, Vertrauter und einflußreichster Berater Winston Churchills, meinte:

> »Die deutsche Umerziehung muß durch eine Umgestaltung des deutschen Lebensraums erleichtert werden,. . . die Städtebombardierung und die Zerstörung der baulichen Zeugen der deutschen Vergangenheit werden den deutschen Stolz und das deutsche Sendungsbewußtsein auf ein erträgliches Maß zurückführen.«

Wenn man die Geschehnisse des 20. Jahrhunderts verstehen will, muß man wissen, daß die Politik der letzten hundert Jahre hauptsächlich von der Londoner City inspiriert und gelenkt worden ist – nicht von Paris, Berlin, Moskau, New York oder Rom.

Zu den Eigenschaften der Deutschen, die unseren anglo-amerikanischen ›Befreiern‹ 1945 nicht geheuer waren, gehörten das dem Deutschen angeborene Streben nach Wahrheit und die Fähigkeit, in zähem hingebungsvollen Bemühen die Geheimnisse der Natur zu erforschen, um zu ergründen, was die Welt zusammenhält. Außerdem ist im nordischen Menschen mehr als in anderen Rassen das Bestreben ausgeprägt, eine angefangene Arbeit möglichst gut durchzuführen und erfolgreich zu beenden, und zwar aus eigenem Antrieb.

Diese Fähigkeiten sind notwendig gepaart mit Disziplin im Denken und Handeln, Ordnungsliebe, Fleiß, Pünktlichkeit, Sauberkeit – alles Eigenschaften, die einigen anderen Menschen wenig angenehm, für die wissenschaftliche und technische Arbeit aber erforderlich sind. Den Deutschen hatten sie es ermöglicht, im 19. Jahrhundert nach der Reichsgründung durch Bismarck eine blühende Industrie aufzubauen, die dem Land Wohlstand, Sicherheit und Macht brachte, was in England Unbehagen hervorrief. Dieses Unbehagen steigerte sich bei manchen einflußreichen Menschen zu einem abgrundtiefen Haß, wie er sich bei geistig unfruchtbaren Spießern gegenüber dem schöpferischen Menschen (siehe Churchills Freund Lindemann) äußert. Mit diesem Haß auf Deutsche und Deutschland wurde seit den Gründerjahren die Welt von englischen Drahtziehern und Hassern imprägniert – mit verheerenden Folgen für die Menschheit. Die Haßorgie wurde nach 1945 nicht beendet, sondern bis heute verstärkt fortgesetzt, weil von Deutschland keine Gegenwehr mehr möglich war.

Ein wesentliches Ziel der beiden Weltkriege mit ihren unbedachten fürchterlichen Folgen war die Zerstörung der Grundlagen der deutschen Macht, nämlich seiner Wissenschaft, Technik und Industrie. Zu Anfang des 20. Jahrhunderts beruhte die Stärke Deutschlands maßgeblich auf seiner Wissenschaft und Technik, die von einem dem Volkswohl verpflichteten Staat gefördert wurden. Echte Wissenschaft und Technik standen im Volk in hohem Ansehen. Sie mußten ruiniert werden, um Deutschland zu ruinieren, was zu Beginn des 21. Jahrhunderts zum großen Teil gelungen ist. Wo dies noch nicht der Fall ist, bemühen sich mächtige Gruppen in Politik und Medien, das Zerstörungswerk zu vollenden, wie unter anderem der Ausstieg aus der Kern- und Kohletechnik sowie der Fall ›Transrapid‹ unter Beweis stellen.

Beispiele für große Entwicklungen in Deutschland

Die Wissenschaft, die in den beiden vergangenen Jahrhunderten das Gesicht der Welt prägte, ist ein Produkt der europäischen Kultur, beruhend auf Vorarbeiten im klassischen Griechenland. Wie der spanische Denker Ortega y Gasset richtig bemerkt, entstand in Jahrhunderten diese Wissenschaft in einem geographischen Gebiet, das im wesentlichen durch die Städte Königsberg, London, Paris und Mailand begrenzt ist. Außerdem gab es im germanischen Siedlungsgebiet seit dem ersten Jahrtausend v.Chr. eine hochentwickelte Technik der Metallgewinnung und -verarbeitung, des Fahrzeug-, Schiffs- und Häuserbaus (Fachwerktechnik).

Die Wissenschaft bedarf der menschlichen Zusammenarbeit, auch im internationalen Rahmen; ihre höchste Ausformung findet sie aber im völkischen Raum und innerhalb der *arteigenen* Kultur. Die einzelnen wissenschaftlichen Kulturen – deutsche, französische, italienische. . . – sind wie die Instrumente in einem großen Orchester. Im harmonischen Zusammenspiel können sie einander bereichern.

Seit dem Mittelalter waren Wissenschaft und Technik in Europa in stetiger Aufwärtsentwicklung, wobei sich die einzelnen Wissenschaftsdisziplinen und völkischen Kulturen gegenseitig befruchteten. In Deutschland nahmen Bergbau, Instrumentenbau, Buchdruck, Ingenieurbau, Maschinenbau, Schiffsbau, Medizin, Astronomie, Physik, Geologie, Geographie usw. einen großen Aufschwung. Im 19. und 20. Jahrhundert erreichte diese Entwicklung einen Höhepunkt. Beispiele für bahnbrechende Neuerungen aus dieser Zeit in Deutschland sind unter anderem die Herstellung der verschiedensten chemischen Präparate, die Erfindung des Otto- und Dieselmotors, die Stickstoffproduktion aus Luft und die Kohleverflüssigung, Erfindungen in Flugzeug- und Raketentechnik, Kunststoffchemie und Materialkunde, Kern- und Informationstechnik. Die Technik entwickelte sich aufgrund der Erkenntnisse in den Grundlagenwisssenschaften Physik, Chemie, Geologie, Mineralogie, Astronomie und Biologie rasant. Darum nahm Deutschland auf vielen Märkten eine führende Stellung ein, etwa in den Bereichen Optik und Feinmechanik, in der chemischen Industrie, in der Elektrotechnik und im Maschinenbau, im chemischen Apparatebau, auf dem Gebiet der Kerntechnik, der Raketentechnik und des Flugzeugbaus, in der Hüttentechnik und im Automobilbau, bei Büromaschinen und in der Kraftwerkstechnik, in Mikrostruktur- und Nanotechnik, in Mikroelektronik, Biotechnik und Pharmazie. Alle diese Techniken setzen die wohlorganisierte Zusammenarbeit von hochspezialisierten Firmen voraus. Diese Firmen gab es in Deutschland und gibt es auch heute noch. Es sind in der Regel mittelständische Betriebe. Ideologisch verblendete Regierungen – nicht nur die technikfeindlichen Grünen und Roten – machen diesen Firmen das Überleben im globalisierten Markt schwer, in dem nur gigantische Größe zählt, die meist unfruchtbar ist.

Hauptziel unserer anglo-amerikanischen und sowjetischen ›Befreier‹ war es 1945, die *Grundlagen* dieses komplizierten Systems zu zerstören. Nach über 50 Jahren ist es ihnen zum Teil gelungen.

Wissenschaft und Technik werden von unangepaßten Wahrheitssuchern und Überzeugungstätern vorangebracht, denen loyale Mitarbeiter zuarbeiten. Das setzt von seiten der Vorgesetzten hohe fachliche Autorität voraus. Das wußten die ›Befreier‹ von 1945. Deswegen wurden die fähigsten Köpfe in Deutschland nach Kriegsende zunächst aus dem Verkehr gezogen sowie Forschung verboten und ausgeplündert. So kam man auf billige Weise zu fremdem Hab und Gut.

Gefangennahme deutscher Wissenschaftler nach 1945

Von den Sowjets wurden nach 1946 zwischen 14000 und 23000 Wissenschaftler und Spezialisten in die Sowjetunion verbracht. Die Amerikaner, die schon 1945 mit den Verschleppungen begonnen hatten, entführten über 500 hochkarätige Wissenschaftler.[49]

1945 enteigneten die Anglo-Amerikaner alle deutschen Patente; 1946 wurde in London ein Abkommen geschlossen, das den meisten Staaten dieser Welt die Nutzung deutscher Patente erlaubte (Ausnahmen: Schweden, Schweiz, Spanien, Portugal).[50]

Die Arbeitsunterlagen aller deutschen Hochtechnikunternehmen wurden beschlagnahmt, sobald die Front über sie hinweggerollt war, von Experten der US-Army, aber auch von privaten Beutemachern. Dadurch haben anglo-amerikanische Firmen min-

---

[49] Anton ZISCHKA, *War es ein Wunder?*, Mosaik, Hamburg 1966.

[50] Ihren Aufstieg zur globalen Technologiesupermacht verdanken die USA größtenteils deutschen Patenten und Erfindungen. Bis November 1945 hatten die US-Marineleute schon 9400 Tonnen Beutetechnik in die USA verschifft! Siehe: Friedrich GEORG, *›Unternehmen Patentenraub‹ 1945,* Grabert, Tübingen 2008.

Die USA starteten nach Kriegsende die Operation ›Overcast‹ (*overcast* = ›wolkenverhangen‹), um deutsche Wissenschaftler und Techniker zu rekrutieren und sich deren militärtechnisches Können und Wissen zu sichern. Aber auch die übrigen Siegermächte Großbritannien, Frankreich und vor allem die Sowjetunion betrieben eifrig einen systematischen Transfer lebendigen Wissens. Laut *Spiegel* (28. 9. 2007) wurden im Rahmen des Unternehmens ›Ossawakim‹ rund 2000 Wissenschaftler aus der Ostzone zur geistigen Zwangsarbeit in Technik und Wissenschaft der Sowjetunion verbracht.

Der US-Physiker Samuel GOUDSMIT (rechts im Bild) war leitender Wissenschaftler bei der Alsos-Mission. Im Rahmen der ›Operation Epsilon‹ nahm er in Hechingen die Gruppe um Werner HEISENBERG gefangen. Hier erhält er vom US-Staat einen Orden für seine ›Verdienste‹.

destens zehn Jahre Entwicklungsarbeit für viele Produkte gespart. Forschung und Entwicklung in Deutschland wurden zur gleichen Zeit untersagt. Über 4200 deutsche Professoren wurden ohne Pension entlassen. Der Physiker Max VON LAUE äußerte sich zu diesen Zuständen:

> »Wenn das so weitergeht, dann haben binnen drei Generationen die Deutschen für die Welt die Bedeutung eines Bantu-Stammes.«

Aber die Deportation der deutschen Wissenschaftler und Spezialisten genügte den ›Befreiern‹ nicht. Es sollten auch keine neuen heranwachsen.

Auflösung bewährter Strukturen in Hochschulen und Forschungsinstituten

Die Forschungslandschaft in Deutschland vor 1945 setzte sich zusammen aus staatlichen Hochschulen, Industrielabors und unabhängigen Forschungs- und Entwicklungsinstituten. Den stärksten Einfluß hatte die von den anglo-amerikanischen ›Befreiern‹ gelenkte Politik zur Zerstörung der Forschungsinfrastruktur auf die Hochschulen, wo der Niedergang im Laufe der Jahre auch am ausgeprägtesten war.

Die Industrieforschung wurde erst relativ spät durch die sogenannte ›Shareholder-Value‹-Ideologie der neunziger Jahre zerstört. Weniger stark ist der Niveauverlust bei den Max-Planck-Instituten und ähnlichen Forschungseinrichtungen.

Das wichtigste Angriffsziel waren die deutschen Hochschulen. In einem Prozeß, der mehrere Jahrzehnte dauerte, bauten die deutschen Kultus- und Wissenschaftsministerien im Auftrag ausländischer Drahtzieher das bewährte deutsche Wissenschafts- und Bildungssystem so lange um, bis es völlig uneffektiv war.

Damit sich nicht wieder im Laufe der Zeit eine wissenschaftliche und technische Elite entwickeln konnte, wurden die bewährten Strukturen der deutschen Wissenschaft allmählich beseitigt. Der Ordinarius mit seiner überkommenen geistigen Unabhängigkeit und Freiheit mußte verschwinden. Mit dem Schlagwort »Unter den Talaren – der Muff von tausend Jahren« wurden die Ordinariate abgeschafft, damit aber auch das Wissen und die Weisheit von tausend Jahren. Die Studenten und Mitarbeiter erhielten Stimmrecht in den Fakultäten, sie stimmten über Berufungen und Forschungspläne ab. Die ehemaligen Ordinarien wurden mit Bürokratie und politischen Manipulationen von ihren eigentlichen Aufgaben abgehalten. Sie waren mit Gremienkram und bürokratischen Nebensächlichkeiten voll ausgelastet sowie mit der Ausbildung von nicht studierfähigen Studentenmassen, die von der Politik in die Hochschulen geschleust wurden.

In den siebziger Jahren drängte eine Gruppe von Leuten in die Leitung von Hochschulen und Forschungsinstituten, für die die Ausbildungs- und Forschungsstätte weniger eine Institution des Staates zur Forschung und Lehre als ein Ort der Selbstdarstellung und zur Durchsetzung verquerer und naturwidriger Ideologien war. Vor allen Dingen sollte die Jugend beeinflußt werden, zum Widerstand gegen überkommene Werte aufgestachelt (Leistungsdruck) und zu Demonstrationen aufgehetzt (z. B. Startbahn West) werden. Manche der neu berufenen Professoren waren bekennende Anhänger der Lehre von den »Sekundärtugenden« (LAFONTAINE) und rhetorisch-begabte Schaumschläger. Forschungsthemen wurden jetzt Frauenforschung, Humanisierung der Arbeitswelt, multikulturelle Problemstellungen usw.[51]

Die Industrieforschung wurde stark eingeschränkt, als sich in den neunziger Jahren die aus den USA stammende Ideologie des ›Share-Holder-Value‹ (der Wert eines Industrieunternehmens wird nicht durch seine Leistung, sondern durch seinen an der Börse gemakelten Aktienwert bestimmt) durchgesetzt hatte. Aufgrund dieser neuen Philosophie wurden kostenintensive Forschungsabteilungen geschlossen, qualifizierte Ingenieure und Wissenschaftler entlassen, weltberühmte Technikfirmen (u. a. AEG, Telefunken, Mannesmann, Grundig, MTU, Hoechst) verkauft und zerschlagen

Abwerbung deutscher Wissenschaftler und Spezialisten

Ziel der ›Befreier‹ war 1945, wie gesagt, das Austrocknen des deutschen Wissenschaftspotentials. In den ersten Jahren nach dem Zweiten Weltkrieg geschah dies mit Gewalt, etwa durch Verbot von Forschung und Entwicklung, durch Verschleppung der Wissenschaftler, Raub geistigen Eigentums und ähnliche Verfahren. Später wurden subtilere Methoden angewandt, die von der Allgemeinheit weniger leicht erkannt wurden: Zersetzung der überkommenen, sehr leistungsfähigen Infrastruktur an den Hochschulen und Forschungsinstituten (siehe oben), Gehirnwäsche und Umerziehung, allmähliche Reduzierung des Leistungsniveaus und der Studierfähigkeit der Studenten, indem die höheren Schulen fast alle durchließen und so nicht mehr als Filter vor dem Hochschulstudium dienten.

Zu diesen subtileren Methoden gehörte die Abwerbung deutscher Wissenschaftler an internationalen Forschungszentren wie CERN und Euratom oder an amerikanischen Universitäten. In der BRD gab es ab den sechziger Jahren offizielle und inoffizielle amerikanische Abwerbungsbüros für Ingenieure und Naturwissenschaftler. Nach Dienstreisen in die USA oder während Ta-

---

[51] Die tiefgründigste Analyse zu diesem Sachkomplex bietet die in 7. Auflage erschienene Schrift Rolf Kosieks *Die Machtübernahme der 68er. Die Frankfurter Schule und ihre zersetzenden Auswirkungen,* Hohenrain, Tübingen [7]2009. Kosiek zeigt auf, daß die Hauptziele der Frankfurter Schule auch die der Umerziehung nach 1945 waren: Zerstörung der deutschen geistigen Tradition, Vernichtung von Volks- und Vaterlandsbewußtsein sowie Auflösung der Volksgemeinschaft, Abbau der Autoritäten, Herabsetzung der Familie, Sexualisierung des Lebens u. a.

gungen wurden Abwerbeversuche gemacht, die oft erfolgreich waren.

EU-Forschung

Ab den neunziger Jahren wurde ein großer Teil der staatlichen Forschungsförderung in Deutschland an die EU nach Brüssel verlegt. Nicht mehr ein deutsches Ministerium bestimmte über die Verwendung deutscher Forschungsgelder, sondern ein internationales Gremium in Brüssel, das nicht sehr deutschfreundlich ist. Um von der EU Forschungsgelder zu erhalten, mußte man monatelang sehr umfangreiche Formularlisten ausfüllen, die normalerweise aus dem französischen Bürokratieschatz stammten, man mußte mit mindestens zwei meist südeuropäischen Partnern Kooperationsvereinbarungen abgeschlossen haben, man mußte über gute Freunde bei der Kommission in Brüssel verfügen und bereit sein, die meiste Zeit des Tages im Internet zu verbringen, um alle einschlägigen Vorschriften herunterzuladen und Neuigkeiten zu erfahren. Außerdem mußte man die Fähigkeit besitzen, das Pidgin-Englisch der Kooperationspartner wenigstens teilweise zu verstehen.

Wenn das gemeinsam geplante und formulierte Projekt dann schließlich genehmigt worden war, war die Freude aller Teilnehmer, besonders der südeuropäischen, sehr groß. Bei der Durchführung des Projekts kam es meist nicht auf die wissenschaftliche oder technische Qualifikation der Partner an, sondern mehr auf ihre politische und rhetorische Geschicklichkeit. Wichtig war vor allen Dingen, sich zwei- bis dreimal im Jahr in einem Fünfsternehotel in bevorzugter Ferienlage zu einem sogenannten ›Meeting‹ zu treffen. Man palaverte dort zwei bis drei Tage lang über Verfahrensfragen. Zwischen den ›Meetings‹ mußte man immer über Handy oder Internet erreichbar sein – eine nicht unbeträchtliche Leistung –, viele e-mails in Pidgin-Englisch an alle versenden und einmal im Jahr einen umfangreichen Bericht schreiben. Das Geld für diese vielfältigen Aktivitäten wurde zu mindestens 60 Prozent vom deutschen Steuerzahler geliefert. Die südeuropäischen Projektpartner hatten durch geschickte Vertragsbedingungen dafür gesorgt, daß eventuelle Ergebnisse des Projekts ihnen zugute kommen.

Notwendigkeit für deutsche Projekte

Die Beispiele zeigen, daß die Zerstörung der deutschen Wissenschaft seit 1945 konsequent durchgeführt wurde, zunächst von den ›Befreiern‹ selbst, anschließend von ihren deutschen Hilfstruppen. Ziel dieser jahrzehntelang konsequent durchgeführten Strategie war es, zu verhindern, daß Deutschland aufgrund seiner Forschungs- und Entwicklungskapazität wieder marktbeherrschend wird und möglicherweise das anglo-amerikanische Geldsystem bedroht, indem es Rohstoffe mit Technik bezahlte (Weizen oder Öl mit Lokomotiven, nicht mit in New York gedruckten Dollars).

So ist es unseren ›Befreiern‹ mit Hilfe einheimischer Vasallen gelungen, die Forschungsinfrastruktur in Deutschland in jahrzehntelangem Bemühen zum großen Teil zugrunde zu richten. Damit ist die Grundlage unseres Wohlstandes und unserer Zivilisation vernichtet. Die steigende Verarmung breiter Bevölkerungsschichten wird uns das zeigen. Wir dürfen uns durch die professionell gemachten Präsentationen der Regierungen, die das Gegenteil beweisen wollen oder andere Schuldige vorschieben, nicht täuschen lassen, ebenso wenig durch sinnlosen Aktivismus.

Das kulturelle und wissenschaftliche Erbe vergangener Jahrhunderte in Deutschland muß wiederbelebt werden. Natürlich können wir die Zeit nicht zurückdrehen und dort wieder anfangen, wo wir 1945 aufgehört haben. Denn die Welt hat sich inzwischen weiterentwickelt. Aber der Geist, der die deutsche Wissenschaft früher belebt hatte, ist noch nicht tot.

Zur Wiederbelebung der Wissenschaft soll(t)en in Deutschland in zeitgemäßer Form wieder die Strukturen eingeführt werden, die über Generationen hinweg unseren Industrien große Vorteile gebracht haben. Unsere Stärke ist seit jeher nicht die Dienstleistungs-, sondern die Produktions- und Industriegesellschaft.

Der Staat muß in Zukunft die Techniken fördern, die für den Aufbau Europas, vor allen Dingen im Osten, lebensnotwendig sind, nämlich

- Kraftwerkstechnik und Kerntechnik (HTR),
- Verkehrstechnik (Eisenbahn- und Flugzeugtechnik),
- Kohletechniken (Kohleverflüssigung und -vergasung),
- regenerative Energien (für den Export, in Deutschland nur Nischenanwendungen) und Wasserstofftechnik,
- Werkstofftechniken.

Indem deutsche Ingenieure und Firmen beim Aufbau der Infrastruktur im Osten Europas und anderswo helfen, ist die Arbeitslosigkeit in Deutschland überwunden. Die junge Generation hat damit ein erstrebenswertes Ziel, für das sie sich mit Freude einsetzen wird. Die Zerstörung unserer Wissenschaft und der Grundlagen unserer Existenz geschieht weiterhin, auch jetzt – und wir lassen es uns gefallen. Diese Zerstörung wurde der Öffentlichkeit seit Jahrzehnten als Reform verkauft. Wann merken die gutgläubigen Deutschen endlich, daß sie einem infamen Täuschungsmanöver zum Opfer gefallen sind? Noch ist es für eine Umkehr nicht zu spät.

Deutsche und anglo-amerikanische Wirtschaftskultur

Im anglo-amerikanischen Wirtschaftssystem ist das Geld die Grundlage jeder Wirtschaft. Der Kapitalmarkt, das Finanzsystem und eine funktionierende Börse sind die wichtigsten Bestandteile dieses Wirtschaftssystems. Kennzeichnend für diese Wirtschaft ist, wie bereits gesagt, die ›Shareweholder-Value-Theorie‹, die in den letzten dreißig Jahren auch in Deutschland eingeführt wurde. Der Aktionär (Shareholder) ist in diesem System die für das Unternehmen wichtigste Person; die Belegschaft oder die Geschäftsleitung sind nicht so wichtig und können leicht ausgewechselt werden.

Das Anlage-Kapital fließt bei dieser Wirtschaftsform nur in solche Firmen, von denen die höchsten Renditen bezahlt werden. Die Börse bewertet solche Unternehmen am höchsten. Die Hauptaufgabe der Unternehmensleitung ist es, den Börsenwert ihrer Firma zu steigern. Um hohe Renditen für den Aktionär zu garantieren, wird die Unternehmensführung teure Abteilungen schließen, zum Beispiel die Abteilung ›Forschung und Entwicklung‹, und auf Zukunftsinvestitionen verzichten.

Nach deutscher Auffassung bilden die geleistete Arbeit und ihre Qualität die Grundlage der Wirtschaft. Das Fundament der deutschen Wirtschaft ist seit jeher der mittelständische Betrieb.[52] 70 Prozent aller Industrie-Beschäftigten in Deutschland arbeiten in mittelständischen Betrieben (Firmen mit 10 bis 500 Beschäftigten). Der typische mittelständische Betrieb in Deutschland legt Wert auf gute Beziehungen zum Kunden und Lieferanten, während dies bei den amerikanischen Großbetrieben, die Massenware produzieren, nicht unbedingt der Fall ist. Der Mittelständler fühlt sich dem Arbeitnehmer, dem Standort und dem Land gegenüber verpflichtet und bemüht sich um qualifizierte Arbeitnehmer – keine ›Jobber‹, nicht ›*hire and fire*‹ nach Bedarf. Gemeinwohl geht vor Eigenwohl. Normalerweise hat der Mittelständler keine Aktionärsinteressen zu berücksichtigen. Die Maschinen und Geräte, die er herstellt, sind oft nach alter Maschinenbauertradition direkt auf die Bedürfnisse des Kunden zugeschnitten, sind keine Massenfabrikate. Um dieses Wirtschaftssystem aufzubauen, braucht man eine hervorragende Infrastruktur (Verkehr, Energie, Schulen. . .), ein gutes Rechtssystem, das für Rechtssicherheit im Lande sorgt, sowie ein regional gegliedertes Finanzsystem mit Sparkassen, Volksbanken und Großbanken.

In den USA wird ein gut geführter mittelständischer Betrieb sehr oft vom Großbetrieb gekauft; der Großbetrieb und die Großbank dominieren die Wirtschaft. Das Eigeninteresse einer Firma hat im anglo-amerikanischen Wirtschaftssystem Vorrang vor gesamtwirtschaftlichen Gesichtspunkten. Im ›Kampf aller gegen alle‹ gewinnt nach den dort herrschenden Regeln des Urwalds immer der Stärkere und Größere. Das Großkapital hat in den USA eine derartige Macht wie in keinem anderen Land.[53] Beispiele sind General Motors, General Electric, Westinghouse, Dupont-Nemours oder Standard-Oil. Nach dem englischen Volkswirtschaftler und Erfinder des Freihandels, Adam SMITH (1723–1790), ist der Eigennutz des Einzelnen das beherrschende Ordnungsprinzip, das der anglo-amerikanischen Wirtschaftsethik zugrunde liegt. Das ist allerdings nicht ganz richtig. Es gibt viele Beispiele in der

---

[52] Detlef GÜRTLER, *Vorbild Deutschland*, Eichborn, Frankfurt/M. 2003.

[53] Adolf G. HÖHER, *Die Wirtschaft im Visier*, Hohenrain, Tübingen 2012.

Natur und Kultur, bei denen die Zusammenarbeit vieler einen Überlebensvorteil bewirkt: deutsche Industrie-Verbund-Systeme, Einkaufs- und Verkaufsgenossenschaften, Raiffeisen, Volksbanken usw.

Der deutschen Mentalität entsprach es nie, den Konkurrenten im Konkurrenzkampf zugrunde zu richten und zu schlucken. Vielmehr versuchte man, die Leistungen der einzelnen Betriebe zu koordinieren und die Wirtschaftlichkeit des Gesamtunternehmens zu erhöhen. In Deutschland wurde der Wettbewerb nicht unterdrückt, sondern er wurde geordnet, auch in internationaler Zusammenarbeit. Die bekanntesten Beispiele dafür sind in der ehemaligen Industriestruktur des Ruhrgebiets zu finden: der Kohle-Stahl-Verbund, der Kohle-Chemie-Verbund und der Kohle-Strom-Verbund.[54] In diesen Industrie-Verbunden arbeiteten Kohlegruben und Hüttenwerke zusammen. Die Abwärme der Hüttenwerke wurde unter anderem dazu benutzt, Koks aus Kohle herzustellen; die Abgase und das Teer aus der Verkokung dienten als Rohstoffe für die chemische Industrie; aus Kohle und Wasser wurde Wasserstoff erzeugt. Aus der Verbindung von Wasserstoff und CO entsteht Benzin, die Kohle wurde in Kraftwerken dazu benutzt, elektrische Energie zu erzeugen.

Mit anderen Worten: Der Abfall des einen Betriebs war der Rohstoff des anderen. Dies führte zu einer hohen Effektivität der

In der zweiten Hälfte des 19. Jahrhunderts entstanden im Ruhrgebiet Verbund-Strukturen. Wegen seiner Weicheit und seines Gewichts war Koks über weite Strecken schwer transportierbar; außerdem wurden damals erhebliche Mengen Koks zur Eisenherstellung (ca. 10 t für eine Tonne Eisen) benötigt. Zu einer wesentlichen Produktionssteigerung waren daher Standorte ›auf der Kohle‹ nötig. Hier: Die stillgelegte Zeche Zollern im Nordwesten der Stadt Dortmund (2004). Foto: Wikipedia.

[54] Zischka, *War es ein Wunder?*, aaO. (Anm. 48).

Herstellungsverfahren und damit zu einem Vorteil der deutschen Industrie vor der anglo-amerikanischen. Die im Verbund tätigen Unternehmen bewahrten ihre Selbständigkeit. Nur die Kapitalinvestitionen wurden von einem Ausschuß des Gesamtunternehmens den einzelnen Verbundpartnern zugeteilt.

Ab den frühen dreißiger Jahren versuchte die IG-Farbenindustrie, ein deutscher Chemie-Verbund, weltweit die Chemie-Produktion zu koordinieren und zu rationalisieren und ein Verbundsystem zustande zu bringen, vor allem mit den USA und Großbritannien. Briten und Amerikaner sahen allerdings darin die Möglichkeit, mit dem deutschen Wirtschaftsmodell fertigzuwerden: Es mußte im Kampf ums Dasein gemäß DARWIN vernichtet werden: im Weltkrieg mit vielen Millionen Toten, nach dem Weltkrieg durch politischen Druck und die ›Heuschrecken‹ von der Wall Street.

Nach der Niederlage Deutschlands 1945 wurden die deutschen Industrieverbundsysteme verboten oder abgebaut. Ab den achtziger Jahren wurde die blühende deutsche Elektronikindustrie plattgemacht, ebenso die herausragenden Optik- und Nuklearindustrien. Derzeit ist man dabei, die deutsche Industrie durch Energiewende und Klimaschwindel endgültig zu erledigen.

Bei der Beschreibung der deutschen und der anglo-amerikanischen Wirtschaftskultur spielen der ›Unternehmer‹ und der ›Kapitalist‹ eine entscheidende Rolle – zwei Menschentypen, wie sie unterschieden nicht sein können.

In dem 1926 erschienenen Buch *Philosophie der Technik* gibt Friedrich DESSAUER (1881–1963) eine kurze Beschreibung dieser beiden Typen Menschen. Beide Typen findet man in unterschiedlichem Maße in Deutschland und in den USA, kennzeichnend für die jeweilige Wirtschaftskultur.

Unternehmergeist ist unentbehrlicher Antreiber der Wirtschaft, nicht nur des eigenen Werkes. Der *Unternehmer* sieht neue Wirtschaftsmöglichkeiten und verwirklicht sie. Er ist sozusagen Erfinder im wirtschaftlichen Sehen. So schafft er neue Industrien, Handelsverbindungen, und sein Typus prägt sich darin aus, daß er diesen Werken mit Hingabe dient. Er liebt sie, verzehrt sich in Sorge für sie; in Zeiten der Not findet er neue Wege. Das aber ist typisch am eigentlichen Unternehmer, daß er ein geordnetes Verhältnis zu Menschen und Gegenständen in seinem Unternehmen hat und daß er Gewinn, den er unvermeidlich erstreben muß, nicht an erster Stelle steht. Für jedes Stück, das sein Werk erzeugt, fühlt er Verantworlichkeit. Seine Ehre ist darein verwoben. Darüber hinaus werden seine Angestellten Mitarbeiter, schicksalsverbunden im Werk. Dieser Typ hat Deutschland in der Weltwirtschaft groß gemacht; er ist seltener geworden, seine Geltung hat abgenommen.

Der *Kapitalist* als reiner Typ (nicht, wer irgend etwas besitzt, sondern wer seine Kraft ohne Dienstwillen nur dem Besitzstreben weiht) sucht nicht das Werk, sondern den Gewinn. Er will nicht dienen, er will haben. Im Grunde ist es ihm gleichgültig, welche Waren er verkauft: Ohne zu zucken, legt er sein Werk still, denn das ist für eine Ziffernbewegung. Für den Unternehmer bedeutet das vielmehr: Schmerz, Untergang einer Tradition des Zusammenspiels von in langer Pflege geschulten Menschen, Verderb von Lebensmühe, Grab von Hoffnungen, Not von Mitarbeitern, Verlust an Ehre. Der *Unternehmer* gibt der Welt etwas, er will ihr etwas geben; der *Kapitalist* will etwas nehmen, mit genießen, was andere gebaut haben. Seine Stunde ist die Gefahrenperiode des Unternehmers, die Industriekrise, die Geldknappheit; sie treiben ihm den Unternehmer ins Netz. So kann das unpersönliche Riesenunternehmen entstehen, auf Geldmacht, Diktatur und Schema aufgebaut. Daraus entsteht oft die viel beklagte Vernichtung der Persönlichkeiten. Die unpersönliche Firma ist wie eine Wand, hinter der die Menschen verschwinden. Die große Aktiengesellschaft tritt als Erfinderin auf, als Konstrukteurin. Niemand weiß, welcher lebendige Mensch diejenigen Taten verrichtet hat, die das eigentliche Substrat der Wirtschaft für solche Unternehmen liefern. *Unternehmertum* ist grundsätzlich persönlich; *Kapitalismus* grundsätzlich anonym. In der Praxis begegnen wir Mischformen der beiden. (Bei Karl MARX wird kein Unterschied zwischen Unternehmer und Kapitalist gemacht, was zu falschen Schlüssen führt). Tragisch in der letzten Wirtschaftsentwicklung war die Zunahme des kapitalistischen Einschlags, die Verdrängung der Unternehmerpersönlichkeit.

Technik aber leidet unter einer extremen kapitalistischen Entwicklung Not. Während das Unternehmertum überwiegend aus Fachleuten hervorgeht, ist der kapitalistische Typ grundsätzlich unfachmännisch. Fachmännisches wird von ihm bezahlt, höchstens organisiert. Prinzipiell gilt es als zweiten Ranges.

Eine schlimme Oberflächlichkeit liegt in der Identifizierung von technischem Unternehmertum und Kapitalismus. Ich weiß wohl, daß die kapitalistische Wirtschaftsordnung ihr zeitliches Recht und ihren zeitlichen Wert besitzt. ›Kapitalismus‹ nenne ich eine Überspannung. Er raubt die Persönlichkeit, macht zum Herdentier, weil er im Grunde die Verbundenheit zwischen Mensch und Werk verneint. Im Unternehmer, sei er Chef oder Gruppenführer, ja nur Werkstattmeister, Vorarbeiter, Einzelarbeiter, sind Werk und Mensch vereint. Sie alle sind kleine Unternehmer, weil sie einem objektiven Werk dienen, Vollendungswillen einbauen. Dagegen entpersönlicht Kapitalismus, macht den Arbeiter, Meister, Ingenieur dem Material gleich, weil er nur auf Ziffern achtet (die Symbol sind), weil er den transzendenten Gehalt der Symbole – Menschen und ihre Werke – vernachlässigt.

Für uns in Deutschland gibt es ein besonderes Problem der Technik. Um seines didaktischen Wertes willens sei es skizziert.

Deutschland ist an Naturschätzen arm; stärkere Sonne läßt spanische Trauben reifen, kanadischen Weizen emporschießen, argentinische Weideflächen prangen. Die Berge anderer Länder spenden Metalle, Erdöle, seltene Erden. Wir aber ringen mit armem Boden, rauhen Winden, Nebel und langen Wintern.

Dennoch war vor dem Zweiten Weltkrieg die deutsche Wirtschaft aktiv. Sie ist inzwischen passiv geworden. Das scheint natürlich, da doch unser Land selbst arm ist und 83 Millionen Menschen trägt. Wie kam es, daß dieses ärmliche Land so viel Waren dem Ausland schicken konnte? Jedes Land schickt dem Weltmarkt das, worin es überlegen ist. Unsere Armut wurde zur Mutter unserer Überlegenheit. Da andere bessere Rohstoffe hatten, bauten wir mehr Geist in unsere Apparate, Maschinen und Chemikalien, und nur wegen dieses in Formen geprägten Geistes kaufte das Ausland bei uns. Die Edelerzeugnisse unserer Technik gaben im Warenverkehr den Ausschlag. Der fremde Käufer kam, weil er uns brauchte. Nicht um Kupfer, Eisen, Holz in den Maschinen, das hatte er selbst billiger als wir; sonderrn weil Kupfer, Eisen, Holz von technischem Geist geformt, von hochstehender Arbeiterschaft gestaltet war, weil unsere Farbstoffe beständiger, unsere Arzneien heilkräftiger, unsere Maschinen zweckmäßiger, unsere Apparate zuverlässiger waren! Denn Technik bedeutet Sieg des Geistes über die widerstrebende Bereitschaft der Materie und ist so viel wert, wie dieser Sieg erreicht.

Technik ist für Deutschland, was Sonne für Spaniens Wein, für Kanadas Getreide, für Argentiniens Weide ist. Der Wiedeaufstieg unseres Vaterlandes hängt von der Entfaltung der Technik ab. So dringt sie auch in die Sphäre der Politik.

Rußland und China haben den Vorteil des deutschen Wirtschaftssystems, das auf Zusammenarbeit zum Wohle aller mit allen aufstrebenden Nationen baut, erkannt – gegenüber dem amerikanischen System, das auf Beherrschung hinausläuft – und laden Deutschland dazu ein, beim Aufbau Eurasiens mitzuarbeiten. Das ist die große Chance für Deutschland, seine Souveränität wieder zu gewinnen und dem seit 1945 bestehenden Vasallenstatus zu entkommen. China betreibt das Projekt ›Neue Seidenstraße‹, Rußland gründete seinerseits die ›Eurasische Wirtschaftsunion‹. Ziel beider Projekte ist der Aufbau einer industriellen und landwirtschaftlichen Infrastruktur in Eurasien mit deutscher technischer und finanzieller Unterstützung.

III. Alternativen zur neuen Weltordnung

Die eurasische Union, die EU und die Seidenstraße

Die Ukraine-Krise 2014 wurde von der Wall Street und der Londoner City inszeniert, um unter anderem Deutschland in einen Krieg gegen Rußland zu treiben. Das ist 1914 und 1941 gelungen. Diesmal muß es verhindert werden. Andere Methoden, mit denen die USA die Herrschaft über Asien und die Welt erringen wollen, sind im folgenden beschrieben. Die Gegenmaßnahmen von Rußland und China sind angedeutet.

Die Strategie der USA zur Erringung der Herrschaft über Eurasien

In seinem Buch *Die einzige Weltmacht* schreibt der polnisch-amerikanische Geopolitiker Zbigniew BRZEZINSKI:

> »Eurasien ist das Schachbrett, auf dem der Kampf um die globale Vorherrschaft in Zukunft ausgetragen wird. . . Als Ganzes genommen, stellt das Machtpotential dieses Kontinents das der USA weit in den Schatten. Zum Glück für Amerika ist Asien zu groß, um eine politische Einheit zu bilden. . . Zunächst besteht die Aufgabe darin sicherzustellen, daß kein Staat oder keine Gruppe von Staaten die Fähigkeit erlangt, die Vereinigten Staaten aus Eurasien zu vertreiben oder auch nur deren Schiedsrichterrolle entscheidend zu beeinträchtigen.«[55]

BRZEZINSKI übernimmt hier die Ideen des englischen Geopolitikers Halford MACKINDER (1861–1947), der das Überleben des Britischen Imperiums von der Beherrschung Zentralasiens und Rußlands durch dieses Imperium abhängig machte.[56] Die britische Politik im 20. Jahrhundert hat sich diese Auffassung MACKINDERS zu eigen gemacht, indem sie zwei Weltkriege organisierte, in denen sich die zwei Konkurrenten Britanniens – Rußland und Deutschland – gegenseitig umbringen sollten.[57]

---

[55] BRZEZINSKI, *Die einzige Weltmacht,* aaO. (Anm. 31).

[56] RODE, *Das Eurasische Schachbrett,* aaO. (Anm. 16).

[57] Sigurd SCHULIEN, »Deutschland-Europa aus geopolitischer Sicht mit Blick auf Rußland«, in: *Huttenbriefe,* März 2014.

In den maßgeblichen politischen Eliten Englands war man also seit Ende des 19. Jahrhunderts davon überzeugt, daß nur der Staat die Weltherrschaft erringen und erhalten könne, der das Zentrum des eurasischen Kontinents beherrscht. Es müßte auf jeden Fall verhindert werden, daß eine Zusammenarbeit zwischen Deutschland und Rußland die riesigen Rohstoffvorkommen in Zentralasien durch den Aufbau der Verkehrs- und Energieinfrastruktur in dieser Region ausbeute. Die Vereinigung der technischen und industriellen Potenz Deutschlands mit dem Rohstoffreichtum Rußlands und seiner riesigen Landmasse hätte jeder längeren Blockade oder Sanktionsmaßnahmen durch die Seemacht Englands widerstanden.

Der Diplomatie und Propaganda des britischen Imperiums und Frankreichs gelang es, wie schon angedeutet, zwei Weltkriege zu inszenieren, in denen Deutschland und Rußland sich zugrunde richteten. Diese beiden Weltkriege hatten aber auch das britische Imperium derart geschwächt, daß es seine globale Vorherrschaft an die USA abgeben mußte, die nun die gleiche Politik verfolgten wie bisher die Londoner City, deren Macht zum größten Teil auf der Herrschaft über das Geld und auf Finanzmanipulationen beruhte. In diesem Sinne wurde 1944 in Bretton Woods nach Plänen der Wall Street die Waffe geschmiedet, mit der die Weltherrschaft der USA nach 1945 organisiert werden sollte: 44 Staaten einigten sich dort, wie schon gesagt, auf die Gründung des von den USA beherrschten Internationalen Währungsfonds IWF und der Weltbank und auf die Einführung des amerikanischen Dollar als Weltreservewährung.

Rußland und China traten diesem Dollar-System nicht bei. Der IWF stellte Staaten, die in Zahlungsschwierigkeiten waren, Dollars zur Verfügung, die von der Weltbank gegen gewisse Auflagen, welche die Staaten in dauernde Zinsknechtschaft der Wall Street brachten, ausgezahlt wurden. Die meisten Länder brauchten diese Dollars zur Bezahlung ihrer Erdöl-Rechnungen. Die bedeutendsten Erdöl-Lagerstätten der Erde waren in den Händen anglo-amerikanischer Konzerne und Banken.[58] Dieses Verfahren führte die meisten Staaten Afrikas in den Ruin, da sie die Zinsen für die Kredite nicht mehr zahlen konnten.

[58] Engdahl, *Mit der Ölwaffe zur Weltmacht*, aaO. (Anm. 20).

Bis 1971 war der Dollar goldgedeckt, bis der Goldschatz der USA verbraucht war und die Golddeckung aufgegeben wurde. Als Halter der Reservewährung konnten die USA aber nach Belieben Dollars drucken lassen, um ihre Schulden zu bezahlen. Denn alle Welt mußte immer Dollars aus der Wall Street haben, da die Erdöl- und Rohstoffrechnungen in Dollars zu zahlen sind. In Zukunft war derjenige ein Todeskandidat, der sein Erdöl nicht gegen Dollars verkaufte. Um nicht Opfer anglo-amerikanischer Finanzmanipulationen zu werden, haben die BRICS-Staaten (Brasilien, Rußland, Indien, China, Südafrika) eine eigene Weltbank und einen eigenen internationalen Währungsfonds auf der Grundlage des chinesischen Yuan und des russischen Rubel gegründet.[59] Als Deutschland in den dreißiger Jahren im Handel mit anderen Ländern nicht mehr den Dollar benutzte, war für die Anglo-Amerikaner der Zweite Weltkrieg fällig, um zu verhindern, daß andere Länder dem deutschen Vorbild folgten. Im Mai 1934 führte die Reichsregierung den sogenannten ›Mefo-Wechsel‹, eine Art Arbeitswährung, ein. Nun wollte die Reichsregierung Staatsausgaben nicht mehr in Banknoten bezahlen, sondern nahm Wechsel an. Grund für die Einführung der Wechsel zur Finanzierung des deutschen Wirtschaftsaufschwungs war eine US-amerikanische Verfügung vom 13. Januar 1934, die das Verhältnis des US-Dollar zur Reichsmark um 56,9 Prozent so verschlechterte, daß es dem Deutschen Reich auf dieser Grundlage nicht mehr möglich war, die für Deutschlands Aufschwung so nötigen ausländischen Rohstoffe und Produkte zu fairen Preisen zu kaufen. Der Finanzexperte Andreas Argens äußert die Überzeugung:

> »Wäre der Zweite Krieg nicht ausgebrochen, hätte die deutsche Wirtschaftspolitik Schule gemacht, zum Schaden der USA und Englands.«[60]

---

[59] Im Juli 2014 unterzeichneten die Brics-Staaten im brasilianischen Fortaleza eine Vereinbarung zwecks Gründung einer Entwicklungsbank mit einem Mittelvolumen von 100 Milliarden US-Dollar sowie eines gemeinsamen Währungsreserve-Fonds in gleicher Höhe. Die Bank mit rotierender Präsidentschaft soll ihren Sitz in Shangai haben. Mit ihrem Vorhaben wollen die Schwellenländer die Dominanz der USA und Europas brechen und sich von den internationalen Finanzinstitutionen unabhängiger machen.

[60] Andreas Argens, »Die Mefo-Wechsel«, in: Rolf Kosiek u. Olaf Rose (Hg.), *Der Große Wendig,* Bd. 4, Grabert, Tübingen 2019, S. 165.

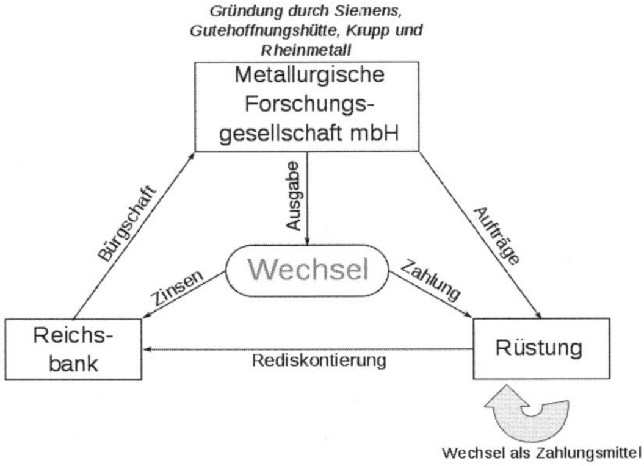

Funktionsweise des Mefo-Wechsels (nach: *Wikipedia*)

Die Rolle Europas

Nach Plänen der Wall Street und der Londoner City sollte nach dem Zweiten Weltkrieg Deutschland als mächtigster Konkurrent der USA ausgeschaltet und in eine Ziegenweide verwandelt werden. Da man allerdings ab 1946 die deutsche Industrie zum Wiederaufbau Europas brauchte und Deutschland als Rammbock gegen Rußland vorgesehen war, wurde der MORGENTHAU-Plan zunächst vertagt und erst nach dem Untergang der Sowjetunion 1991 wieder in Angriff genommen. Eine wichtige Rolle spielt bei diesem Plan die Europäische Union, eine Zweigstelle der Wall Street, die nicht nur die Abschaffung sowohl Deutschlands als auch aller europäischen Nationalstaaten betreibt.

Halford MACKINDER. Er gilt als Vater der angelsächsischen Geopolitik.

Ein typisches Beispiel für die anglo-amerikanischen Methoden zur Durchsetzung ihrer Hegemonieansprüche sind die Maßnahmen, die der Westen ab 1989 ergriff, um das wiedervereinigte Deutschland daran zu hindern, die veralteten bzw. ruinierten Industrien und Infrastrukturen in Osteuropa und in Rußland zu erneuern. Die BRD verfügte über die modernsten industriellen Techniken, die DDR war technologisch zwar nicht auf dem neuesten Stand, hatte aber hervorragende Kenntnisse und Beziehungen zu den Ostblockmärkten sowie tüchtige Arbeiter und hochmotivierte In-

Das Heartland und das eurasische Reich nach Halford MACKINDER.

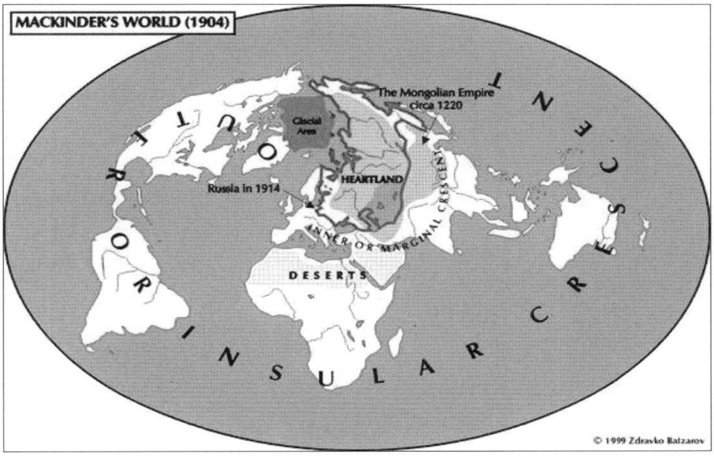

genieure und Wissenschaftler. Die westdeutsche Industrie plante, auf diesen Märkten aktiv zu werden. Anscheinend kannte man in den Vorstandsetagen der BRD-Industrie nicht die Theorien des Halford MACKINDER. Um deutsche Sonderwege nach Osteuropa und Asien zu verhindern, wurde der Vorstandsvorsitzende der Deutschen Bank, Alfred HERRHAUSEN, am 30. November 1989 ermordet, der große Industrie-Investitionen in Osteuropa und Rußland geplant hatte. Ähnlich ging es dem Chef der Treuhandgesellschaft, Detlev ROHWEDDER, der die DDR-Industrie modernisieren wollte, statt sie an West-Konzerne zu verramschen. Er wurde am 1. April 1991 erschossen. Die Täter sind nie ermittelt worden. Wirtschaft und Politik in Deutschland haben die Hinweise unserer ›Freunde‹ aus der westlichen Wertegemeinschaft verstanden und sich in Zukunft bei Handelskontakten mit Osteuropa zurückgehalten. Die DDR wurde fast vollständig deindustrialisiert, die osteuropäische Wirtschaft wurde nicht modernisiert. Der Maastricht-Vertrag, der Euro und die Energiewende wurden von westlichen Denkfabriken erfunden, um das restliche Deutschland zu ruinieren.

Die Folge der beiden Weltkriege war, daß die europäischen Staaten in der Weltpolitik nur noch eine untergeordnete Rolle spielten und die Sowjetunion erheblich geschwächt aus den Kriegen hervorging. Die beiden amerikanischen Atombomben auf Hiroshima und Nagasaki waren eine eindeutige Warnung an die Adresse STALINS, sich dem Weltmachtstreben der USA nach 1945 zu widersetzen. Die europäischen Staaten wurden ausnahmslos zu Vasallen Washingtons und der Wall Street, hier besonders durch den Vertrag von Bretton Woods. Die Unterwerfung und Zerstückelung Rußlands war für später geplant. Es war also kaum mit Widerstand gegen den Weltherrschaftsanspruch der USA zu rechnen. Die im Verlauf der Wiedervereinigung Deutschlands ab 1989 geplante Zusammenarbeit zwischen Deutschland und Rußland, die eine große Chance für beide Länder gewesen wäre, wurde durch politische und finanzielle Manipulationen der USA, Englands und Frankreichs unterbunden.

Die Rolle Rußlands in Zentralasien

Im Laufe seiner Geschichte strebte Rußland außer zur Zeit der kommunistischen Herrschaft nie die weltweite Hegemonie an, wie es kennzeichnend für die Politik der USA ist. Es ging Rußland immer um die Sicherung seines eurasischen Machtbereichs, wie er von den russischen Geopolitikern aufgefaßt wurde.

Die Einbindung Westeuropas und Ostasiens in das US-amerikanische Wirtschaftssystem faßte Rußland als Einkreisung auf, ähnlich der Einkreisung des Deutschen Reichs vor 1914 durch das Britische Imperium, Frankreich und das Zarenreich. Diese Einkreisung Rußlands durch die USA erfolgte systematisch durch die Gründung folgender Bündnisse:

- 1949 Gründung der NATO (um die NATO zu rechtfertigen, brauchte man den Korea-Krieg und die Bedrohung durch die Sowjetunion),
- 1954 Gründung der SEATO (›South East Asia Treaty Organisation‹); Mitglieder sind die USA, England, Frankreich, die Philippinen.
- 1955 Bagdad-Pakt, Mitglieder sind die USA, England, die Türkei, der Iran, de Irak und Pakistan.

Bis 1949 hatten die USA in 56 Ländern auf rund 400 Flotten- und Luftstützpunkten etwa eine Million Soldaten stehen zur Einkreisung Rußlands und Chinas, zweier Staaten, die gemeinsam das Potential haben, der anglo-amerikanischen Hegemonie Paroli zu bieten. Im Jahre 2014 gab es 700 bis 800 US-Militär-Stützpunkte in 150 Ländern. Dies ist ein wesentlicher Grund dafür, daß wegen der damit verbundenen hohen Kosten die Golddeckung des

Dollar 1971 aufgegeben werden mußte, womit das derzeitige Papiergeld-Chaos vorprogrammiert war.

Die Gegenreaktion der Sowjetunion auf die US-amerikanische Strategie zur Weltbeherrschung führte zum Kalten Krieg 1947–1989. Diese Konfrontation überforderte die Sowjetunion noch mehr als die USA. Ab den achtziger Jahren geriet die Sowjetunion in nicht lösbare wirtschaftliche Schwierigkeiten, die durch den freien Fall der von der Wall Street manipulierten Erdöl- und Goldpreise verstärkt wurden. Erdöl und Gold waren die wichtigsten Exportartikel und Devisenbringer der Sowjetunion.

Wegen der wirtschaftlichen Schwierigkeiten traten 1989 separatistische Bestrebungen in den kaukasischen Republiken und anderen Landesteilen der Sowjetunion auf, insgeheim gefördert durch US-amerikanische Geheimdienste. Der ab 1990 amtierende Präsident der russischen Föderation JELZIN öffnete dem US-amerikanischen Einfluß alle Türen, denn er erhoffte sich US-Hilfe zur Behebung der wirtschaftlichen Schwierigkeiten Rußlands. Die USA hatten hiermit das Ziel erreicht, das sie seit dem Ersten Weltkrieg angepeilt hatten: Rußland konnte ab 1991 in den von den USA dominierten Wirtschaftsraum eingegliedert und ausgebeutet werden, der russische Markt war für die US-Wirtschaft geöffnet. JELZIN sorgte dafür, daß der Internationale Währungsfonds IWF und die Weltbank Rußland beim Übergang zur Marktwirtschaft und bei der Kreditgewährung berieten. Voraussetzung für jegliche Hilfe der Wall Street an Rußland waren neoliberale Wirtschaftsreformen, die Privatisierung der Staatsbetriebe, die Übernahme des amerikanischen Wirtschaftsmodells, die Aufhebung aller Kapitalkontrollen sowie die Kürzung der Sozialprogramme, um Gelder für die Rückzahlung der Kredite freizumachen.

Der Börsenspekulant George SOROS half mit Hilfe seiner Nicht-Regierungs-Organisationen (NGOs), diese Ziele zu erreichen. Durch vielfältige Manipulationen und Korruption fielen die Reichtümer und große Teile der Infrastruktur in die Hände von Oligarchen wie Boris BERESOWSKI, Wladimir GUSSINSKI oder Michail CHODORKOWSKI. Diese beabsichtigten, russische Erdöl- und Erdgasrechte an US-Konzerne zu verscherbeln.[61] Konkret handelte es sich für

[61] RODE, *Das Eurasische Schachbrett*, aaO. (Anm. 16).

Boris Jelzin am 12. Juni 1991, am Tag seiner Wahl zum ersten Präsidenten Rußlands, hier mit seiner Frau Naina auf dem Weg zum Wahllokal. Während seiner Regierunsgzeit betrieb er den Ausverkauf Rußlands: Er folgte den Empfehlungen westlicher, vor allem US-amerikanischer Berater, aber auch internationaler Organisationen und der Hochfinanz, um in Rußland gewissermaßen eine Marktwirtschaft amerikanischen Stils aufzubauen. (Foto: AFP)

die Wall Street und die Londoner City um die Kontrolle über die Erdöl- und Erdgasvorkommen und -leitungen zwischen Zentralasien und Europa sowie zwischen Zentralasien und China.

Jelzins Rücktritt Ende 1999 und die nachfolgende Wahl Putins zum Präsidenten der Russischen Föderation leiteten das Ende des Ausverkaufs Rußlands ein. Wall Street und Londoner City waren darüber nicht sonderlich erfreut.

Das Scheitern der amerikanischen Pläne in Eurasien

Für die Geostrategen in New York gilt immer noch das Gesetz, das Halford Mackinder für das Britische Imperium zur Erlangung der Weltherrschaft aufgestellt hatte, nämlich unbedingt zu verhindern, daß sich in Eurasien eine mächtige, von den USA unabhängige Wirtschaftsgemeinschaft bildet. Im Sinne dieser Theorie verabschiedete der US-Kongreß am 19. März 1999 das »Seidenstraße-Strategie-Gesetz«. Dieses Gesetz ermächtigt die US-Regierung, in Zentralasien Vasallenrepubliken zu installieren, die ihre Handlungsanweisungen von Washington erhalten. Das ist weder für Rußland noch für China hinnehmbar und führte zu Gegenreaktionen der Länder Asiens. Denn inzwischen hatte man erkannt, daß das anglo-amerikanische System auf Lügen und seine Macht auf Sand gebaut waren.

Hinter den wohlklingenden humanitären und demokratischen Floskeln verbirgt sich die Absicht der Wall Street, den Aufstieg Chinas als Industriemacht zu verhindern. Die reichen Vorkommen an Erdgas und Erdöl in den zentralasiatischen Republiken sollten unter US-amerikanische Herrschaft kommen, um China unter Kontrolle zu halten: kein Erdöl, kein Erdgas nach China, wenn das Land nicht pariert. Die chinesische Regierung ist sich dessen völlig bewußt, weil sie die Geschichte der Einkreisung und der anschließenden Vernichtung des Deutschen Reichs nach 1919 durch die Westmächte kennt und weil die USA seit Jahren alle Bemühungen Chinas um eine sichere Energieversorgung durch afrikanische und vorderasiatische Staaten bekämpfen, indem sie in diesen Staaten Revolutionen schürt (Beispiele Irak, Syrien, Afghanistan, Libyen, Sudan) und die Transportwege nach China durch Vasallen verunsichern (Beispiele Meerengen von Hormuz, Aden, Malakka).

Als Reaktion auf das »Seidenstraße-Strategie-Gesetz« wurde von den möglichen Opfern am 15. Juni 2001 die ›Shanghai Cooperation Organisation SCO‹ gegründet (auf deutsch ›Shanghaier Organisation für Zusammenarbeit‹ SOZ), da diese Staaten die hinterhältigen Absichten der Amerikaner erkannten. Mitglieder dieser Organisation sind China, Rußland, Kasachstan, Kirgistan, Tadschikistan und Usbekistan. Ihr Zweck ist die Zusammenarbeit auf den Gebieten der Wirtschaftspolitik und Sicherheitspolitik, um zu verhindern, daß in Zentralasien die gleichen Methoden der Einflußnahme und Ausbeutung angewandt werden, denen Rußland seit 1990 ausgesetzt war. Die zentralasiatischen Staaten traten dem SOZ-Vertrag bei, weil ihnen die Aktivitäten der zahlreichen US-amerikanischen Berater zur Demokratisierung und Liberalisierung ihrer Länder nicht mehr geheuer waren. Sie lösten sich ab etwa 1995 von US-amerikanischen Bindungen, nachdem sie erkannt hatten, wohin das in Rußland geführt hatte.

Die Rolle Chinas und die Seidenstraße

Wall Street und Londoner City wollen China und Rußland klein halten, indem sie Seewege blockieren und Handelsströme unterbrechen. Deswegen betreibt China die Errichtung von Handelsstraßen nach Europa entlang der alten Seidenstraße, die seit über 2000 Jahren eine wichtige Handelsroute zwischen China und Europa war, die von China über Kasachstan, den Iran, Türkei und das Mittelmeer nach Europa führte. Gemäß den chinesischen Plänen (der ›Neuen Seidenstraße‹) sollen durchgehende Autobahn- und Eisenbahnverbindungen Europa schnell und kostengünstig mit China verbinden. Entlang dieser Verkehrsinfrastruktur werden Industriezentren, Städte und landwirtschaftliche Zentren entstehen in Zusammenarbeit zwischen China, Rußland und eventuell Deutschland. Die ›Neue Seidenstraße‹ verläuft viele hundert Kilometer südlich der Transibirischen Eisenbahn, die von großer Bedeutung für die Erschließung Sibiriens und der fernöstlichen Provinzen Rußlands ist. Die Eurasische Union soll die Erschließung dieser unterentwickelten Gebiete übernehmen.

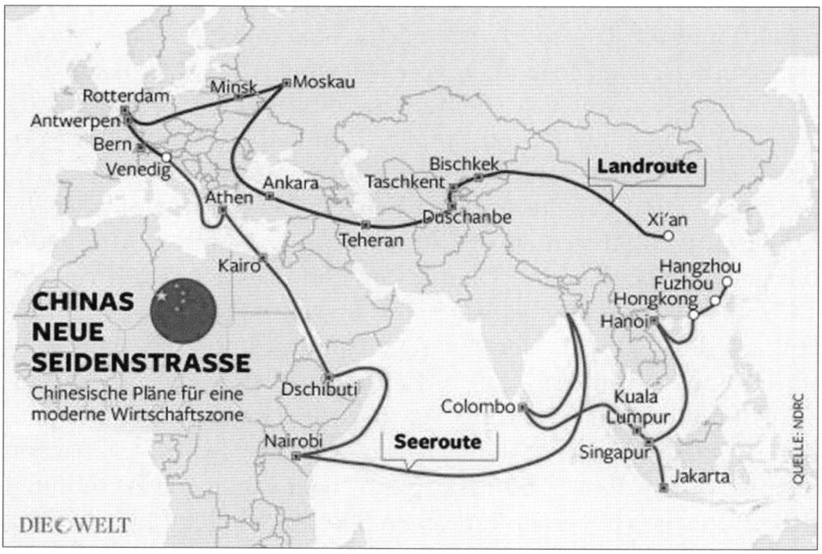

Chinas Neue Seidenstraße soll dem atlantischen Westen die Stirn bieten. Mit Milliardeninvestitionen will China den europäischen Raum vernetzen. Die BRICS-Saaten und die Mitgliedsstaaten der Shanghaier Organisation (SOZ) sind willige Partner. (Karte: *Die Welt*) Putin und Chinas Parteichef Xi Jinping unterzeichneten am 21. Mai 2014 in Peking nicht nur mehrere Handelsabkommen, sondern kündigten auch an, ihre strategische Partnerschaft, sprich ihre militärische Zusammenarbeit auszubauen.

Die Eurasische Union

Am 29. Mai 2014 wurde die Eurasische Union auf der Grundlage einer seit 2011 bestehenden Zollunion gegründet, die am 1. Januar 2015 ihre Arbeit aufnahm. Diese Union besteht derzeit aus den Ländern der Russischen Föderation, aus Weißrußland und Kasachstan. Beitrittskandidaten sind Armenien, Kirgisistan, Usbekistan und die Mongolei. Hauptsächliche Ziele dieser Union sind

- gemeinsame Abstimmung in Energie-, Industrie-, Landwirtschafts- und Verkehrsfragen,
- Austausch von Waren, Kapital, Dienstleistungen und Arbeitskräften,
- Vermittlung zwischen Europa und Asien.

Deutschland kann von der Existenz der Shanghaier Organisation und der Eurasischen Union nur profitieren. Deswegen sind Kontakte zur SOZ und zur Eurasischen Union für unser Land von Vorteil, auch wenn unsere westlichen ›Freunde‹ das verhindern möchten. Chinesen und Russen wollen gemeinsam das Entwicklungsprojekt ›Neue Seidenstraße‹ voranbringen. Für die deutsche Industrie ist dieses Projekt eine ganz große Chance.

Die Projekte ›Eurasische Union‹ und ›Seidenstraße‹ sind die zweite große Chance für Deutschland nach 1945. Im Jahre 1989 war Rußland schwach und China im unklaren über die tatsächlichen Absichten der Anglo-Amerikaner. Das ist nach der Gründung der Shanghaier Organisation und der Eurasischen Union nicht mehr der Fall. Deutschland muß diese Chance nutzen und Beziehungen zu diesen Organisationen aufnehmen.

Die derzeitige globale Energie- und Wirtschaftskrise ist von der Londoner City und der Wall Street absichtlich herbeigeführt worden, um die Vasallenstaaten in Europa, Asien und Afrika durch kriminelle Finanzmanipulationen und Gehirnwäsche zu fesseln und gefügig zu machen. Die Shanghaier Organisation für Zusammenarbeit und die Eurasische Union sind die Antwort der verbliebenen unabhängigen Staaten Rußland und China auf diese größenwahnsinnigen Zumutungen der Anglo-Amerikaner.

Die Zusammenarbeit mit diesen Ländern ermöglicht es Deutschland, aus dem seit 1945 bestehenden Vasallenstatus herauszukommen. Wir sollten dort mitmachen.

Die derzeitige Weltlage ist eine völlig andere als 1989. Die damalige einzige Weltmacht ist völlig ruiniert, die Shanghaier Organisation ist auf dem Weg zu einer multipolaren Weltordnung, in der auch Deutschland eine Rolle spielen kann.

Die Neuordnung Eurasiens und die USA

Die insgeheim von den USA verfolgte Geopolitik entspricht nicht ihren wohlklingenden Propagandasprüchen. Diese Erkenntnis kommt aber nicht beim Publikum der westlichen Wertegemeinschaft an, da die Informationsindustrie des Westens völlig von den Globalisierern aus der New Yorker Wall Street und der Londoner City beherrscht wird. Nach deren Auffassung ist es ein von Gott gegebener Auftrag an die USA, allen Staaten dieser Welt Freiheit, Demokratie und amerikanische Lebensart zu verschaffen. Bei der Durchführung dieses Auftrags seien in den letzten Jahren die Länder Afghanistan, Serbien, Irak, Libyen ›befreit‹ und ›demokratisiert‹ worden. Ähnliche Aktionen zur Bekämpfung von Terroristen, Diktatoren und Islamisten finden derzeit in den rohstoffreichen Ländern Sudan, Nigeria, Mali und anderen afrikanischen Staaten statt mit Unterstützung der europäischen Vasallen der USA. Die betroffenen meist rohstoffreichen Länder sind nach der ›Befreiung‹ völlig ruiniert und von Bürgerkriegen zerrissen; dabei sind ihre Rohstoffvorkommen in die Hände des anglo-amerikanischen Finanzsystems geraten.

Nicht beteiligt an diesen Aktionen zur Errichtung einer Weltregierung unter der Herrschaft des anglo-amerikanischen Finanzsystems sind die souveränen Staaten Rußland und China, denen bewußt ist, daß auch sie so bald wie möglich globalisiert und zu Vasallen der Wall Street gemacht werden sollen. Die beiden Länder haben seit Jahren in Kooperation mit anderen Staaten Gegenmaßnahmen gegen die beabsichtigte Eroberung durch die anglo-amerikanische Finanzmacht getroffen. Diese Maßnahmen beruhen nicht auf der Zerstörung der Identität und Souveränität der kooperierenden Staaten, wie sie die USA auf ihrem Weg zur Weltherrschaft anwenden, wobei sie zu diesem Zweck auch einen großen Krieg in Kauf nehmen. Demgegenüber streben Rußland und China eine Kooperation souveräner Staaten in Eurasien an, die hauptsächlich durch konstruktive Entwicklungsmaßnahmen erreicht werden soll. Beispiele für diese Vorgehensweise sind:

1. Der Bau einer 7000 km langen Hochgeschwindigkeits-Eisenbahntrasse zwischen Moskau und Peking. Die Fahrt von Moskau nach Peking dauert auf dieser Strecke 30 Stunden (statt bisher fünf Tage). Entlang dieser Strecke sollen neue Städte, Industriegebiete und landwirtschaftlich genutzte Regionen entstehen. Die Bauzeit dieser Eisenbahnverbindung soll 8 bis 10 Jahre dauern. Deutschland kann beim Aufbau der Infrastruktur dieses riesigen Gebietes mit Technik und Kapital helfen.

2. Kürzlich wurde vereinbart, daß russisches Erdgas über eine Erdgasleitung durch die Türkei nach Griechenland geliefert und von dort nach Südeuropa verkauft werden soll. Mit russischer Unterstützung kann das Erdgas vor der griechischen Mittelmeerküste gewonnen und vermarktet werden. Mit den Erlösen aus diesen Verkäufen können die Griechen ihre Wirtschaft reorganisieren und ihre realen Schulden bezahlen. (s. Poseidon-Pipeline)

3. Rußland liefert Kernreaktoren für die Türkei, Korea liefert vier Druckwasserreaktoren an die Vereinigten Arabischen Emirate, Argentinien kooperiert mit China beim Bau von zwei Kernreaktoren. Damit wird die Energieversorgung dieser Staaten sicherer und unabhängig von Erdöl- und Erdgaslieferungen anglo-amerikanischer Konzerne, die im Auftrag der Globalisierer Sanktionen verhängen können.

4. Seitdem die Weltbank und der Internationale Währungsfonds 1944 im Vertrag von Bretton Woods auf Veranlassung anglo-amerikanischer Finanzkreise gegründet wurden, bestimmen diese beiden Institutionen die Kreditkonditionen für Infrastrukturprojekte in Schwellenländern. Die meisten afrikanischen Staaten sind dadurch bei der Wall Street und der Londoner City hoch verschuldet oder durch von den Banken geforderte Auflagen in ihrer Entwicklung behindert und erpreßbar. Ihre Rohstoffe kommen dabei in die Hände der Anglo-Amerikaner.

Um unabhängig von anglo-amerikanischen Finanzmanipulationen zu werden, gründeten die BRICS-Staaten, wie bereit ausgeführt, im Sommer 2014 eine eigene Kreditbank (New Development Bank) mit eigenem Währungsfonds. Die Türkei und Indonesien, der Iran, Ägypten, Argentinien, Syrien, Nigeria streben die Mitgliedschaft bei dieser Bank an. Der Handel zwischen den Mitgliedsstaaten dieser Bank kann in Landeswährung abgewickelt werden und nicht in Dollar, wie die Weltbank verlangt. Dieses Projekt entthront den Dollar als Weltleitwährung und führt zu einer multipolaren Weltordnung.

5. Ungarn, Tschechien, Griechenland, Zypern wollen sich nicht an dem von den USA geplanten Krieg gegen Rußland beteiligen. In Spanien wächst der von der Volksbewegung ›Podemos‹ (›Wir können‹) organisierte Widerstand gegen die Ausbeutung durch die anglo-amerikanische Finanzmacht. Es besteht also die Gefahr, daß die anglo-amerikanische Hilfsorganisation EU zerbricht, weil nicht alle EU-Staaten den von den USA gewünschten Krieg gegen Rußland befürworten.

6. Die Shanghaier Organisation für Zusammenarbeit hat ihrerseits vereinbart, daß der zwischenstaatliche Handel der Partnerländer künftig in Landeswährung abgewickelt wird. Zweck dieses Staatenbundes ist die Zusammenarbeit auf politischem und wissenschaftlich-technischem Gebiet sowie im Bereich des Handels, der Energie und des Transports.

7. Die deutsche Industrie kommt in erhebliche Schwierigkeiten durch die von den USA inspirierte Ideologie und Weltordnung auf der Grundlage von Energiewende und Klimaschwindel, einer Ideologie, die das Aufkommen von mit den USA rivalisierenden Mächten verhindern soll, was auch für Deutschland gilt. Eine Besserung der in Zukunft verhängnisvollen deutschen Situation ist nur durch eine Kooperation mit der Eurasischen Union möglich. Nach der Energiewende kann nur Rußland einen großen Teil der dadurch erforderlichen Erdgas-Lieferung an Deutschland garantieren.

Es ist allerdings zweifelhaft, ob das derzeitige politische Personal der BRD in der Lage und willens ist, dies zu erkennen und die notwendigen Konsequenzen zu ziehen.

Anhand dieser Beispiele erkennt man deutlich den Unterschied der Vorgehensweise und Mentalität der eurasischen Staaten und denen der Anglo-Amerikaner.

Die Methoden der letzteren sind: Verhängung von Sanktionen gegen ungehorsame Staaten, Blockaden, Erpressungen, militärische Gewalt ohne Rücksicht auf millionenfachen Mord und Totschlag gegen die Zivilbevölkerung, Organisation von Revolutionen und Bürgerkriegen durch Lieferung von Waffen an rivalisierende Gruppen eines Landes. Diese Methoden zur Erzeugung von Krisen und Chaos funktionieren besonders gut in islamischen Ländern.

Rußland und China reagieren auf diese menschenverachtenden Handlungen der Globalisierer mit konstruktiven diplomatischen Maßnahmen.

Eine Analyse dieser Tatsachen ergibt, daß Deutschland an der Seite der USA keine Zukunft hat, schon gar nicht durch einen Krieg gegen Rußland, wie ihn die USA wünschen.

Deutschland als gefesselter Vasall und Rußland als fette Beute der USA

Die globalen Strippenzieher in der Wall Street und der Londoner City sind in Panik geraten, weil ihr Dollarsystem zur Beherrschung der Welt unerwartet einen mächtigen Konkurrenten bekommen hat, nämlich die Zusammenarbeit von Shanghaier Organisation, Eurasischer Wirtschaftsunion und den BRICS-Staaten, die ein dem Fortschritt dienendes Finanzsystem aufbauen wollen, und zwar zum Gedeihen und Vorteil der beteiligten Staaten.

Die seit vielen Jahren mehrfach verschleierten Aktionen der anglo-amerikanischen Plutokraten zur Durchsetzung der Globalisierung und Ausbeutung der Völker, nämlich

- EU-Schuldenkrisen auf Kosten Deutschlands,
- ›arabischer Frühling‹ mit den sich daraus ergebenden Revolutionen und Kriegen,
- Libyen- und Syrienkrieg mit daraus folgenden Flüchtlingsströmen nach Deutschland,
- Deindustrialisierung der ehemaligen DDR,
- Abschaffung der Wehrpflicht in Deutschland,
- Energiewende zur Beseitigung der deutschen Industriekonkurrenz,
- Klimaschwindel,

- Ukraine-Krise,
- TTIP-Vorhaben,

sind neuerdings eindeutig in ihren Absichten erkannt und entlarvt worden, nämlich als Mittel zur Destabilisierung und Auslöschung Deutschlands. Allerdings sollen die Leute nicht merken, was die Globalisierer wirklich vorhaben, wie EU-Kommissionspräsident Jean-Claude JUNCKER unbedachterweise zugab:

> »Wir sollten in der EU-Gruppe im geheimen diskutieren. Die Dinge müssen geheim und im dunkeln bleiben. Wenn es ernst wird, müssen wir lügen.«

Unausgesprochene Ziele dieser transatlantischen Plutokraten sind die Zementierung des Vasallenstatus der BRD und die Auflösung des russischen Staates, dessen Bodenschätze zur Heilung des kranken Dollar benötigt werden. Es geht also darum, den Weg für eine neue Weltordnung und die geplante Weltregierung frei zu machen. Länder, die diese Absicht vereiteln könnten, müssen vorsorglich an die Leine gelegt und/oder beseitigt werden.

Um zu verhindern, daß Deutschland engere Beziehungen zu Rußland und der Eurasischen Wirtschaftsunion aufnimmt, ist der Abschluß des Transatlantischen Freihandelsabkommens TTIP vorgesehen. Nach Aussagen der Befürworter von TTIP soll dieses Abkommen angeblich nur den internationalen Handel erleichtern.

Die reichen Bodenschätze Rußlands erhält man nach einem Regimewechsel dort oder nach einem Weltkrieg, der aus einem Vorkommnis in der planmäßig arrangierten Ukraine- oder Syrienkrise ohne weiteres entstehen kann. Im folgenden ist eine kurze Beschreibung des angestrebten Transatlantischen Freihandelsabkommens sowie eine Erläuterung der Ukraine-Krise gegeben.

Die Transatlantische Handels- und Investitionspartnerschaft TTIP

Da die unzähligen Militäraktionen, die die USA seit über hundert Jahren inszeniert haben und die sehr teuer waren, immer noch nicht zur unbeschränkten Weltherrschaft der Wall Street geführt haben, ist der Schwerpunkt der US-amerikanischen Kriegführung seit einigen Jahren auf wirtschaftliches Gebiet verlegt worden, also auf die Verhängung wirtschaftlicher Sanktionen gegen souveräne Staaten und den Abschluß sogenannter ›Freihandelsabkommen‹, die die Souveränität anderer Staaten einschränken und amerikanisch gelenkten Großkonzernen Vorteile verschaffen. Ein Beispiel ist das geplante TTIP-Abkommen (›Transatlantic Trade and Investment Partnership‹, auf deutsch: ›Transatlantische Handels- und Investitionspartnerschaft‹). Ähnliche Regionalabkommen wie NAFTA, CETA, TISA, TTP verfolgen das gleiche Ziel. Das TTIP-Abkommen ist ein geplanter völkerrechtlicher Vertrag zwischen der Europäischen Union und den USA. Für die Wall Street wurde dieses Abkommen wichtig, da durch die Finanzkrise 2008 (Zusammenbruch der Lehman-Bank) die USA viel Vertrauen und noch mehr Marktanteile verloren haben. Es bestand seitdem die Gefahr, daß einige europäische Staaten von den USA abdriften. Man befürchtet in New York und London gewisse Rapallo-Tendenzen in Deutschland und selbst in Frankreich.[62]

Die von den USA geplante Weltherrschaft ist anscheinend wegen der Shanghaier Organisation, der Eurasischen Wirtschaftsunion und der BRICS-Staaten nicht mehr durchsetzbar. Um das große Ziel trotzdem zu erreichen, soll das wirtschaftliche Potential Europas dem amerikanischen zugeordnet werden, um die eurasischen Konkurrenten wirtschaftlich zu überwinden.

Die NATO, die EU und TTIP sollen dafür sorgen, daß die Herrschaft der Anglo-Amerikaner über die Welt wieder hergestellt wird. Das Zentrum der Weltwirtschaft im 21. Jahrhundert soll also die Wall Street sein. Die USA sollen die Regeln für die Weltwirtschaft bestimmen. Um dies durchzusetzen, findet derzeit ein Finanzkrieg gegen Rußland und China statt.

Als eigentliches Ziel des TTIP-Vertrags wird von seinen Befürwortern der Abbau von Handelshemmnissen angegeben, wodurch ein größeres Wirtschaftswachstum erreicht werden soll. Als Folge dieser Vereinbarungen werden die nationalen Standards der verschiedenen Staaten in den Bereichen Verbraucherschutz, Gesundheit, Arbeitnehmerrechte, Sozialwesen, Umweltschutz usw. angeglichen im Sinne der Interessen internationaler

[62] Bernhard Rode, *Pulverfaß Ukraine*, Hohenrain, Tübingen 2016.

Das TTIP als Troja-Pferd. Es strebt die Bildung einer Art Wirtschafts-NATO an, die unter US-Vormundschaft stünde. Eines seiner Hauptziele ist, Europa zum Hinterhof der USA zu machen und damit das Europa-als-Markt auf Kosten des Europa-als-Macht zu krönen. Das TTIP zielt insbesondere auf die Beseitigung sogenannter ›nichttarifärer Handelshemmnisse‹. Damit sind nicht nur Industrienormen gemeint, sondern auch soziale und soziologische Mindeststandards sowie Verbraucherschutzregelungen. Der Freihandelsabkommen TIPP wird, sollte es zustande kommen, sich wohl als Freihandelsfalle herausstellen.

Großkonzerne und Finanzinvestoren. Es geht dabei auch um Energie- und Rohstofffragen, um Dienstleistungen und öffentliches Beschaffungswesen, Finanzdienstleistungen, Wasserversorgung usw. Gemäß TTIP sollen private Investoren die Möglichkeit erhalten, Staaten vor privaten Schiedsgerichten auf Kompensationen zu verklagen, wenn sie sich durch die Gesetzgebung oder staatliches Handeln in ihren Plänen beeinträchtigt fühlen. Ein Beispiel aus dem nordamerikanischen Freihandelsabkommen NAFTA – das ähnliche Bestimmungen hat wie TTIP – mag dies erläutern: Die kanadische Provinz Quebec hatte ein Moratorium für das Fracking von Schiefergas und Öl erlassen. Daraufhin klagte das US-amerikanische Unternehmen, das die Bohrungslizenz erworben hatte, vor einem privaten Schiedsgericht gegen den kanadischen Staat und forderte Entschädigungen von 250 Millionen Dollar für den Gewinnausfall.

Alain de Benoist berichtet von ähnlichen haarsträubenden Fällen:

»Ausländische US-Unternehmen haben bereits rechtliche Schritte gegen die Erhöhung des Mindestlohns in Ägypten und die Begrenzung der Schadstoffemissionen in Peru eingeleitet! Der multinationale Bergbaukonzern Lone Pine hat die kanadische Regierung auf eine Entschädigungszahlung in Höhe von 250 Millionen Dollar verklagt als ›Entschädigung‹ für die Gewinne, die er wegen des verhängten Moratoriums für das sogenannte ›Fracking‹ von Schiefergas entlang des Sankt-Lorenz-Stroms in Québec nicht erzielen konnte.«[63]

Das geplante TTIP-Abkommen würde Deutschland zu einer US-amerikanischen Provinz ähnlich Puerto Rico machen, im Einverständnis mit der Berliner Bundesregierung. Ähnliche Aktionen zur Abschaffung Deutschlands waren die verschiedenen Euro-Rettungsschirme auf Kosten Deutschlands, der Klimaschwindel mit seinen riesigen Ausgaben für sinnlose Projekte, die Vernichtung der ehemals optimalen deutschen Energieversorgung, die Flüchtlingskrise.

Der TTIP-Vertrag wird zwischen den USA und der EU (einer US-Agentur) ohne Beteiligung verantwortlicher deutscher Regierungsstellen verhandelt. Durch diesen Vertrag wird die Macht im Staat von den Parlamenten auf internationale Konzerne übertragen. Die in Europa, vor allen Dingen in Deutschland, seit Jahrzehnten üblichen Auflagen zur Umwelt-, Gesundheits- und Sozialpolitik, zu Produktionsstandards und Arbeitnehmerrechten gelten den Globalisierern als Handelshemmnisse, denn sie belasten die Großkonzerne mit Kosten. Erfreulicherweise fanden Proteste gegen die Freihandelsabkommen TTIP und CETA (zwischen Kanada und EU) enormen Zuspruch: Im Oktober 2015 gingen beispielsweise rund 250 000 Menschen in Berlin auf die Straße und ließen eine gewisse Machtkraft offenbaren, über die sich die Berufspolitik vorerst nicht wird hinwegsetzen wollen oder können. Nach der Wahl von Donald TRUMP, der in seinem Wahlkampf das TIPP scharf kritisierte, äußerte EU-Kommissarin Cecilia MALMSTRÖM, die TTIP-Verhandlungen würden nun »naturgemäß eine Weile pausieren«.

---

[63] Alain DE BENOIST, »in: Albrecht JEBENS (Hg.), *Eine Feder für Deutschland. Festschrift für Rolf Kosiek,* Hohenrain, Tübingen 2014, S. 380.

Deutschland braucht keinen TTIP-Vertrag, sondern endlich nach 1945 einen Friedensvertrag.

Die Ukraine-Krise

Die Ukraine-Krise wurde von der Wall Street inszeniert, um Rußland einzudämmen sowie die Kontrolle über die Erdöl- und Erdgaspipelines aus Sibirien und Zentralasien zu gewinnen. Der Konflikt zwischen den USA und Rußland verschärfte sich, als sich in Eurasien eine Gegenströmung gegen die Weltherrschaftsansprüche der USA entwickelte, nämlich die Gründung der Shanghaier Organisation und der von Rußland geplanten Eurasischen Wirtschaftsunion. Es bestand seit 2013 die Gefahr, daß sich die Ukraine dieser Eurasischen Wirtschaftsunion anschließen könnte, und nicht der EU, die in den transatlantischen Großraum eingebunden ist. Damit wären die milliardenschweren Bemühungen vergeblich geworden, die die USA seit 1991 geleistet haben, um in der Ukraine demokratische Strukturen mit Hilfe von US-amerikanischen und europäischen Stiftungen und Nichtregierungsorganisationen sowie Medienhilfen aufzubauen.

Entsprechend den Vorstellungen des US-Geostrategen BRZEZINSKI war die Eingliederung der Ukraine in das NATO-EU-System im Zeitraum von 2005 bis 2015 vorgesehen.[64] Ausgesuchte Oligarchen und Geschäftemacher sollten die Westbindung der Ukraine vorantreiben. Wie in arabischen und kaukasischen Ländern erprobt, wurde durch Waffenlieferungen an Freunde der USA und nachfolgende Farbenrevolution[65] eine rußlandfreundliche Regierung in der Ukraine gestürzt und durch eine rußlandfeindliche ersetzt. Die BRD-Regierung unterstützt dieses Vorgehen zur Destabilisierung Rußlands.

Antirussische Energiepolitik der USA

Rußland soll wie Deutschland durch energiepolitische Maßnahmen niedergemacht werden: Deutschland durch die vollzogene Energiewende, Rußland durch niedrige Gas- und Erdölpreise und durch rußlandfeindliche Pipelinepolitik. Hauptexportartikel Ruß-

---

[64] RODE, *Pulverfaß Ukraine,* aaO. (Anm. 62).

[65] RODE, *Das Eurasische Schachbrett,* aaO. (Anm. 16).

lands sind Erdöl und Erdgas. Die USA bemühen sich seit längerem, diese russischen Geldquellen zu verstopfen, und zwar durch Handelsverträge (z.B. TTIP), Blockierung von Pipelines, durch niedrige manipulierte Erdölpreise, durch Propaganda für erhebliche Schiefergas- und Schieferölvorkommen in Europa, die den Bezug von russischem Erdgas überflüssig machen sollen. Europa soll unabhängig von russischen Erdgaslieferungen werden und billiges Erdgas aus den USA beziehen. Große Anteile der russischen Erdöl- und Erdgasexporte verlaufen über ukrainisches Gebiet und können leicht blockiert werden. Die Lieferung von russischem Erdgas und Erdöl an europäische Staaten könnte durch TTIP-Vorschriften unterbunden werden.

Eine wichtige Rolle im Kampf der USA gegen Rußland spielt das sogenannte ›Fracking‹, die Gewinnung von Schieferöl und

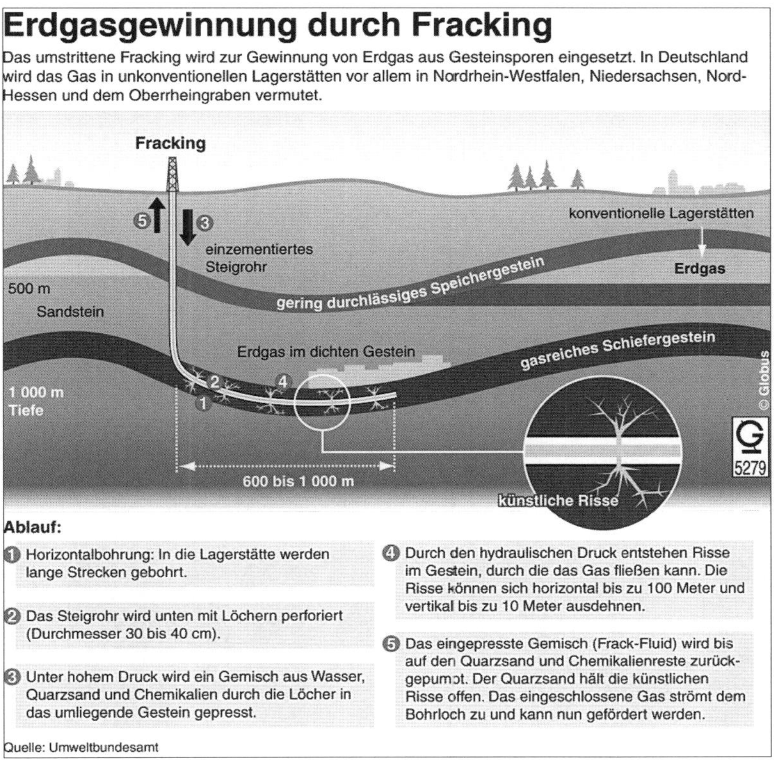

Die umstrittene Fracking-Methode – eine unausgereifte Technik.

Schiefergas aus tiefliegenden gasreichen Gesteinsschichten (mehr als 1000 m Tiefe). Dabei wird mit hohem Druck ein Gemisch von Sand, Wasser und Chemikalien durch durchlöcherte Stahlrohre (ca. 40 cm Durchmesser) in die Schieferschichten gepreßt. Dadurch entstehen Risse im Gestein, so daß Öl und Gas ausströmen können. Diese neue Öl- und Gasfördertechnik soll den Erdöl- und Erdgasmarkt revolutionieren. Das ist von den USA so beabsichtigt. Erhebliche Exporteinbußen sind dabei für Rußland, Saudi-Arabien, Venezuela, Nigeria usw. zu erwarten. Der Preisrückgang von Erdöl und Erdgas soll Rußland schwächen und einen Regimewechsel bewirken.[66] Fracking-Projekte in der Ukraine, der Tschechischen Republik und Ungarn haben das Ziel, Rußland vom europäischen Energiemarkt zu verdrängen. Europa soll seine Energie aus den USA beziehen. Deswegen wurde der Fracking-Rummel inszeniert. Diese Pläne wurden in enger Zusammenarbeit zwischen amerikanischer Regierung, Erdölkonzernen und Finanzsystem entwickelt. In diesem Zusammenhang sollen die

Die USA streben die weltweite Kontrolle über die Öl-Industrien an. Das Erdölpreis-Monopol der Wall Street versucht Rußland neuerdings mit einer langfristigen Strategie aufzubrechen, der zufolge Referenz-Terminkontrakte mit russischem Rohöl, die an russischen Börsen gehandelt werden, nicht länger in US-Dollar, sondern in Rubel ausgewiesen werden sollen. Der Kreml will damit die Abhängigkeit vom US-Dollar, die eigentliche Achilleferse der russischen Wirtschaft, brechen und einen Ausstieg aus dem Dollar-System einleiten. Dabei wird er von China und anderen Ländern wie dem Iran unterstützt.

[66] Rode, *Pulverfaß Ukraine,* aaO. (Anm. 62).

europäischen Länder – zunächst die osteuropäischen – die Frackingtechnik übernehmen, deren Verfahrenstechniken durch US-amerikanische Patente abgesichert sind, wodurch ungeheure Gewinne in das amerikanische Finanzsystem fließen. Wer bei dieser Ausplünderung nicht mitspielen will, könnte in der Zukunft durch TTIP dazu gezwungen werden. Die Frackingtechnik ist eine unausgereifte Technik im Entwicklungsstadium. Es ist unverantwortlich, diese Technik im Hauruckverfahren global durchsetzen zu wollen, das hauptsächlich dazu dient, Rußland zu schaden.

Der Reichtum Rußlands in seinen Bodenschätzen und Deutschlands Stärke als Industrieland

Einer heimtückischen anglo-amerikanischen Geopolitik gelang es in den vergangenen hundert Jahren zweimal, das deutsche und das russische Reich gegeneinander zu hetzen, um beide Staaten als Konkurrenten auszuschalten. Beide Staaten erlitten unermeßliche Verluste durch den Ersten und den Zweiten Weltkrieg. Die beiden Kriege von 1914–1918 und 1939–1945 schwächten Deutschland und Rußland so sehr, daß die Anglo-Amerikaner ungehindert ihr Finanzimperium über die ganze Welt ausdehnen konnten. Deutschland ist seit 1945 in einem Vasallenstatus gefangen, Rußland konnte diesem Schicksal seit der Präsidentschaft PUTINS knapp entgehen.

Die anglo-amerikanische Strategie zur Weltbeherrschung ist von dem englischen Geopolitiker Halford MACKINDER (1861–1947) in seinem Buch *Demokratische Ideale und Wirklichkeit* beschrieben, das er 1919 während der Friedensverhandlungen der Alliierten in Versailles veröffentlichte. Diese Strategie ist das Fundament des britischen und später des US-amerikanischen Imperiums, das auf der Beherrschung der Rohstoffe, der Finanzmärkte und des Welthandels beruht. Gemäß dieser Strategie müssen England und die USA gemeinsam verhindern, daß ein Land die Herrschaft über das Zentrum Eurasiens gewinnt. Dies wäre das Ende der anglo-amerikanischen Hegemonie und würde durch die enge Zusammenarbeit zwischen Deutschland und Rußland bewirkt werden. Ob diese Aussage MACKINDERS nun stimmt oder nicht, auf jeden Fall richtete sich die britische Politik seit annähernd 100 Jahren nach diesem Dogma. Deutschland und Rußland sollten also geschwächt und durch ein Band kleinerer ›unabhängiger‹ Staaten voneinander getrennt werden, was übrigens in Versailles beschlossen wurde. Das Zentrum Eurasiens kann durch eine transatlantische Gemeinschaft von Westeuropa und USA kontrolliert werden,[67] wie MACKINDER 1924 vorschlug, was nach 1945 durch NATO und EU verwirklicht werden sollte.

Die Russen haben diese Zusammenhänge erkannt. Haben es auch die Deutschen verstanden? Nur eine enge technische und wirtschaftliche Zusammenarbeit zwischen Deutschland und Rußland kann die beiden Länder aus der Krise herausführen, in die sie durch die anglo-amerikanischen Machenschaften geraten sind. Nur diese Zusammenarbeit wird Deutschland wieder seine Souveränität zurückgeben und es Rußland ermöglichen, seine Infrastruktur und Industrie mit Hilfe deutscher Technik zu erneuern und aufzubauen. Es ist dies eine Arbeit, die sich zum Wohle beider Völker über mehrere Generationen hinziehen wird.

Um dauernde Feindschaft zwischen Deutschland und den osteuropäischen Völkern zu stiften, wurden die Ostdeutschen mit Billigung der Anglo-Amerikaner auf bestialische Art aus ihrer Heimat vertrieben, ebenso wie die Sudetendeutschen, die Donauschwaben und die Siebenbürger.

Den Finanzmächten ist es also seit über hundert Jahren immer wieder gelungen, die Zusammenarbeit zwischen Deutschland und Rußland zu torpedieren. Die im Juni 2015 verhängten und eingeführten Sanktionen gegen Rußland gehen in die gleiche Richtung. Wenn diese Zusammenarbeit zustande käme, würde sich ein riesiger eurasischer Wirtschaftsraum mit großen Rohstoffvorkommen und hoher Technik sowie wachsendem Wohlstand der Bevölkerung bilden, der unabhängig von anglo-amerikanischen Börsen- und Bankenmanipulationen wäre. Die oben erwähnten Verhinderungsmanöver der Plutokraten setzten sich auch nach dem Zweiten Weltkrieg fort. Ost- und Südosteuropa wurden durch einen Eisernen Vorhang – über den die Anglo-Amerikaner Krokodilstränen vergossen, den sie aber insgeheim geplant hatten – von Mitteleuropa abgeschlossen.

---

[67] *Encyclopedia Britannica*, Stichwortt ›Mackinder, Halford‹, DVD 2005.

In allerlei Veröffentlichungen wurde auch immer darauf hingewiesen, daß Rußland nicht zu Europa gehöre. Als der Ostblock 1989 zusammenbrach, wurde umgehend die mitteldeutsche Industrie – sie gehörte zu den sieben stärksten der Welt, vor Italien – durch Finanzmanipulationen gänzlich zugrunde gerichtet. Denn diese Industrie wäre der Schrittmacher für die deutsch-russische Kooperation geworden, da sie in Jahrzehnten enge Beziehungen zum Osten aufgebaut hatte, die dem wiedervereinigten Deutschland zugute gekommen wären. Persönlichkeiten, die trotzdem für die enge Zusammenarbeit mit Osteuropa eintraten, wurden auf Chicago-Art beseitigt (Herrhausen, Rohwedder u. a.). Ich habe den Verdacht, daß der seinerzeitige Bundeskanzler Kohl selbst an die »blühenden Landschaften« im Osten glaubte, obwohl man seinen Freund Herrhausen in die Luft gesprengt hatte, als Warnung vor dem deutschen Sonderweg; das zur Qualität unserer politischen Elite.

Die deutsche Wirtschaft und Deutschland wurden unter Kuratel von Brüssel gestellt, die D-Mark wurde abgeschafft. Außerdem wurde ein ›cordon sanitaire‹ von USA-hörigen Staaten, vor allem Polen und die Ukraine nach der sogenannten ›Orangenen Revolution‹, eingerichtet, der eine enge Zusammenarbeit Deutschlands mit Rußlands behindern sollte. Darum löste die geplante Erdgasleitung durch die Ostsee wütende Proteste in den westlichen Medien und einigen Staatskanzleien aus. Rußland wurde wieder als Feind der Demokratie entdeckt, seitdem es sich während der Präsidentschaft Putins aus der Umklammerung der anglo-amerikanischen Geldmächte gelöst hat.

Die Gasleitung durch die Ostsee, die am 8. November 2011 eingeweihte Ostseepipeline, hat großen Symbolwert für das deutsch-russische Verhältnis: Auf dieser Route verlief ab dem 12. Jahrhundert der Handel der Hansestädte mit Nowgorod bis ins Wolgagebiet und nach Sibirien, der den beteiligten Völkern viele Vorteile und Wohlstand gebracht hat.[68]

Mit der den Deutschen nach 1945 verordneten ›Westbindung‹ können die zukünftigen Probleme Europas nicht gelöst werden. Diese Westbindung ermöglichte die Schaffung des gemeinsamen

---

[68] Felix Buck, *Deutschlands Aufgabe im Osten,* Hohenrain, Tübingen 1992.

europäischen Marktes hauptsächlich auf Kosten Deutschlands. Nach dem Fall der Berliner Mauer haben sich die Prioritäten für Deutschland geändert: Der Westen stagniert, unsere Zukunft liegt im Osten. Die 1919 in Versailles geschaffene und nach 1945 in Jalta und Nürnberg erneuerte Weltordnung ist durch das völkerrechtswidrige und arrogant-imperiale Verhalten der USA und die aus diesem Grunde erfolgte Gründung der Shanghaier Organisation SCO (China, Rußland, mittelasiatische Staaten) zusammengebrochen. Seitdem werden neue Allianzen geschlossen. Dies ist die große Chance für Deutschland in den nächsten Jahren. Die Aufgabenverteilung innerhalb Europas kann einvernehmlich mit den anderen Partnern der EU vereinbart werden, indem zum Beispiel Frankreich vorrangig im Mittelmeergebiet und Nordafrika tätig wird, was zur Zeit auch passiert (siehe Nuklearvertrag zwischen Frankreich und Libyen). Wenn Deutschland im Osten aktiv ist, bringt das auch Vorteile für die westeuropäischen Partner. Wie einst ist es die Aufgabe Deutschlands, den osteuropäischen Staaten und Rußland den Weg in ein unabhängiges europäisches Haus zu bahnen.

Nicht die Integration fremder Völkerschaften ist die wesentliche Aufgabe Deutschlands in den nächsten Jahrzehnten, sondern seine Mitarbeit und Hilfe bei der Gestaltung Osteuropas, beim Aufbau von Infrastruktur und Industrie. Dies ist eine große Herausforderung und hoffnungsvolle Perspektive für unsere Jugend. Diese Zukunftsvision – nämlich die Schaffung eines vereinten Europa unabhängiger Völker – ist die Aufgabe, auf die unsere Jugend wartet und bei der sie sich bewähren wird. Dies ist die beste Antwort auf die von den anglo-amerikanischen Finanzgruppen betriebene Globalisierung.

Der russische Partner. Politische Situation

Die russische Föderation, seit 1991 eine Präsidialrepublik, ist mit einer Fläche von über 17 Millionen km^2 das größte Land der Erde. Die Zahl der Einwohner liegt bei 143 Millionen, von denen rund 80 Prozent Russen sind. Das russische Bruttoinlandsprodukt (BIP) betrug 2011 rund 1884 Milliarden US-Dollar, was einem BIP pro Kopf in Höhe von 13 236 US-Dollar entspricht

Das Land wurde durch zwei Weltkriege, die siebzigjährige kommunistische Herrschaft und die seit den neunziger Jahren durchgeführte ungehemmte Privatisierung der Wirtschaft, die bis etwa 2003 dauerte, zugrunde gerichtet. Nach Meinung von Prof. DASCHITSCHEW liegt der Grund für die russische Misere noch immer im niedrigen professionellen und moralischen Niveau der herrschenden Eliten des Landes.[69] Die Träger der Kultur, des Wissens und der Moral der Nation fielen dem bolschewistischen Terror zum Opfer. Millionen von denkenden und begabten Menschen wurden seit 1917 entweder ausgerottet oder zur Emigration gezwungen. Eine neue Welle der Emigration aus Rußland folgte nach 1992. Diesmal war es eine Flucht aus der drückenden Armut. Bis zum Jahr 2000 verließen nahezu 400000 Wissenschaftler und Fachleute das Land. Für die absehbare Zukunft stellt sich der russischen Politik die Aufgabe, die Schäden, die Rußland durch den Kommunismus und das JELZIN-Regime zugefügt wurden, zu beseitigen. Die Gesellschaft muß von mafiosen Strukturen befreit werden, also vom Zusammenwirken von Staatsapparat, Kriminalität und oligarchischem Finanzkapital. Die Massenarmut muß beseitigt und das Wirtschaftswachstum stimuliert werden. Es muß ein Strukturwandel der Wirtschaft von der Rohstoffwirtschaft zur Hochtechnologiewirtschaft herbeigeführt werden. Die riesigen Geldbeträge (Hunderte von Milliarden Dollar), die durch Gas- und Erdölexporte aufgelaufen sind, dürfen nicht mehr im Ausland (USA) an den Börsen angelegt werden, sondern sind in Rußland anzulegen, und zwar für das Wirtschaftswachstum, die Steigerung des Wohlstands der Bevölkerung, für Infrastruktur, Wissenschaft und Entwicklung einer technikorientierten Wirtschaft.

Nach dem Abgang JELZINS als russischen Präsidenten wurden die Weichen Rußlands zum Wohle des Landes in diese Richtung gestellt. Diese neue Richtung ist nicht im Sinne der Globalisierer, so daß man in den Medien unverzüglich über das angeblich undemokratische und erpresserische Verhalten Rußlands (Erdgas als Erpressungsmittel) desinformiert wurde. Das Problem ›Rußland‹ soll dadurch gelöst werden, daß man das Land in drei Teile zerstückelt: eine russische Republik bis zum Ural, eine west-

[69] Wjatscheslaw DASCHITSCHEW, »Wohin steuert Deutschland?«, in: *National-Zeitung*, 27. 4. 2007.

sibirische sowie eine fernöstliche Republik. Der Sinn dieser Medienkampagnen ist es, die russischen Rohstoffvorkommen in anglo-amerikanische Hände zu bringen. Die Anglo-Amerikaner wollen die Kontrolle über diese Rohstoffe und ihren Besitz. Deutschland will langfristige Lieferverträge und hilft Rußland dafür beim Aufbau der Infrastruktur und der dafür notwendigen Industrie.

Rußland ist ein Vielvölkerstaat mit mohamedanischen Tartaren- und Turkvölkern. Es benötigt dringend stabile Verhältnisse im Westen, die ihm Deutschland neben der technischen und organisatorischen Hilfe bieten kann. Im Osten Rußlands, in seinen ostasischen Provinzen an den Grenzen Chinas, werden im Laufe der Zeit Probleme entstehen.

Rohstoffe

Um den Rohstoffreichtum Rußlands, 16 Prozent aller mineralischen Naturressourcen der Welt, zu charakterisieren, möchte ich nur einige Rohstoffreserven angeben:

Kohlereserven	157 Milliarden t	35% der Weltreserven
Erdgas	48 Billionen m^3	27% der Weltreserven
Erdöl	72 Milliarden Faß	12 % der Weltreserven
Braunkohle	2600 Milliarden t	
Eisen		16% der Weltreserven
Platin		9% der Weltreserven
Gold		5% der Weltreserven.

Wirtschaft

Aufgrund der jahrzehntelangen kommunistischen Herrschaft gab es bis in die neunziger Jahre in Rußland kaum mittelständische Betriebe, sondern hauptsächlich große zentral gelenkte Staatsbetriebe, die nicht sehr flexibel waren und meist mit Verlust arbeiteten, was ein großer Nachteil ist. Aus Deutschland wissen wir, daß die mittelständischen Unternehmen die hauptsächlichen Träger der Innovationen und die Lieferanten qualitativ hochwertiger Produkte, auch als Zulieferer für Großbetriebe sind. Für Rußland ist es besonders wichtig, mittelständische Betriebe mit engem Kontakt zu Großbetrieben aufzubauen.

Als ›mittelständische Betriebe‹ bezeichnet man Firmen mit ei-

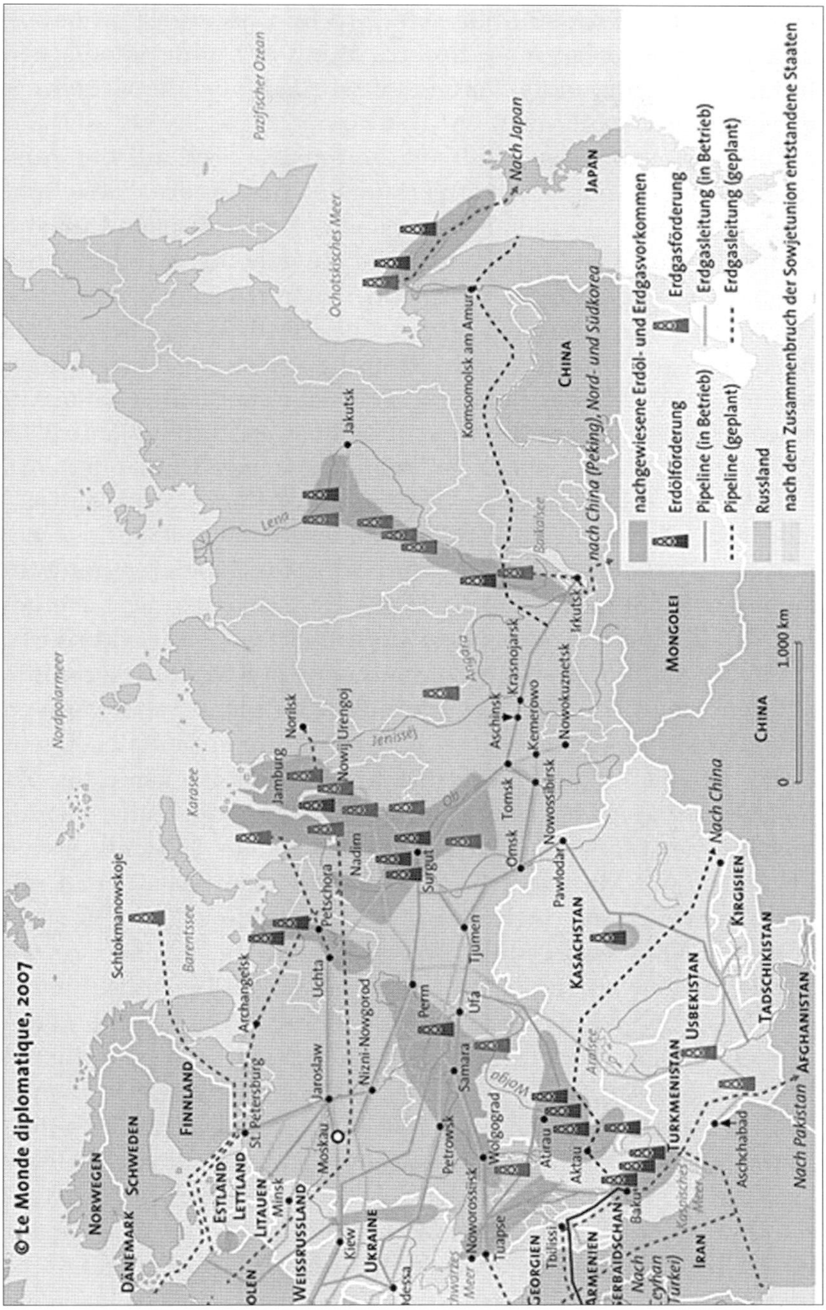

Moskaus Trumpf: die Erdöl-und Erdgasvorkommen. Karte: *Le Monde diplomatique.*

nem Umsatz bis zu 50 Millionen Euro und bis zu 500 Mitarbeitern. In Rußland hat man die Bedeutung der mittelständischen Industrie erkannt und erwartet deutsche Hilfe bei der Gründung mittelständischer Firmen.

Die Wirtschaft basiert derzeit zum großen Teil auf der Ausbeutung der riesigen Rohstoffvorkommen des Landes. Diese Rohstoffvorkommen – Erdöl, Erdgas, Kohle, Erze – machen Rußland zum reichsten Land der Erde, *wenn* sie gehoben werden. Zum großen Teil sind sie wegen mangelhafter Infrastruktur noch nicht erschlossen. Hier liegt die große Chance für Deutschland, das mit seinen technischen Kenntnissen und leistungsfähigen Ingenieuren bei der Erschließung dieser Reichtümer helfen kann. Mit einem Handelsumsatz von rund 50 Milliarden Euro im Jahre 2006 ist Deutschland der wichtigste Handelspartner Rußlands (2015 infolge der Sanktionen gegen Rußland: 50,2 Mrd. Euro). Deutschland exportiert nach Rußland vor allem Maschinen, Autos, chemische Erzeugnisse. Rußland ist der größte Zulieferer Deutschlands für Erdöl (35%), Erdgas (50%); und bedeutender Lieferant für Metalle, rund 30% des Nickelbedarfs, 16% des Kupferbedarfs.

Ein großer Teil der russischen Industrie befindet sich technisch auf dem Stand der sechziger Jahre. Die Wirtschaft ist teilweise in einem beklagenswerten technischen und organisatorischen Zustand, wovon ich aus eigener Erfahrung berichten kann: Im Oktober 1998 war ich für einige Tage in Jekaterinburg, früher Swerdlowsk, einer großen Industriestadt jenseits des Ural, etwa 1500 km östlich von Moskau. Ich verhandelte dort mit der Firma Uralchimmasch über die Lieferung eines Elektrolyseurs für ein europäisches Wind-Wasserstoff-Projekt. Uralchimmasch war zu Sowjetzeiten eine riesige Firma mit mehreren 10000 Beschäftigten, die chemische Apparate für die gesamte sowjetische Industrie herstellte. Nebenbei bemerkt: Die deutsche chemische Industrie läßt sich ihre Apparate von hochspezialisierten mittelständischen Betrieben nach Maß herstellen, genau angepaßt an das jeweilige Verfahren. Zur Zeit meines Besuchs war Uralchimmasch stillgelegt, die Werkshallen waren leer, an Personal war nur der Vorstand und zwei Sekretärinnen vorhanden. Die Elektrolyseure aus ihrer Herstellung waren robuste, aber sehr schwere, altmodische und daher auf dem Weltmarkt unverkäufliche Geräte. Vor allen

Dingen die Stromversorgung, die Steuerung und die Datenerfassung hätten geändert werden müssen, um sie in einem Forschungsprojekt einsetzen oder auf dem Weltmarkt verkaufen zu können. Wir erklärten uns bereit, die Pläne für die Stromversorgung und Steuerung sowie auch Ausbildungspersonal aus Deutschland zur Verfügung zu stellen. Einige Monate nach diesen Besprechungen haben uns die Russen dann einen ihrer urtümlichen Elektrolyseure (aus den 60er Jahren) angeboten zum fast gleichen Preis wie belgische Elektrolyseure, obwohl es ihnen möglich gewesen wäre, zu einem Viertel dieses Preises zu liefern. Sie trauten sich nicht, sie waren völlig demotiviert.

Ein Strukturwandel der russischen Wirtschaft ist unbedingt erforderlich, um ihr den Anschluß an den Weltmarkt zu ermöglichen, nämlich die Exporte zu steigern, zu diversifizieren und wettbewerbsfähig zu werden. Nur ein wohlhabendes Land kann ein guter Kunde sein. Seit 1945 bestanden wirtschaftliche Beziehungen nur zu den Ländern des Ostblocks; vom Weltmarkt hatte sich das Land seit 1914 weitgehend abgeschlossen. Den Anschluß würde es nur durch Umbau und Modernisierung der Wirtschaft mit Hilfe Deutschlands finden. Kennzeichnend für die Lage ist die Unterentwicklung der östlichen Gebiete. Aus den ostasiatischen Provinzen ziehen sich die Europäer zurück, weil sie dort keine Zukunftschancen sehen. Bekanntlich wurden nach 1945 Tausende deutscher Wissenschaftler und Ingenieure gezwungen, in der Sowjetunion zu arbeiten, um dorthin die neuesten Erkenntnisse vor allen Dingen der Kern- und Raketentechnik zu importieren. Die Sowjets haben ganze Werke in Deutschland demontiert und in der Sowjetunion wieder aufbauen lassen. Eine Weiterentwicklung war nicht vorgesehen. Dieser Technologietransfer nach STALINS Art war nicht optimal. Für die Zukunft heißt dies: Es muß eine langfristige stabile und vertrauensvolle Zusammenarbeit zwischen Deutschland und Rußland auf industriellem Gebiet etabliert werden.

Der deutsche Partner. Politische Situation

Die Drahtzieher hinter den beiden Weltkriegen, nämlich die anglo-amerikanischen Finanzmächte, hatten nach 1945 einen Plan, wie diese Vasallenrolle Deutschlands zu einem Dauerzustand gemacht und die Zusammenarbeit mit Osteuropa verhindert werden kann.

Um den damals einzigen ernsthaften Konkurrenten, der die geplante Weltherrschaft der Finanzmächte verhindern konnte, ein für allemal loszuwerden, wurde eine gigantische weltweite Verleumdungskampagne gegen Deutschland in Gang gesetzt, die bis heute andauert. Die Absicht: die Deutschen in der ganzen Welt unmöglich machen, so daß niemand mehr etwas von ihnen kauft. Die Deutschen wurden als Verbrechervolk angeprangert, das im Sinne der Plutokraten umerzogen werden müsse. Ihre ganze Geschichte seit über 2000 Jahren sei durch Barbarei und Verbrechen gekennzeichnet. Die deswegen notwendige Umerziehung hatte und hat zum Ziel, die deutsche Kultur durch eine Mischkultur mit afrikanischen und asiatischen Elementen zu ersetzen. Der zukünftige Bewohner Deutschlands soll ein Mischling eurasisch-negroider Rasse sein, äußerlich der altägyptischen ähnlich.[70] Er soll Teil einer Konsum- und Spaßgesellschaft sein, keinen Werten und Idealen verpflichtet sein, ohne Ziel in den Tag hineinleben, nur auf ›fun‹ und Vergnügen versessen sein.

Trotz jahrzehntelanger Bemühungen ist der Plan der Umerzieher nur teilweise gelungen, vor allen Dingen in den Großstädten, obwohl sie die Medien und die Politik fast vollständig beherrschen. Die früheren Eliten sind allerdings auf die Seite geschoben und durch ›Political correctness‹ zum Schweigen verurteilt. So sind die Wissenschaftler darüber empört, wie durch politische Manipulationen die leistungsfähige Forschungslandschaft in Deutschland zerstört wurde, die Ingenieure und Techniker darüber, wie die deutsche Nuklearindustrie und andere Hochtechnologien zugrunde gerichtet wurden.[71] So wurden die Einrichtungen der sehr leistungsfähigen Hanauer Nuklearfirma NUKEM an die Chinesen verscherbelt, die modernste Kokerei der Welt aus Dortmund ebenso. Man darf allerdings nicht darüber sprechen, wenn man keine Nachteile für sein berufliches Fortkommen in Kauf nehmen will.

Deutschland könnte seine Souveränität und Selbstbestimmung wiedererlangen, wenn man ihm erlauben würde, die von deut-

---

[70] Richard Nikolaus COUDENHOVE-KALERGI, *Adel,* Leipzig 1922.

[71] MELISCH, SCHRÖCKE u.a., *Energiepolitik als Überlebensstrategie der Nation,* aaO.

Letztes Beispiel einer Übernahme durch China: Die 1898 gegründete Vorzeigefirma Kuka aus Augsburg, die als Pionier in der Robotik und Automationstechnologie zu den weltweit führenden Herstellern von Robotern zählt. Am 17. Mai 2016 legte der chinesische Haushaltsgerätehersteller Midea ein Übernahmeangebot über 4,6 Milliarden Euro, betonte aber zugleich, Kuka nicht komplett übernehmen zu wollen, sondern den eigenen Anteil von 13,5 Prozent auf bis zu 49 Prozent auszubauen. Am 8. August 2016 wurde bekannt, daß Midea fast 95 Prozent der Kuka-Aktien übernommen hatte! Am 30. Dezember 2016 stimmte die amerikanische Behörde (sic!) dem Verkauf von Kuka an Midea zu. Bundeswirtschaftsminister GABRIEL hatte übrigens keine Bedenken gegen die Übernahme des deutschen Roboterherstellers.

schen Wissenschaftlern und Ingenieuren entwickelten Energietechniken wieder anzuwenden: darunter die per Kontrollratsgesetz Nr. 23 vom 10. 4. 1946 verbotene Kohleverflüssigung oder den 1989 abgeschalteten Hochtemperaturreaktor. Man wird dies allerdings mit allen Mitteln verhindern. Nur in Zusammenarbeit mit einer Atommacht wie Rußland lassen sich diese Techniken in Deutschland für die Energieversorgung Deutschlands und anderer Länder wiederbeleben. Natürlich wäre es unklug, bei der Energieversorgung nur von einem einzigen Lieferanten abhängig zu sein. Wir müssen Alternativen für die eigene Energieversorgung in der Hinterhand haben, z.B. den Hochtemperaturreaktor zur Kohlevergasung und Elektrizitätserzeugung. Allerdings haben die Deutschen sich in dem Umerziehungslager, in dem sie sich seit 1945 befinden, behaglich eingerichtet.

Wirtschaft

Der Mittelstand ist das Rückgrat der deutschen Wirtschaft. In Deutschland gibt es etwa 3,3 Millionen mittelständische Unternehmen mit etwa 20 Millionen Beschäftigten. Der Mittelstand (einschl. Handwerker und Dienstleistungsbetriebe) erwirtschaftet etwa 70 Prozent des Bruttosozialprodukts.[72] In den Tausenden mittelständischen Betrieben ist das technische Wissen Deutschlands, ebenso seine Erfindungskraft und sein Qualitätsbewußtsein gesammelt. Für jedes technische Problem gibt es hier eine optimale Lösung. Nicht der Staat und Ministerien organisieren die Wirtschaft in Deutschland – der Staat schafft die Randbedingungen für die Kooperation der Firmen –, sondern die Industrierverbände tun es, das sind die Firmen selbst. Diese aus dem deutschen Mittelalter herrührende Organisationsform (Kooperation in Zünften, Innungen, Hanse usw.) und das hohe Ausbildungsniveau der Beschäftigten sind die Gründe für die großen Erfolge der deutschen Wirtschaft. Eine wichtige Rolle spielten dabei auch typische deutsche Eigenschaften wie Zuverlässigkeit, Fleiß, Disziplin, Zähigkeit in der Verfolgung von Zielen, Arbeitsfreude und Stolz auf gelungene Arbeiten, Pflichtbewußtsein, Verantwortungsfreude, Gewissenhaftigkeit, Gemeinsinn.

Die Leistungsfähigkeit der deutschen Industrie beruht vor allem auf dem Erfindungsreichtum und der Qualität ihrer Ingenieure und Wissenschaftler.

Die deutsche Industrie und Wirtschaft funktioniert auf eine andere Art als die anglo-amerikanische oder die russische. Sie beruht auf der Zusammenarbeit der einzelnen Betriebe zum Wohle des Ganzen, nicht auf ihrer Beherrschung durch einen kapitalkräftigen Einzelnen. Im Ruhrgebiet zum Beispiel gab es eine enge produktive Zusammenarbeit zwischen Stahlindustrie, Kohlebergbau, Chemie und Elektrizitätswirtschaft. Die einzelnen Firmen waren selbständig, haben aber eine gemeinsame Marktpolitik betrieben, um so die Produktion und den Vertrieb zu organisieren und zu optimieren. Es bestand eine vertrauensvolle Zusammenarbeit zwischen den Betrieben, Hochschulen, Banken und Behörden. Die landwirtschaftlichen Genossenschaften funktionierten ähnlich zum Wohle des Einzelnen und des Ganzen. Gegen diese wohlorganisierte Wirtschaft, die typisch deutsch ist, hatte die

---

[72] Brigitte GÜNTERBERG u. Hans-Jürgen WOLTER, »Mittelstand in der Gesamtwirtschaft«, 2002, unter: *www.ifm-bonn.org*

englische kapitalistisch organisierte Industrie keine Chance. Deswegen wurde der Erste Weltkrieg angezettelt, wurden nach 1945 die Kartelle zerschlagen und dafür die Wettbewerbswirtschaft eingeführt.

In Rußland gab es von altersher genossenschaftliche Strukturen, das sogenannte ›Mir-System‹.

Hindernisse für die Partnerschaft

Gewiß, es gibt viele Gründe dafür, beim Umgang mit Rußland vorsichtig zu sein, besonders nach den Erfahrungen mit dem Panslawismus und den Ereignissen im 20. Jahrhundert.[73] Rußlands Streben nach Weltherrschaft ist viele hundert Jahre alt, ebenso sein zeitweiliges Überlegenheits- und Allmachtsgebaren. Eine strategische Partnerschaft mit Rußland setzt eine stetige Verbindung Deutschlands mit anderen kontinentaleuropäischen Staaten voraus.

Die Geographie bestimmt die Politik eines Landes. Das gilt auch für Deutschland. In der Mitte Europas liegend, bildet Deutschland eine Brücke zwischen West und Ost.

Seit den Zeiten der Hanse bestand eine fruchtbare Zusammenarbeit zwischen dem mitteleuropäischen und dem osteuropäischen Raum, die den beteiligten Völkern vielfältige Vorteile durch den Austausch von Kultur, Wissenschaft, Technik und durch den Handel brachte. Einer hinterhältigen britischen und später anglo-amerikanischen Diplomatie gelang es, Deutschland und Rußland in zwei Weltkriegen gegeneinander zu hetzen, in denen sie sich zum Vorteil der anglo-amerikanischen Plutokratie gegenseitig zerfleischten.

Ein furchtbarer Schock für diese Finanzgruppen war nach dem Ersten Weltkrieg der Vertrag von Rapallo zwischen dem Deutschen Reich und der Sowjetunion im Jahre 1922, in dem enge wirtschaftliche Beziehungen zwischen beiden Staaten vereinbart wurden. Dies ist der gefährliche deutsche Sonderweg. Das Rapallo-Gespenst wird auch heute noch jedes Mal aus der Kiste hervorgeholt, wenn sich enge deutsch-russische Zusammenarbeit

---

[73] Dieter Friede, *Das russische Perpetuum mobile,* Marienburg-Verlag, Würzburg 1959.

andeutet. Die entschlossensten Gegner einer deutsch-russischen Partnerschaft sind die anglo-amerikanischen Finanzoligarchien in New York und London sowie deren Hilfstruppen, von denen auch einige Regimenter in Deutschland und Rußland stationiert sind. Außerdem steht dieser Partnerschaft der petro-militärische Komplex der USA entgegen, der sich nicht scheuen würde, Deutschland atomar zu vernichten, wenn es zu einer deutsch-russischen Partnerschaft käme, die ja nicht in die Weltmachtpläne der USA paßt. Deutschland hat in diesen Plänen nur die Rolle als Vasallenstaat, Kanonenfutter und Brückenkopf für die geplanten Kriege in Eurasien.

Gemeinsame Ziele

Das durch Intrigen britisch-amerikanischer Finanzkreise hervorgerufene deutsch-russische Zerwürfnis war das eigentliche Verhängnis des 20. Jahrhunderts.[74] Es hat beide Staaten zu Gegnern gemacht und ruiniert. Beide Nationen waren durch Geschichte und Geographie zu gegenseitiger geistiger Befruchtung bestimmt. Nur gemeinsam können sie der Falle entrinnen, in die anglo-amerikanische Hinterlist sie getrieben hat.

Der Rohstoffreichtum Rußlands kann nur gemeinsam mit dem industriellen, technischen und wissenschaftlichen Potential Mitteleuropas erschlossen werden. Rußland benötigt deutsche Unterstützung beim Aufbau seiner Infrastruktur und Industrie. Nur mit der Hilfe Rußlands kann Deutschlands seine Souveränität wieder erlangen. Die deutsche Wirtschaft will die strategische Partnerschaft – nur die fremdbestimmte Politik und die Medien machen Schwierigkeiten. Die Aufgaben, die von Deutschland und Rußland nur gemeinsam bewältigt werden können, sind so groß, daß sie nur durch eine enge Zusammenarbeit zwischen Staat, Industrie und Forschung Aussicht auf Erfolg haben. Die Aktivitäten müssen unbehelligt durch irgendwelche Börsenmanipulationen durchgeführt werden. Dies setzt eine langfristige staatlich gesicherte Finanzierung mit niedriger Verzinsung voraus, wie sie immer bei erfolgreichen Infrastrukturmaßnahmen üblich war.

---

[74] Heinrich Jordis von Lohausen, »Sog im Osten«, in: *Handburch der deutschen Nation,* Bd. 4, Hohenrain, Tübingen 1992.

Staatsverträge sorgen für die reibungsarme Durchführung der Arbeiten, die sich teilweise über Jahrzehnte hinziehen.

Der Aufbau der Infrastruktur und der wichtigsten Industrien kann also nicht durch den Markt – das heißt also oft durch Geschäftemacher und Spekulanten – bewirkt werden. Dies ist eine Aufgabe des Staates. Die von den Anglo-Amerikanern vorgesehene Wettbewerbswirtschaft dient dazu, staatliche Organisationen und Dienstleistungsunternehmen zu privatisieren und danach auszubeuten: also Autobahnen, Eisenbahnen, Post, Energiewirtschaft, Sozialsystem usw. Es müssen eventuell Sonderwirtschaftsbeziehungen und Wirtschaftspläne für den gemeinsamen Aufbau der Infrastruktur eingerichtet werden.

Durch das Sowjetsystem und die Deindustrialisierung in den neunziger Jahren befinden sich die russische Industrie und Infrastruktur in einem schlechten Zustand und müssen von Grund auf erneuert werden. Dies trifft vor allen Dingen auf die Energietechnik, die Verkehrs- und Kommunikationstechnik, den Maschinenbau, die Feinmechanik, die Luftfahrt- und Chemieindustrie zu. Es müssen moderne Raffinerien und Transportsysteme aufgebaut, die Kernenergietechnik weiterentwickelt werden ebenso wie die Wasserstofftechnik und die regenerativen Energien, die Stromerzeugung und Stromverteilung, die Fernwärmeversorgung u. a.[75] Diese Zusammenarbeit bedeutet, daß die Entindustrialisierung in Deutschland und Rußland rückgängig gemacht werden muß, daß wir bei der Globalisierung auf amerikanisch – das ist der Schlußstein der anglo-amerikanischen Hegemonie – nicht mehr mitspielen, sondern für eine multipolare Welt eintreten. Sie bedeutet, daß die ungelösten Fragen der Energietechnik und anderer Techniken, die auf Geheiß der Globalisierer abgebrochen worden sind, gelöst werden, also zum Beispiel:

- Weiterentwicklung und Produktion des Hochtemperaturreaktors zur Erzeugung von Elektrizität und Prozeßwärme (1000 °C) für Kohleverflüssigung u.ä.
- Bau von Kraftwerken und Energieverteilungssystemen.

---

[75] Jonathan TENNENBAUM, »Rußland und der eurasische Aufschwung«, in: »Im Strudel des Systemkollapses«, unter: *www.eirna.com 2006*

- Bau von interkontinentalen Hochgeschwindigkeitsbahnen (ICE bzw. Transrapid), Bahnhöfen, Signal- und Steuereinrichtungen.
- Bau von Autobahnen, Flughäfen, Kanälen, Wasserversorgungs-, Abwasser- und Müllentsorgungseinrichtungen unter schwierigen Klimabedingungen.
- Allmählicher Aufbau einer mittelständischen Industrie in Rußland; dadurch steigendes Volkseinkommen dort, damit Schaffung eines stabilen, in sicheren materiellen Verhältnissen lebenden Mittelstandes.
- Einsatz von Zeppelinen zum Gütertransport über große Entfernungen.
- Zusammenarbeit im Bereich der Rohstofferkundung, -erschließung und -weiterverarbeitung.
- Zusammenarbeit im Bereich der Logistik und des Verkehrsmanagements.
- Beteiligung deutscher Firmen an russischen Firmen der Luftfahrt, des Anlagenbaus, der Infrastruktur, der Energiewirtschaft und der Petrochemie, der Bauindustrie und umgekehrt.
- Kooperation bei der Ingenieurausbildung.
- Einführung und Anwendung von Umweltschutztechniken.
- Modernisierung der Landwirtschaft durch Einsatz moderner Maschinen.
- Organisation der Zuliefererindustrie.
- Energieallianz Rußland-Deutschland.
- Zusammenarbeit auf dem Gebiet der Mikrotechnik.
- Ausbau der Kommunalwirtschaft und Konsumgüterindustrie.

Die Verkehrsverbindungen von Mitteleuropa in die zum Teil unterentwickelten sibirischen Gebiete Rußlands lassen sehr zu wünschen übrig und müssen in Zukunft mit deutscher Hilfe ausgebaut werden, sowohl die Eisenbahnen als auch die Straßen und Kanäle. Wenn wir es nicht tun, tun es die Japaner. Die Industrieregionen zwischen Europa und dem Industriegebiet um Chabarowsk müssen durch Schnellbahnen (ICE oder Magnetschwebebahn Transrapid) und moderne Autostraßen miteinander

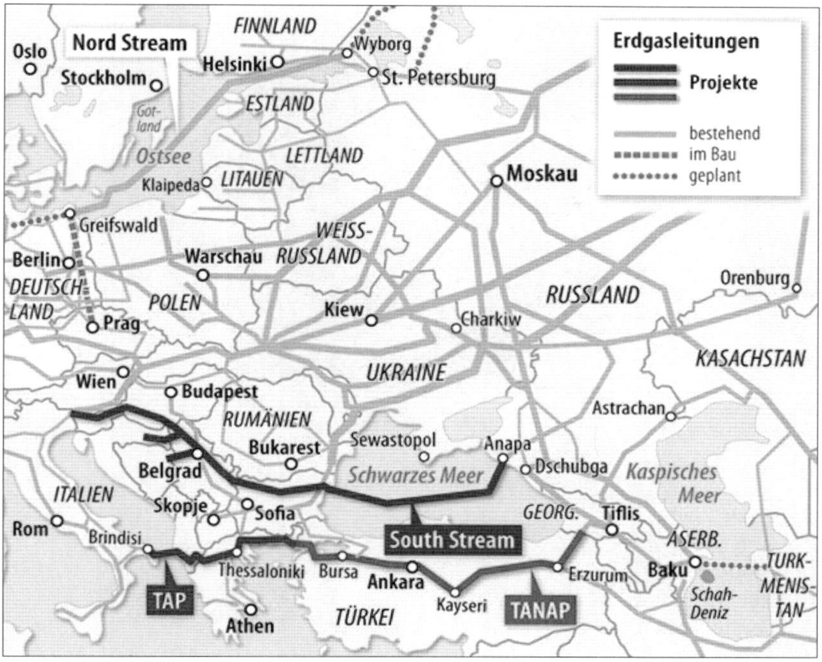

Bestehende Erdgasleitungen und geplante beziehungsweise im Bau befindliche Projekte, aus: *FAZ*, 7. 7. 2013.

verbunden werden. Abbildungen auf Seite 166 zeigen Struktur und Entwicklung des deutsch-russischen Handels. Deutschland hat von diesen Aktivitäten nur Vorteile:

- Die deutsche Industrie hat Aufträge für mehrere Jahrzehnte.
- Es gibt in Deutschland kein Arbeitslosenproblem mehr; das Sozialsystem ist gesichert.
- Nur durch Zusammenarbeit mit Rußland können wir uns von dem anglo-amerikanischen Joch und seinem ausbeuterischen Finanzsystem befreien. Durch diese Zusammenarbeit ist ein Wiederaufbau der produzierenden, werteschaffenden Industrie möglich, die in den vergangenen Jahrzehnten durch den Dienstleistungssektor reduziert worden ist.
- Deutschland darf sich wieder mit der Entwicklung moderner Techniken beschäftigen, also Kerntechnik (z.B. HTR), Flugzeugbau, Raketentechnik usw.

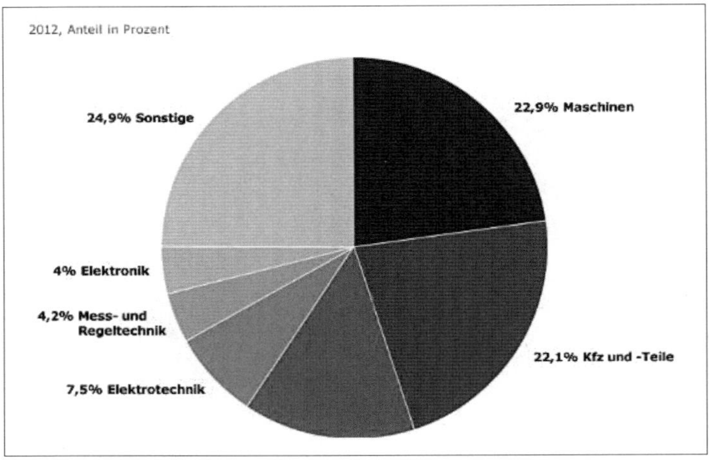

Deutsche Exportgüter nach Rußland im Jahre 2012. Graphik: *Der Spiegel.*

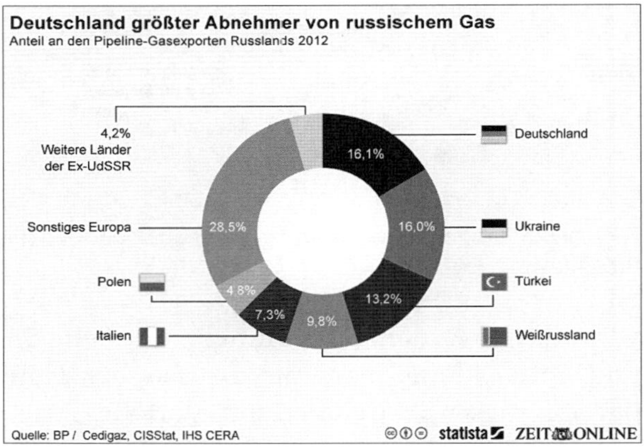

Deutschland ist der größte Importeur von russischem Erdgas. Das gilt auch für Erdöl. Im Jahre 2013 bezog Deutschland 33,8 Prozent seines Erdölbedarfs aus Rußland.

- Die von Medien und Politik favorisierte Technikfeindlichkeit wird beendet, ebenso die Entindustrialisierung Deutschlands und seine beabsichtigte Auflösung.
- Schaffung einer beständigen Friedens- und Wirtschaftsordnung im eurasischen Raum mit wachsendem Wohlstand für alle beteiligten Länder.

In seinem 1992 erschienenen Buch *Deutschlands Aufgabe im Osten* meinte Felix Buck:[76]

> »Ohne politische Feldbereinigung von Staat zu Staat kann auch der Boden für partnerschaftliche Zusammenarbeit im einzelnen nicht bereitet werden. Was in der Hansezeit die jeweiligen Kaufmannsgenossenschaften mit den Territorialherren aushandelten, muß heute vom Staat Bundesrepublik wahrgenommen werden, vor allen Dingen die Festlegung großzügiger Rahmenbedingungen, die einen möglichst großen Freiraum für die Betätigungen der Unternehmerschaft läßt und die Voraussetzung für möglichst freiheitliche Gewerbeansiedlung sichert. Von der Regierung müssen schon Signale ausgehen, die die Zielsetzung für eine Schwerpunktbildung erkennen lassen. Dabei ist eine erhebliche Hemmschwelle zu überwinden, die immer neu beschworene sogenannte Westintegration Deutschlands.
>
> Die Aufgabe, die Deutschland für Europa zu erfüllen hat, liegt im Osten. Wir haben das feste Verhältnis zu unseren westlichen Nachbarn fortzusetzen. Eine erkennbare Zukunftsaufgabe liegt dort nicht für uns. Die Deutschen sind keine West- und auch keine Osteuropäer, sie sind Mitteleuropäer. Sie können und müssen die Kraft, die diese zentrale Lage bietet, dahin lenken, wo sie für jetzt und für lange Zeit gebraucht wird, nämlich zu unseren östlichen Nachbarn.«

Ähnlich äußerte sich General von Seeckt, der Chef der Heeresleitung, in einem Schreiben vom 26. Juli 1920 an den Reichpräsidenten und Reichskanzler:[77]

> »Rußland hat die Zukunft für sich. Es kann nicht untergehen, weil es auf seinem gewaltigen Landbesitz immer wieder neue

[76] Felix Buck, *Deutschlands Aufgabe im Osten,* aaO. (Anm. 68).

[77] Gordon Lang, »*. . . Die Polen verprügeln*«, Askania, Lindhorst 1988.

Kräfte gebiert. Es kann, sobald seine zerrüttete Wirtschaft wieder hergestellt ist, Lebensmittel und Rohstoffe in Fülle hervorbringen. Es braucht Deutschland als Industrieland, als Lieferanten von Intelligenz und Organisation. Deutschland und Rußland sind also aufeinander angewiesen, wie sie es vor dem Kriege waren. Und wenn Deutschland sich auf Rußlands Seite stellt, so ist es selbst unbesieglich, denn andere Mächte werden dann immer Rücksicht auf Deutschland nehmen müssen, weil sie Rußland nicht unbeachtet lassen können. Stellt Deutschland sich gegen Rußland, so verliert es die einzige Zukunftshoffnung, die ihm nach dem Kriege bleibt.«

Diese Analyse stimmt auch heute noch.

Zweiter Teil

Das Beispiel Energie- und Klimapolitik

Deutsche Energiepolitik in Vergangenheit, Gegenwart und Zukunft

Energie ist neben Wissen der wichtigste Rohstoff in Deutschland für Industrie, Gewerbe und Handel. Ohne Energie werden keine Metalle erschmolzen, keine Autos oder Schiffe gebaut, kein Zement produziert, keine Waren transportiert, keine Wohnungen geheizt, keine Ferien in Mallorca gemacht, kein Fernsehen geguckt. . . Unser heutiges Leben hängt weitgehend von zuverlässig funktionierenden Energieversorgungssystemen ab. In der Industriegesellschaft, in der wir leben, ist eine funktionierende Energieversorgung für das Überleben eines Volkes genau so wichtig wie die Nahrungsmittel- oder die Wasserversorgung. Im Deutschen Reich waren ab 1871 die Kohle und ihre Veredelungsprodukte die hauptsächlichen Energielieferanten, mit deren Hilfe im Laufe von 50 Jahren der Wohlstand des Landes in ungeahnter Weise stieg. In der BRD kamen nach 1945 Erdöl, Erdgas und Kernenergie hinzu.

Energieversorgung Deutschlands vor 1945

Deutschland wurde im Laufe des 19. Jahrhunderts bis weit ins 20. Jahrhundert ein wohlhabender und mächtiger Industriestaat, indem es mit Hilfe seiner Kohlenvorräte im Ruhrgebiet, im Saarland und in Oberschlesien eine wohlorganisierte Industrie aufbaute, die allen Deutschen eine sichere Arbeit verschaffte. Die Industrie benötigt eine zuverlässige Energieversorgung; deswegen siedelte sie sich zunächst in den Regionen Deutschlands an, wo Kohle vorhanden war, zum Beispiel im Ruhrgebiet. Diese Kohle wurde benutzt zur Verhüttung von Eisenerzen und zur Stahlerzeugung, zur Herstellung von Koks und Heizgas, zur Erzeugung von Elektrizität in Kohlekraftwerken, wodurch der Energieinhalt der Kohle über weite Strecken in alle Haushalte transportiert werden konnte. Da bei der Herstellung von Koks (für die Stahlherstellung) nützliche Substanzen wie Teer und andere Kohlenwasserstoffe anfielen, die zur Erzeugung von Farbstoffen, Medikamenten, Benzin usw. dienten, entstanden im Ruhrgebiet und anderen kohlereichen Regionen des Reiches große Chemiefirmen. Es bildete sich so im Laufe der Zeit ein sehr komplexer Verbund unterschiedlicher unabhängiger Firmen (Kartelle), bei denen die Abfälle der einen Firma die Rohstoffe einer anderen waren. Es waren Kohlebergwerke, Hüttenwerke, Kokereien, Kohlekraftwerke, Chemiewerke usw. So bezog die chemische Industrie einen großen Teil ihrer Rohstoffe von den Kokereien. Es wurden im Ruhrgebiet Forschungsinstitute gegründet, die die Techniken der Firmen weiterentwickelten und optimierten. Außerdem entstand in der Region eine moderne Maschinenbauindustrie, die einzigartig in der Welt war. In enger Zusammenarbeit zwischen Industrie, Staat und Forschungsinstituten wurden Verfahren zur Kohleverflüssigung und zur Herstellung von synthetischem Benzin entwickelt, nachdem die Bohrkonzessionen für Erdöl in Mesopotamien nach dem Ersten Weltkrieg an England und Frankreich hatten abgetreten werden müssen.

Die wohlorganisierte Zusammenarbeit unterschiedlicher Industriezweige ermöglichte niedrige Energiepreise und Produktionskosten. Das übersehen unsere grünen Energieexperten, die nicht wissen, daß für die Energieversorgung eines Landes das Gesamtsystem der Wirtschaft beachtet werden muß.

Dieses Wunder an Erfindungsgeist und Produktionstechnik erregte schon früh den Neid unserer Konkurrenten, deren Wirtschaftssystem nicht auf Zusammenarbeit der Firmen, sondern auf Ausschaltung der Konkurrenten und Bildung von Megakonzernen beruht. Seit 1945 ist die Kohleverflüssigung in Deutschland gemäß Kontrollratsgesetz 23 vom 10. April 1946 verboten, weil diese Technik Deutschland unabhängig von anglo-amerikanischen Energie- und Finanzkonzernen gemacht hätte. Es wurde allerdings in den achtziger Jahren ein Verfahren entwickelt, um die Herstellung von synthetischem Benzin zu verbilligen, und zwar mit Hilfe des Hochtemperaturreaktors, der Temperaturen von rund 1000°C erzeugen und damit Kohle vergasen kann – eine Vorstufe zur Herstellung von synthetischem Benzin.

Näheres dazu im Abschnitt »Deutsche Energiepolitik ohne Konzept und Planungssicherheit«.

Energiepolitik in Deutschland nach 1945

Nach 1945 wurde die deutsche Energiepolitik immer weniger von sachlichen Argumenten geprägt als von politischen, ideologischen und technikfeindlichen Ideen, inspiriert von den Siegermächten, die den besiegten Konkurrenten beseitigen wollten.

Die Entwicklung des Hochtemperaturreaktors wurde 1989 aus politischen Gründen eingestellt, obwohl er der sicherste Kernreaktor der Welt ist. Der Kohlebergbau ist stark reduziert worden und soll ganz eingestellt werden; die Hüttenwerke sind dabei, wegen des CO_2-Emissionshandels und der hohen Energiepreise ins Ausland verlegt zu werden; die chemische Industrie wird folgen. Die Forschungsinstitute für Bergbau- und Kohleforschung sowie für Kerntechnik wurden geschlossen oder auf erneuerbare Energien, Frauenforschung u.ä. umfunktioniert.

Welche Energieträger stehen zur Verfügung?

Aus politischen, nicht aus technischen Gründen wurde nach 1945 der Anteil der Kohle und später der Kernenergie für die Energieversorgung zum Nachteil Deutschlands verringert, und zwar gegen den Rat der Fachleute und obwohl deutsche Ingenieure und Wissenschaftler die Kohletechnik und die Kerntechnik so weit entwickelt hatten, daß die Energieversorgung Deutschlands für viele Jahrzehnte gesichert war. Gleichzeitig wurde die BRD durch ihre anglo-amerikanischen ›Freunde‹ veranlaßt, in immer größerem Maße Erdöl für die Energieversorgung einzusetzen. Die Erdölvorräte der Welt hatten sich die Anglo-Amerikaner in zwei Weltkriegen angeeignet. Sie hatten es durchgesetzt, daß alle Erdölrechnungen in Dollar bezahlt werden mußten und sie den Handel beherrschten, alles zum Vorteil des Finanzsystems der Londoner City und der Wall Street. Das Erdöl wurde zum größten Beutezug der Weltgeschichte benutzt, der immer noch andauert.

Grundsätzlich sind folgende Energieträger in Deutschland einsetzbar:

- Verwendung fossiler Energieträger: Kohle. Erdöl, Erdgas,
- Verwendung von Kernenergie,
- Verwendung erneuerbarer Energien: Sonnenenergie, Windenergie, Biomasse, Wasserkraft, Erdwärme.

Alle diese Energiearten werden in Deutschland noch angewandt. Konkret lag der Energieverbrauch in Deutschland 2009 bei etwa 455 Millionen Tonnen Steinkohleneinheiten (SKE): 1 Tonne SKE ist die Energie, die bei der Verbrennung von einer Tonne Steinkohle frei wird. Auf die einzelnen Energieträger fielen im Jahre 2009 folgende Anteile:

Steinkohle	50 Millionen Tonnen SKE	
Braunkohle	51 » »	
Erdgas	99 » »	
Erdöl	158 » »	
Kernenergie	50 » »	
Erneuerbare Energien	40 » »	(Sonne, Wind, Biomasse, Wasser)
Sonstige	6 » »	(Stromsaldo)

Etwa 75 Prozent dieser Energie muß eingeführt werden, wodurch Deutschland sehr leicht erpreßbar wird, was anscheinend beabsichtigt ist. Im Jahre 2006 lag der Energieverbrauch Deutschlands noch bei 503 Millionen Tonnen SKE. Im Jahre 2015 betrug der Energieverbrauch 455 Millionen Tonnen SKE. Die Deindustrialisierung gemäß Morgenthau-Plan ist also längst im Gange. Die Verelendung folgt zwangsläufig.

Auswahlkriterien

Die Anteile, welche die einzelnen Energieträger jetzt an der Energieversorgung haben, müssen sich in Zukunft ändern, zum Vorteil Deutschlands und der deutschen Wirtschaft. Die Änderung kann durch folgende Kriterien bestimmt werden, um die Energieversorgung auf eine sichere Basis zu stellen:

- Verfügbarkeit,
- Versorgungssicherheit,
- Wirtschaftlichkeit,
- Umweltverträglichkeit,
- Kosten,
- Transport und Speicherfähigkeit der Energie,
- regionale Besonderheiten,
- Art der Energieverbraucher (Industrie, Verkehr),
- Akzeptanz,
- politische Vorgaben, Souveränität.

Diese Kriterien werden je nach Priorität mit einem Gewichtungsfaktor versehen.

Es ist bekannt, daß Erdöl zu schade ist, um in Motoren und Heizungen verbrannt zu werden. Es ist ein Rohstoff, aus dem

Kunststoffe, Düngemittel, selbst Lebensmittel hergestellt werden können. Berücksichtigt man dies, so bleiben für die Energieversorgung Kohle, Erdgas und Kernenergie übrig. Die Gewichtung der Kriterien ist für jedes Land unterschiedlich. Für Deutschland haben die Verfügbarkeit und Versorgungssicherheit die höchste Priorität; für die USA ist es die Möglichkeit, mit Erdöl politischen Druck ausüben und Dollars für den Einkauf von Erdöl verleihen zu können.

Deutsche Energiepolitik ohne Konzept und Planungssicherheit

Seit 1945 gibt es in Deutschland kein klares Energiekonzept und keine Planungssicherheit für die Energieversorger. Sichere und kostengünstige Energiesysteme werden abgeschafft, wie zum Beispiel Energie aus Kohle oder aus Kernreaktoren; unsichere und teure Energiesysteme werden per Gesetz dem Land aufgezwungen. Neu entwickelte Energiesysteme wurden während der Entwicklung abgebrochen, etwa die Speicherung erneuerbarer Energien oder der Hochtemperaturreaktor.

Erneuerbare Energien

Die erneuerbaren Energien wurden von unseren anglo-amerikanischen ›Freunden‹ und den von ihnen geförderten 68ern als Ersatz für Kohle und Kernenergie vorgeschlagen, deren Speicherung allerdings als zu teuer abgelehnt.

Solarenergie und Windenergie fallen immer in geringer Konzentration und ungleichmäßig an. Der Energiebedarf eines Industrielandes wie Deutschland muß allerdings stetig und zuverlässig gedeckt werden, auch wenn die Sonne nicht scheint und der Wind nicht weht. Das bedeutet, daß bei der Nutzung von Wind- und Sonnenenergie ein leistungsfähiger Energiespeicher erforderlich ist, der die angeforderte Energie liefert, wenn keine erneuerbaren Energien vorhanden sind.

Dieser Energiespeicher ist bekannt, nämlich Wasserstoff, der durch Zersetzung von Wasser in seine Grundbestandteile Wasserstoff und Sauerstoff mit Hilfe von Strom aus Solarzellen oder Windrädern erzeugt werden kann. Die so erzeugten Gase kann man in Druckbehältern speichern und bei Energiebedarf wieder in Turbinen rekombinieren lassen (Knallgasreaktion). Dabei wird die bei der Wasserzersetzung aufgewandte Energie zum großen

Teil wieder gewonnen als thermische oder auch als elektrische Energie (letzteres in Brennstoffzellen).

Es macht also keinen Sinn, Windräder oder Solarzellen zu entwickeln, wenn man sich nicht auch um die dazu passende Speichertechnik kümmert. Dies hat man in Deutschland in den vergangenen Jahrzehnten nicht in der notwendigen Weise getan, obwohl die Wissenschaft die Politiker dauernd darauf hingewiesen hat. Das führt nun zu der widersinnigen Tatsache, daß für 1000 Megawatt installierte Windkraftleistung fast die gleiche Kraftwerkleistung in Form von Erdgaskraftwerken vorgehalten werden muß für den Fall eventueller Windflauten. Damit sind die erneuerbaren Energien völlig überflüssig: Man kann den Strom mit Gaskraftwerken allein produzieren.

Bei Starkwind weiß man nicht wohin mit der erzeugten elektrischen Energie. Man bietet sie teilweise zum Nulltarif an der Strombörse in Leipzig an. Natürlich könnte man damit Wasserstoff erzeugen und speichern oder dem Erdgas zumischen. Aber man tut es nicht! Neben der Solar- und Windenergietechnik hätte die Wasserstofftechnik zügig entwickelt werden müssen, um zu einem nachhaltigen und realistischen Energiesystem auf der Grundlage erneuerbarer Energien zu kommen. Die Politik hat dies nicht zur Kenntnis genommen, ebenso wenig wie die Weiterentwicklung der Wasserstofftechnik zur Methanoltechnik. Da die Speicherung von gasförmigem Wasserstoff aufwendig und teuer ist, wurde vorgeschlagen, den mit erneuerbaren Energien erzeugten Wasserstoff mit Kohlendioxid reagieren zu lassen. Dabei entsteht Methanol, ein flüssiger Energieträger und Chemierohstoff, der leicht speicherbar ist und für den auch schon eine Speicherinfrastruktur besteht (Tankstellen). Die Entwicklung breitbandiger Solarzellen hohen Wirkungsgrads (50% und mehr, sogenannte ›Tandem-Solarzellen‹) wurde nicht vorangebracht. Ein ingenieurmäßiger realistischer Entwurf großer Energiesysteme zur Energieversorgung abgelegener Regionen mit Hilfe von erneuerbaren Energien und Wasserstoff fand nicht statt. Die erneuerbaren Energien in ihrem jetzigen Entwicklungsstadium stellen eine unausgereifte Technik dar.

Die Entwicklung zur Serienreife dieser für die landesweite Anwendung der erneuerbaren Energien unabdingbaren Techniken dauert Jahrzehnte. Wegen der in den letzten Jahren begangenen Fehler der Energiepolitik (erneuerbare Energien ohne Speicher) wird darum kein Weg an der Nutzung der Kernenergie in den nächsten 30 bis 40 Jahren vorbeiführen. Nur so können die Abwanderung der Industrie aus Deutschland und der Zusammenbruch des Sozialsystems verhindert werden. Die erneuerbaren Energien können beim jetzigen Stand der Technik den Energiebedarf eines Industrielandes wie Deutschland nicht decken. Wenn das Speicherproblem und das Problem der hocheffizienten Solarzellen gelöst ist, können sie einen kleinen Anteil der Energieversorgung Deutschlands gewährleisten, aber nie 100 Prozent. Es sieht so aus, als wäre die derzeitige deutsche Energiepolitik das Werk von Narren oder von Agenten der Wall Street.

Der Thorium-Hochtemperaturreaktor für die Erzeugung von Strom und Prozeßwärme

Der Thorium-Hochtemperaturreaktor THTR 300 wurde in Deutschland entwickelt, um neben Strom auch Prozeßwärme von etwa 1000°C zur Verfügung zu stellen, die man in der chemischen Industrie und bei der Kohleverflüssigung zur Herstellung von Benzin benötigt. Dieser Reaktor ist an die Verhältnisse der deutschen Industrie und ihre Energieversorgung ideal angepaßt. Durch ihn wäre Deutschland von der Lieferung und Erpressung durch anglo-amerikanische Erdölkonzerne und Spekulanten unabhängig; das Land wäre nicht in die Globalisierungsfalle geraten.

Der Hochtemperaturreaktor (HTR) ist eine geniale Weiterentwicklung des Druckwasserreaktors (DWR), der heute meistens für die Energietechnik verwendet wird.

In diesem Druckwasserreaktor wird sehr viel Wärmeenergie produziert, indem Uran 235 durch langsame Neutronen gespalten wird. Die bei der Spaltung des Urans 235 frei werdende Energie wird an Kühlwasser abgegeben, das sich dadurch auf etwa 320 °C aufheizt bei einem Druck von etwa 160 bar. Dieses hochgeheizte Kühlwasser dient zur Dampferzeugung in einem Wärmetauscher. Der Dampf treibt eine konventionelle Turbine an, die über einen angekoppelten Generator elektrischen Strom erzeugt.

Der HTR heizt das Kühlmedium auf wesentlich höhere Temperaturen auf, nämlich auf 900 bis 1000°C. Diese Temperatur ist für einen wassergekühlten Druckwasserreaktor nicht erreichbar, da sich zu hohe Drücke aufbauen würden. Der HTR wird also nicht durch Wasser (mit seinem sehr hohen Dampfdruck bei hohen Temperaturen) gekühlt, sondern durch ein reaktionsträges Gas, nämlich Helium. Die Strukturmaterialien des Reaktors bestehen nicht aus Metallen (wie beim Druckwasserreaktor), sondern aus Graphit, das äußerst temperaturbeständig ist.

⇨ Die Brennelemente

Der Brennstoff des HTR, das Uran 233 – es hat ähnliche Eigenschaften wie das Uran 235 im Druckwasserreaktor – wird im Reaktor selbst aus Thorium 232 hergestellt, man sagt ›gebrütet‹. Indem man im Reaktor das Thorium 232 mit Neutronen beschießt, entsteht aus dem Thorium das spaltbare Uran 233, das bei der Spaltung durch langsame Neutronen im selben Maße Energie abgibt wie das Uran 235.

Beim THTR 300 bestehen die Brennelemente aus tennisballgroßen Kugeln, die von Graphit umhüllt sind (bis ca. 3000°C einsetzbar). Der Brennstoff – eine Mischung aus Oxiden des Thorium 232 und geringen Mengen von Uran 235 – besteht aus Körnern von etwa 0,8 mm Durchmesser, die von mehreren dünnen, gasundurchlässigen Schichten aus Graphit und Siliziumkarbid umhüllt sind. Diese Körner werden zu einer tennisballgroßen Kugel gepreßt, die mit Graphit beschichtet wird. Rund 500 000 dieser

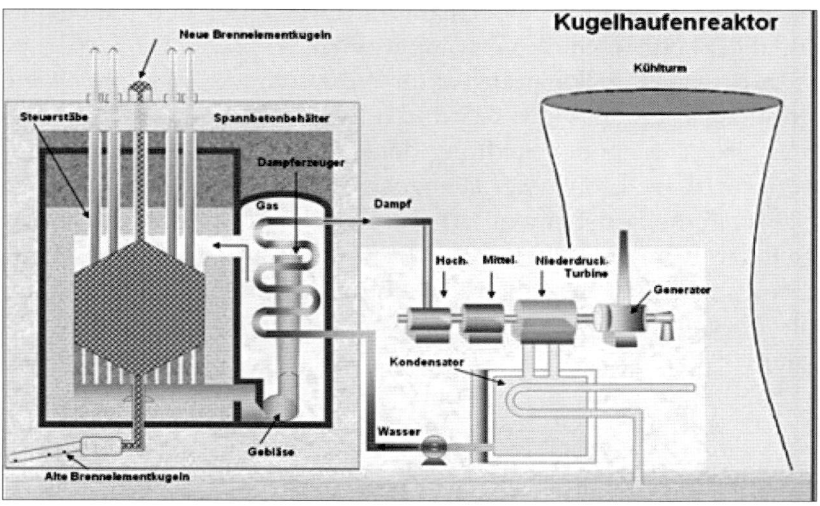

Kugeln befinden sich im Reaktorkern, der unten trichterförmig verengt ist. Die Kugeln strömen im Laufe einiger Monate von oben nach unten durch den Reaktorkern und geben ihre Zerfallswärme an das vorbeiströmende (von oben nach unten) Helium ab.

Die abgebrannten Brennelemente verlassen den Reaktor durch eine Schleuse am unteren Ende des Trichters und werden unter dem Reaktor in einem dickwandigen Betonbunker gelagert. Nach etwa 100 Jahren entspricht die Aktivität der abgebrannten Kugeln der Umgebungsaktivität. Sie können dann zur Endlagerung aus dem Bunker entnommen werden.

Kugelhaufen-Versuchsreaktor AVR in Jülich.

In dem THTR 300 ist immer nur so viel Brennmaterial vorhanden, wie zum Betrieb des Reaktors erforderlich ist – im Gegensatz zum Druckwasserreaktor, der das Brennmaterial für einige Jahre Betrieb enthält und außerdem die schädlichen Spaltprodukte, die Neutronen, absorbiert und so verhindert, daß das Brennmaterial komplett genutzt wird. Die radioaktiven Zerfallsprodukte im Druckwasserreaktor bewirken, daß auch nach dem Abschalten des Reaktors die Reaktortemperatur weiter steigt. Beim HTR ist dieser Temperaturanstieg konstruktionsbedingt und, weil weniger Spaltprodukte in den Kugeln sind, geringer als beim Druckwasserreaktor. So hat man im Kugelhaufen-Versuchsreaktor AVR in Jülich einen GAU eingeleitet, indem man bei laufendem Betrieb die Kühlung unterbrochen hat. Die Temperatur im Reaktorkern stieg zunächst bis 1600°C an. Als Folge der steigenden Temperatur wurde der Reaktor unterkritisch, das heißt, die Kernspaltungen ließen nach und hörten schließlich ganz auf. Der Reaktor konnte anschließend wieder ohne Schäden in Betrieb genommen werden.

Dieser Reaktor ist inhärent sicher, das heißt, er schaltet sich bei steigender Temperatur ohne äußere Einwirkung von selbst ab. Ein GAU ist bei ihm nicht möglich.

Der Druckbehälter für den THTR 300 besteht nicht wie beim Druckwasserreaktor aus rostfreiem Edelstahl, sondern ist aus 6 m dickem Spannbeton hergestellt. Selbst ein herabstürzender Jumbo-Jet könnte diesen Behälter nicht zerstören.

Der Thorium-Hochtemperaturreaktor THTR 300 wurde seit 1972 in Hamm-Uentrop betrieben, bevor er 1989 aus politischen Gründen abgeschaltet wurde. Er hatte eine thermische Leistung von 750 Megawatt und eine elektrische Leistung von 300 Megawatt. Kühlmittel ist Helium mit einer Ausgangstemperatur von 750 °C bei 40 bar.

Fazit: Der THTR 300 zeichnet sich gegenüber dem in Deutschland noch zugelassenen Druckwasserreaktor durch folgende Eigenschaften aus:

- Er kann gleichzeitig Elektrizität und Wärmeenergie zur Kohlevergasung liefern.
- Seine Brennelemente sind dichte, tennisballgroße Kugeln, welche die bei der Kernspaltung entstehende Radioaktivität sicher einschließen. Die Kugeln kommen ohne Wiederaufbereitung ins Endlager. Nach etwa 100 Jahren ist ihre Radioaktivität so weit abgeflaut, daß sie mit bloßer Hand gefahrlos angefaßt werden können. Sie befinden sich rund 100 Jahre lang in einem Betonbunker unter dem Reaktor.
- Der Brennstoff ist nicht Uran 235, sondern Uran 233, das im Reaktor selbst durch Neutronenanlagerung aus Thorium 232 erzeugt wird. Thorium ist wesentlich häufiger in der Erdrinde enthalten als Uran. Es kann zu 100 Prozent zur Kernspaltung ausgenutzt werden, was bei Uran nicht möglich ist. Der THTR kann kein Spaltmaterial für den Bau von Atombomben herstellen.
- Die abgebrannten Brennelement-Kugeln enthalten keine extrem langlebigen radioaktiven Reaktionsprodukte wie Plutonium oder andere Transurane.
- Der HTR ist aufgrund seiner Konstruktion, wie gesagt, inhärent sicher. Eine Kernschmelze oder ein GAU ist unmög-

lich – bei Temperaturerhöhung im Reaktor finden automatisch weniger Kernreaktionen statt. Er enthält nicht das gesamte Spaltmaterial für mehrere Jahre wie beim Druckwasserreaktor – es werden bei Bedarf neue Brennelementkugeln zugegeben oder ausgeschleust. Der HTR ist das sicherste Kernkraftwerk der Welt. Der Druckbehälter besteht nicht aus rostfreiem Edelstahl, sondern aus 6 m dickem Spannbeton, den ein Flugzeugabsturz nicht zerstören kann.

- Die Stromerzeugung mit dem HTR ist ungefähr genau so teuer wie die im Druckwasserreaktor. Er kann auch in kleinen Einheiten mit einer thermischen Leistung von 200 Megawatt sowie zur Benzinherstellung gebaut werden.
- Die Weiterentwicklung des HTR hätte Deutschland große Vorteile gebracht. Früher wurde die zu vergasende Kohle durch Verbrennung von Kohle auf 1000°C erhitzt. Der HTR hätte die Vergasung verbilligt. Der HTR für die Kohlevergasung hätte unser Land unabhängig von Erdöllieferungen anglo-amerikanischer Erdölgesellschaften und Erdölspekulanten gemacht.
- Da der HTR inhärent sicher ist, könnte er in Schwellen- und Entwicklungsländern zur Stromerzeugung benutzt werden sowie zur Meerwasserentsalzung und Lieferung von Fernwärme, um Infrastruktur und Landwirtschaft zu verbessern.
- Wenn der HTR gebaut worden wäre, wäre das Geld der Wirtschaft und des Staates seit den neunziger Jahren nicht in Börsenspekulationen geflossen, sondern in den Bau neuer Fabriken und die Entwicklung neuer Technologien.
- Der HTR ist der leistungsfähigste Wasserstofferzeuger. Die Wasserstofftechnik wäre mit dem HTR weiterentwickelt worden. Dies wäre den erneuerbaren Energien zugute gekommen. Denn ohne einen leistungsfähigen Energiespeicher – als solcher kann nur Wasserstoff verwendet werden – sind Sonnenenergie und Windenergie für die Energieversorgung eines Industriestaats unbrauchbar.
- Der HTR ist ein optimal an die deutschen Wirtschafts- und Industrieverhältnisse (Verbundsystem) angepaßter Energielieferant. Er ermöglicht Versorgungssicherheit für Energie,

er ist damit ein Garant für deutsche Souveränität, für Wohlstand und Freiheit im Lande.

Der THTR 300 ist überhaupt nicht vergleichbar mit dem Reaktor von Tschernobyl, der speziell für die Plutoniumproduktion gebaut wurde, oder mit den schlampig konstruierten amerikanischen General Electric-Reaktoren am Tsunami-Strand von Fukushima. Letztere sind typische US-amerikanische Produkte, um einen schnellen Dollar zu machen.

Der von deutschen Wissenschaftlern und Ingenieuren entwikkelte Reaktor THTR 300 wird jetzt in China gebaut.

⇨ Einwände der Kernkraftgegner gegen den THTR 300

Die Argumente der Kernkraftgegner gegen den THTR 300 können im Internet unter anderem unter www.reaktorpleite.de nachgelesen werden. Diese Einwände beziehen sich hauptsächlich auf den Versuchsreaktor AVR in Jülich, mit dem die Technik des Kugelhaufenreaktors in den Jahren von 1960 bis 1988 in kleinerem Maßstab (15 Megawatt elektrisch) entwickelt, überprüft und optimiert wurde. Man baut solche Versuchsreaktoren, um neue Techniken zu erproben, ihre Kinderkrankheiten und Konstruktionsfehler zu erkennen und auszumerzen. Die Fehler wurden erkannt, beseitigt und bei neuen Konstruktionen (z.B. dem THTR 300) nicht wiederholt. Bei dem THTR 300 wurde im Langzeitbetrieb die Graphit-Schutzschicht einiger Brennelementkugeln beschädigt, hervorgerufen durch das Einfahren von Regelstäben in die heiße Kugelschüttung.

Dabei wurde auch Radioaktivität aus den Brennelementkugeln im Helium-Kreislauf festgestellt. Dies wird bei der folgenden Reaktorgeneration durch eine schlankere Konstruktion des Reaktorkerns vermieden (China).

Die Steuerstäbe werden nicht mehr in die Kugelschüttung eingefahren, sondern bewegen sich in Bohrungen des Seitenreflektors aus Graphit. Dabei wird die Konstruktion des THTR 300 insofern geändert, als das Verhältnis der Höhe des Reaktorkerns zum Durchmesser von 1:1 auf 3:1 bei den neuen Reaktoren verändert wird. Das führt zu einer besseren Abfuhr der Wärme und Steuerung des Neutronenflusses. Die Kernkraftgegner tun so, als wären diese Konstruktionsänderungen nicht durchgeführt worden.

⇨ Neubauten von Kugelhaufenreaktoren

Neubauten von Kugelhaufenreaktoren sind geplant in China, Indien, USA, Japan und Kanada. China hat die Lizenzen für den Kugelhaufenreaktor von Deutschland erworben und den Versuchsreaktor HTR-10 (10 Megawatt thermisch) in Changping in Betrieb genommen und getestet. Der Entwicklungsplan für weitere gasgekühlte Hochtemperaturreaktoren hat offiziell höchste Priorität in China. Es werden zwei neue Reaktoren mit einer thermischen Leistung von je 200 MW gebaut.

Es ist eine Schande und ein Verbrechen, wie in den vergangenen Jahrzehnten eine zukunftfähige Energieversorgung Deutschlands durch die Politik hintertrieben wurde und wie das deutsche Volk in Energiefragen desinformiert wird. Es gibt kein realistisches Energiekonzept der Regierung und keine Planungssicherheit für die Industrie. Für Deutschland ist das tödlich. Im übrigen ist die Kohleverflüssigung den Deutschen durch das Kontrollratsgesetz Nr. 23 vom 10. April 1946 verboten, ebenso wie der Neubau von Kernreaktoren seit dem 8. Dezember 2010 durch eine Änderung des Atomgesetzes.

Fossile Energieträger und Energiewende 2011

Die Bundesregierung beschloß am 6. Juni 2011, alle Kernreaktoren in Deutschland bis zum Jahre 2022 abzuschalten. In einer Demokratie werden so weitreichende Entscheidungen, die Kosten von vielen Milliarden Euro verursachen, vom Parlament getroffen, nicht par ordre de Mufti. Dieser Atomausstieg führt über die geplante ›Energiewende‹ (Energieversorgung nur durch erneuerbare Energien) direkt zur Öko-Diktatur, also ein perfekter Staatsstreich. Die Energie wird durch diese 68er Energiepolitik so teuer, daß wir in einigen Jahren über jede verbrauchte Kilowattstunde Rechenschaft werden ablegen müssen, statt mit dem Auto mit dem Fahrrad zur Arbeit und in den Urlaub fahren usw. Wie der Ausstieg aus der Kernenergie und der Industriegesellschaft abläuft, kann man unter www.wbgu.de nachlesen. Weiter oben haben wir auf den vom WBGU veröffentlichten »Gesellschaftsvertrag für eine Große Transformation« hingewiesen. Im Zeitraum 2011–2015 wurden laut *Wikipedia* neun Kernkraftwerke mit einer installierten Leistung von ca. 12 Gigawatt abgeschaltet und vom Netz genommen. Im selben Zeitraum werden 26 neue Kohlekraftwerke mit einer Leistungsabgabe von etwa 26 Gigawatt sowie 14 Gaskraftwerke mit einer Leistung von rund 9 Gigawatt in Betrieb genommen. Die Industrie in Deutschland kann also beruhigt sein: Es ist genügend elektrische Energie für ihren Betrieb vorhanden, auch für die Haushalte.

Allerdings erzeugen die Kohle- und Gaskraftwerke erhebliche Mengen an CO_2, die Kohlekraftwerke etwa 190 Millionen Tonnen Kohlendioxid pro Jahr, die als sogenannte ›Klimakiller‹ in die Atmosphäre gehen. Unsere Klimakanzlerin, die bisher so voller Elan und Idealismus gegen den Klimakiller CO_2 gekämpft hat, sorgt nun dafür, daß die deutsche Industrie für Milliarden Euro CO_2-Emissionsrechte kaufen muß. Denn der Handel mit Emissionsrechten bringt mehrere Milliarden Euro Umsatz pro Jahr an die Börse, die wir über unsere Stromrechnungen und Inflation bezahlen dürfen. Das Emissionsrecht für eine Tonne CO_2 kostet derzeit rund 5 Euro.

Der Handel mit Emissionsrechten basiert auf einem großen Schwindel: CO_2 ist aus physikalischen Gründen nicht in der Lage, das Klima merklich zu beeinflussen. Nur die Wassertröpfchen in den Wolken können das.

Außerdem sollte man wissen, daß ein Industrieland wie Deutschland nicht aus der effizientesten Energietechnik aussteigen darf, wenn es nicht absteigen will. Es werden in den nächsten Jahren Hunderte neue Kernkraftwerke in anderen Ländern ohne deutsche Technik und Beteiligung gebaut. Die deutsche Industrie wird zweifellos an verlieren Ansehen und Umsätze einbüßen.

Energieversorgung Deutschlands in Zukunft

Die energetische Infrastruktur Deutschlands muß in den nächsten Jahren zu großen Teilen erneuert werden. Außerdem müssen bis 2030 etwa 45 GW an elektrischer Kraftwerksleistung neu installiert werden. Bei der Planung neuer Kraftwerke und Verteilungssysteme müssen die ideologisch bedingten und von unseren Feinden inspirierten Fehlentscheidungen der letzten Jahrzehnte im Energiesektor rückgängig gemacht, die Abhängigkeit vom Erdöl verringert, die zu unserem Schaden abgebrochenen Neuentwicklungen – beispielsweise Kohleverflüssigung, Hochtemperaturreaktor, Wasserstofftechnik usw. – wieder aufgenommen, eine möglichst weitgehende Energieautarkie des Landes angestrebt werden. Die Planungen müssen so durchgeführt werden, daß sich die zu erwartenden Neuentwicklungen der nächsten Jahrzehnte zwanglos in das vorhandene Energiesystem einbauen lassen.

Es empfiehlt sich, diese Entwicklungen in Zusammenarbeit mit Rußland zu betreiben, da dort riesige Gebiete energetisch zu erschließen sind und so die Einwendungen unserer westlichen ›Freunde‹ gegen energieautarke Bestrebungen Deutschlands unterlaufen werden können.

Die Energieversorgung Deutschlands wird also in den nächsten Jahren notgedrungen auf Kohle, Erdgas, Erdöl beruhen. Die erneuerbaren Energien sind noch zu teuer, nicht speicherbar und unausgereift, so daß es beim jetzigen Entwicklungsstand nicht sinnvoll ist, sie landesweit einzusetzen.

Da CO_2 in Wirklichkeit nicht in der Lage ist, eine Klimaänderung zu bewirken und die internationalen Klimaabkommen auf Grund von gefälschten und manipulierten Meßprotokollen zustande gekommen sind, ist ein souveränes Deutschland berechtigt, aus den CO_2-Verträgen auszutreten.

Wegen der Verteuerung der Strompreise und der Abwanderung von Industrieunternehmen aus Deutschland wird in einigen Jahren der Atomausstieg rückgängig gemacht werden müssen und die Laufzeit der meisten Kernreaktoren verlängert werden.

Die Energieforschung wird wieder mit hoher Priorität aufgenommen werden müssen,

- um den HTR fertigungsreif zu machen,
- um die Transmutationstechnik zur Umwandlung radioaktiver Substanzen in stabile zu optimieren,
- um die regenerativen Energien speicherbar zu machen und Solarzellen mit hohem Wirkungsgrad zu entwickeln,
- um neue Energiequellen zu erforschen und nutzbar zu machen, wie zum Beispiel Methanhydrate, abiotisches Erdöl,
- um die Kernfusion zu erforschen,
- für die Entwicklung von Elektro-Autos mit Methanol-Brennstoffzelle.

Der Einfluß der Wolken auf das Klima

Das Wetter auf der Erde ergibt sich aus einer unüberschaubaren Zahl von Einflüssen und Rückwirkungen, die nur zum Teil bekannt und verstanden sind. Die wichtigsten Einflußfaktoren sind die *Sonne durch ihre Energieeinstrahlung* auf die Erde und die damit zusammenhängende *Wolkenbildung*. Gewisse Kreise behaupten seit einiger Zeit mit großer Unterstützung der Medien, daß ein steigender CO_2-Anteil in der Atmosphäre zu steigenden Temperaturen auf der Erde führen würde, weil das CO_2 (zusammen mit dem Wasserdampf) die von der Erdoberfläche ausgehende Wärmestrahlung absorbieren und zur Erde zurückemittieren würde. Die Wissenschaft kann das *so* nicht bestätigen, da die Atmosphäre nur sehr wenig CO_2 enthält, das zudem wenig Energie absorbieren kann, weniger als Wasserdampf und erheblich weniger als die Wassertropfen der Wolken. Vor Jahrmillionen war wesentlich mehr CO_2 in der Atmosphäre, die Erdtemperatur aber kaum höher als jetzt. Die Verkünder der Klimakatastrophe belegen ihre Behauptung mit Labormessungen des Absorptionsgrads von CO_2 und Wasserdampf; der Einfluß der Wolken (sie bestehen aus Wassertröpfchen) wird normalerweise nicht berücksichtigt. Die Wolken haben aber einen entscheidenden Anteil an der Absorption der Infrarotstrahlung, die von der Erdoberfläche ausgeht, und damit einen großen Einfluß auf das Klima, da die Wolken diese absorbierte Energie speichern können. Der Einfluß von CO_2 ist im äußerst komplexen realen Klimasystem von sehr geringer Bedeutung. Im folgenden soll diese These belegt werden.

Die trockene untere Atmosphäre besteht zu 78% aus Stickstoff, zu 21% aus Sauerstoff, zu 0,7% aus Argon, zu 0,037% aus CO_2 sowie aus einigen anderen Spurengasen. Hinzu kommt ein veränderlicher Wasserdampfanteil von maximal 4% – im Mittel 2,5%. Stickstoff und Sauerstoff absorbieren keine Infrarotstrahlung, Wasserdampf und Kohlendioxid absorbieren in bestimmten infraroten Wellenlängenbereichen, Wassertropfen absorbieren kontinuierlich im gesamten Infrarotbereich. Der Gehalt einer Wolke an flüssigen Wassertröpfchen liegt zwischen 0,01 und 2 Gramm pro Kubikmeter. Eine 100 m dicke Wolkenschicht kann also 1–

200 Gramm Wasser pro Quadratmeter enthalten. Wegen des hohen Absorptionsgrads des Wassers im Infraroten und seiner großen Wärmekapazität landet alle Infrarotstrahlung, die von der Erdoberfläche ausgeht – auch die vom Kohlendioxid in der unteren Atmosphäre emittierte – schließlich in den Wolken (und im Dunst). Diese bestehen aus Wassertröpfchen von einigen Mikrometern Durchmesser, ebenso wie Nebel oder Dunst. Diese Wassertröpfchen sind in der Lage, die absorbierte Energie zu speichern oder an die kältere Atmosphäre abzugeben durch Strahlung, Wärmeleitung oder Konvektion (in Form von erzwungenen Strömungen oder Regentropfen). Die Infrarot-Spektren von CO_2 und Wasserdampf sind Bandenspektren, das Absorptionsspektrum von Wasser (und Wassertröpfchen) ist ein kontinuierliches, ähnlich wie bei einem Festkörper. Der Absorptionsgrad des Wassertropfens ist wesentlich höher als der des Wassermoleküls. Wegen des Kirchhoff-Gesetzes (Absorptionsgrad = Emissionsgrad) strahlt der untere Rand einer Wolke Energie zur Erdoberfläche, der obere Rand bei niedrigerer Temperatur strahlt Energie in die obere Atmosphäre oder eventuell in den Weltraum.

Ob viel CO_2 in der Atmosphäre ist oder wenig, ändert kaum etwas an der Gesamtbilanz der Wärmeübertragung: Bei Bewölkung landet alle von der Erde abgestrahlte Energie in den Wolkentröpfchen und wird von dort aus weitergeleitet – wegen der dauernden Veränderungen in der Atmosphäre ein sehr komplexer Vorgang. Die Absorption der von der Erde abgestrahlten Energie ändert sich dauernd in Abhängigkeit von der Luftfeuchtigkeit und Wolkenbedeckung.

Dieses und vieles andere mehr wird in den Klimamodellen der Globalisierer nicht berücksichtigt: Darum sind ihre Aussagen und Berechnungen falsch, selbst wenn sie aus sehr teuren Computern stammen. Jeder intelligente Mensch kann durch aufmerksame Wetterbeobachtung feststellen, daß CO_2 keinen merklichen Einfluß auf das Klima hat. Ein Beispiel ist der tägliche Temperaturverlauf in einer feuchten wolkenreichen Gegend und derjenige in einer trockenen Wüstengegend ohne nennenswerte Luftfeuchtigkeit.

Die beschriebenen Phänomene kann man am täglichen Wettergeschehen beobachten: In Brasilien oder im Kongo ist die Atmosphäre feucht und nachts oft wolkig. Tagsüber liegt die Temperatur dort bei 28°C bis 30°C, nachts bei 24°C bis 25°C. Die aus Wassertröpfchen bestehenden Wolken halten die natürliche Wärmeausstrahlung der Erdoberfläche zurück und strahlen entsprechend ihrer Temperatur auf die Erdoberfläche. Deswegen bleibt es nachts bei bewölktem Himmel wärmer als bei klarem Himmel. In der Sahara ist die Luft sehr trocken, sie enthält nur wenige Wassertröpfchen. Mittags liegt dort die Temperatur am Boden bei 50 bis 60°C, nachts kann sie bis unter 0°C fallen. Die von der Erdoberfläche ausgehende Infrarotstrahlung verschwindet dort fast ungehindert im Weltraum; nur ein sehr geringer Prozentsatz wird zur Erde zurückgestrahlt. Kohlendioxid- und Wasserdampfmoleküle speichern die absorbierte Energie nicht, sondern geben sie sofort wieder ab. Der Kohlendioxidgehalt der Atmosphäre in der Sahara und in Brasilien ist ungefähr gleich; sehr unterschiedlich allerdings ist die Luftfeuchtigkeit in diesen Regionen. Ähnliche Vorgänge finden übrigens am oberen Rand der Wolken und an dunstigen Tagen bei der Absorption und Streuung des Infrarot-Anteils des Sonnenlichts statt.

Der unbefangene Beobachter kann diese Wolkenphänomene in einer windstillen Winternacht auch in Deutschland beobachten. Wenn tagsüber die Temperatur bei 0°C liegt, kann sie bei klarem Himmel ohne Wolken und Nebel nachts auf –10°C sinken, bei bewölktem Himmel aber nur auf –3 bis –4°C. Die Wolken speichern die abgestrahlte Energie der Erdoberfläche und emittieren sie zum Teil zurück. Der Anteil von Kohlendioxid an den beschriebenen Phänomenen ist minimal.

Dieses Verhalten der Atmosphäre steht in Übereinstimmung mit den Gesetzen der Physik und den Eigenschaften von Wasser, Wasserdampf und Kohlendioxid. Die von den Qualitätsmedien verbreiteten Geschichten über das CO_2 sind falsch, sie sollen nur eine Begründung für den Emissionshandel liefern, nämlich die sogenannte ›Klimarettung‹ durch CO_2-Vermeidung. Sie werden mit allerlei gruseligen Geschichten garniert, wie »Kölner Dom unter Wasser«, »Eisbären ersaufen im warmen arktischen Meer«, »Die Klimakanzlerin auf gefährlicher Fahrt am Nordpol zur Rettung des Klimas« usw.

Die Temperatur auf der Erde wird hauptsächlich durch die

Sonneneinstrahlung und die Wolken beeinflußt, Kohlendioxid spielt eine vernachlässigbare Rolle. Einen großen Einfluß auf die Wolkenbildung hat der *Sonnenwind*, ein von der Sonne ausgehender Strom elektrisch geladener Teilchen. Der Sonnenwind ist besonders stark, wenn viele Sonnenflecken vorhanden sind. Derzeit gibt es kaum Sonnenflecken, die mittlere Erdtemperatur sinkt seit einigen Jahren.

Die beschriebenen Naturphänomene sind für den Weltklimarat, die UNO, für IPCC, Politiker und Medien nicht relevant. Denn: Was wird aus dem Emissionshandel ohne CO_2? Ich glaube nicht, daß die Globalisierer auf den Emissionshandel verzichten werden, sie brauchen ihn zur Rettung des maroden Finanzsystems. Deswegen werden sie die Gesetze der Physik für das von Menschen produzierte Kohlendioxid für ungültig erklären und den Glauben an das CO_2 als Klimakiller zum Dogma erheben. In Zukunft muß man zwischen dem realen CO_2 und dem Börsen-CO_2 unterscheiden. Nur ein untergehendes System kann solchen Schwindel erfinden.

Um dem Klimaschwindel einen wissenschaftlichen Anstrich zu geben, hat man wissenschaftliche Institute und Internetforen gegründet, in denen willfährige ausgesuchte Professoren die CO_2-Lügen begründen sollen. Diese Professoren aus Potsdam, Hamburg oder Kiel scheinen aber den Unterschied zwischen Wasserdampf und Wasser nicht zu kennen. Ihre Berechnungen beruhen auf Labormessungen, die mit den wirklichen Verhältnissen in der Erdatmosphäre nichts zu tun haben: nämlich Messungen der Infrarot-Absorption des CO_2 in Behältern, die außer CO_2 und etwas Wasserdampf nie Wassertröpfchen enthalten. Die Wassertröpfchen in der Atmosphäre absorbieren alle Infrarotstrahlung und speichern sie. Es ist die Aufgabe der ausgesuchten Institute, mit solchen falschen Daten auf ihren großen Computern Klimasimulationen zu machen, die die Gefährlichkeit des CO_2 beweisen sollen – entsprechend den Wünschen der Wall Street. Trotz aller dieser Bemühungen wird die Klimalüge platzen. Denn es läßt sich nicht verheimlichen: Nur die Wolken sind in der Lage, das Klima merklich zu verändern; das CO_2 kann das nicht. Allerdings: CO_2 ist die Grundlage alles Lebens auf der Erde.

Klimapolitik

Das Wetter – und damit zusammenhängend das Klima – ist ein Naturphänomen. Als solches ist es sehr vielgestaltig und kaum berechenbar, weil durch Tausende miteinander verwobene Effekte verursacht: atmosphärische und ozeanische Strömungen, geologische Gegebenheiten und Pflanzenwuchs, solare und kosmische Einflüsse. Klima nennt man die Gesamtheit der Wettererscheinungen eines Gebietes im Laufe von 30 Jahren. Die wichtigsten Elemente, die das Klima bestimmen, sind:

- Sonnen- und Himmelsstrahlung,
- kosmische Strahlung aus der Sonne, aus dem Milchstraßensystem und aus fernen Galaxien,
- Sonnenscheindauer, Bewölkung,
- Temperatur und Feuchtigkeit der Luft,
- Wind, Niederschlag, Verdunstung.

Einfluß auf das Klima haben auch der Abstand vom Äquator, die Höhe über dem Meer, die Entfernung vom Meer, von großen Binnenseen oder von Gebirgen, vorherrschende Winde, die Bodenbeschaffenheit und die Vegetation. Es ist bisher nicht gelungen, die Gesamtheit der klimarelevanten Phänomene der Erdatmosphäre einheitlich zu beschreiben oder ein passendes Modell für deren Berechnung zu formulieren. Wohl aber kann man abschätzen, wie groß der Einfluß der wichtigsten Klimaelemente auf das Wetter ist.

Das Klimaelement ›kosmische Strahlung‹ soll nachfolgend kurz erklärt werden. Die hochenergetische Strahlung von Partikeln aus der Milchstraße und aus fernen Galaxien ionisiert und zerschlägt beim Durchgang durch die Atmosphäre die Luftmoleküle. Diese Ionen sind dann die Kondensationskeime für die Wasserdampfmoleküle H_2O in der Luft. Billionen dieser H_2O-Moleküle gruppieren sich um diesen Kondensationskeim und bilden ein Wassertröpfchen. Auf diese Weise entstehen die klimawirksamen Wolken.

Unser Sonnensystem ist ein winziger Teil der Milchstraße, die eine flache, rotierende Scheibe ist mit einem Durchmesser von rund 120 000 Lichtjahren (1 Lichtjahr ist die Strecke, die ein Lichtstrahl in einem Jahr zurücklegt) und einer Dicke von etwa 15 000

Lichtjahren. Das Sonnensystem befindet sich am Rande der spiralförmig strukturierten Milchstraße in einem Abstand von rund 25000 Lichtjahren vom Zentrum. Für einen Umlauf um das Zentrum benötigt das Sonnensystem etwa 230 Millionen Jahre. In dieser Zeit durchläuft es Zonen mit unterschiedlicher kosmischer Strahlung, also auch unterschiedlicher Wolkenbildung.

Wenn man die einzelnen Klimaelemente in ihrer Wirkungsweise untersucht, so stellt man fest, daß sie in einer fast unendlichen Zahl von Erscheinungen wirksam werden. Die Sonnenstrahlung zum Beispiel wird in den unterschiedlichen Höhenbereichen der Erdatmosphäre unterschiedlich absorbiert, reflektiert, gestreut, durchgelassen. Besonders kompliziert sind die Verhältnisse in der Troposphäre (untere Atmosphäre bis ca. 13 km Höhe), in der sich die Gase Stickstoff (78%), Sauerstoff (21%), Argon (0,9%), Kohlendioxid (0,038%) sowie Wasserdampf (ca. 2%) und Wassertröpfchen (Dunst, Nebel) unterschiedlicher Größe befinden sowie andere Partikel, welche die Sonnenstrahlung und die Erdstrahlung in vielfacher Weise beeinflussen und verändern. Die Wolken – sie bestehen aus kleinen Wassertröpfchen mit einem Durchmesser von einigen Tausendstel Millimetern – absorbieren, reflektieren und streuen die Strahlung der Sonne, der Atmosphäre und der Erde in der unterschiedlichsten Weise, abhängig von Tröpfchengröße, -temperatur und -zusammensetzung.

Jeder kann das täglich an den Lichterscheinungen und Farben der Wolken und des Himmels sehen.

Im Jahre 1988 beschloß die UNO, den steigenden Kohlendioxidgehalt in der Atmosphäre für zukünftige katastrophale Erhöhungen der Erdtemperatur verantwortlich zu machen und die dafür Verantwortlichen zur Kasse zu bitten, also vor allen Dingen die Industrie – sie emittiert viel CO_2 – und die Autofahrer. Zweifellos eine geniale Idee, weil man so nur Rechnungen zu schreiben braucht, ohne etwas dafür zu liefern. Die Politiker und die mit ihnen verbündeten Grünen und Medien hatten allerdings ein Problem: Wie konnte man die sehr komplexen Vorgänge in der Erdatmosphäre bei der Propagierung der CO_2-These unberücksichtigt lassen und dem lebenswichtigen CO_2 allein die Schuld für die zu erwartende Klimakatastrophe zuschieben, ohne sich bis auf die Knochen zu blamieren?

Man entschied sich dafür zu behaupten, daß die große Mehrheit der Wissenschaftler auf der Welt die Klimaschädlichkeit von Kohlendioxid bestätige; nur wenige Ausgewählte behaupten dies.

Außerdem seien alle Einwendungen gegen diese These auf bewährte Weise totzuschweigen oder als ›faschistoid‹ zu bezeichnen. Die Wissenschaft ist allerdings anderer Meinung. Es ist Konsens aller ernst zu nehmenden Wissenschaftler, daß Klimaänderungen und damit zusammenhängend Temperaturänderungen bisher hauptsächlich hervorgerufen wurden durch

- Änderungen im Strahlungsverhalten der Sonne (Lichtstrahlung und Sonnenwind),
- Änderung der Umlaufbahn der Erde um die Sonne,
- Änderungen der kosmischen Höhenstrahlung,
- Wolken, die aus winzigen Wassertröpfchen bestehen,
- Strömungen in den Ozeanen (Golfstrom, Humboldtstrom usw.),
- Kontinentalverschiebungen.

Die Zweifel am ›Weltklimarat‹ (IPCC) werden immer größer, bedingt durch seine schludrige Arbeitsweise. Zum Beispiel wurde im dritten IPPC-Bericht behauptet, durch den ›Klimawandel‹ würde sich die Malaria ausbreiten – dafür gibt es überhaupt keine Beweise. In seinem 2007 vorgelegten Bericht mußte er die sachlich falsche Behauptung korrigieren, daß die Himalaja-Gletscher sich schneller zurückzögen als in anderen Teilen der Welt und sie bis 2035 wohl ganz verschwunden sein würden. In der Klimawandel-Diskussion geht es nicht mehr um Tatsachen, sondern um Glaubensfragen. Foto: Der Mont Everest.

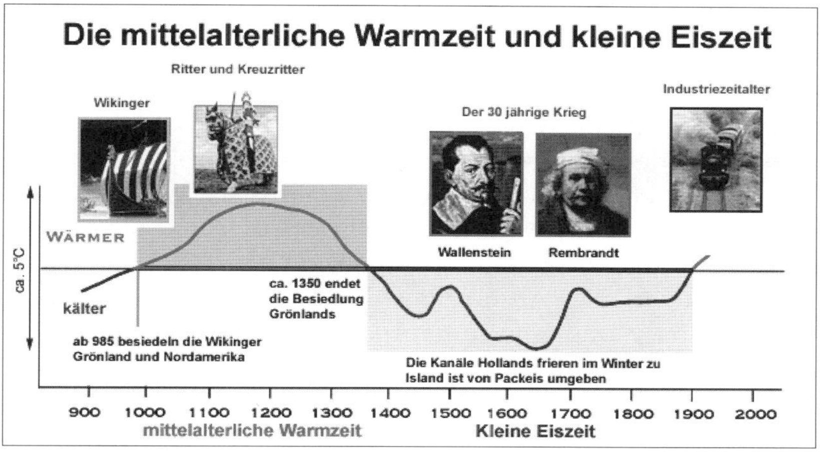

In der Erdgeschichte haben sich auch *vor* der Industrialisierung kalte und warme Perioden abgewechselt. In der mittelalterlichen Warmperiode waren die Temperaturen im Mittel 2–4 Grad Celsius höher als heute. Ab 1400 folgte bis etwa 1800 eine kleine Eiszeit, in der zum Beispiel die Kanäle Hollands im Winter zufroren. Auf der Ausstellung »Eiszeit« in Stuttgart im Herbst 2009 konnten die Besucher reichlich Anschauungsmaterial darüber finden, wie in der vorgeschichtlichen Zeit die Temperaturen auf der Erde vielfach schwankten, indem Eiszeiten von Wärmzeiten, auch in verhältnismäßig kurzen Abständen, abgelöst wurden – ganz ohne menschliches Zutun. Abb.: Plakat der Stuttgarter Ausstellung.

CO_2 spielt hierbei eine vernachlässigbare Rolle aufgrund seines sehr geringen Vorkommens in der Atmosphäre (0,038 %) und seines geringen Absorptionsvermögens für Infrarotstrahlung im Vergleich zu demjenigen der Wassertröpfchen in den Wolken. In der Reihe der Substanzen, die Einfluß auf das Wettergeschehen haben, gehört CO_2 zu den am wenigsten wirksamen. Selbst ein CO_2-Gehalt von über 10 Prozent im Erdaltertum bewirkte keine Temperaturerhöhung.

Leider hat das IPCC (›Intergovernmental Panel on Climate Change‹), eine Unterorganisation der UNO für Klimafragen, die UNO über die Eigenschaften des CO_2 falsch beraten. Das CO_2 kann die Erdatmosphäre nur minimal erwärmen. Was das CO_2 nicht kann, das können, wie gesagt, die Wassertröpfchen in den Wolken: Sie können die infrarote Wärmestrahlung, die von der Erde ausgeht, absorbieren und speichern und damit die Temperatur der Erdatmosphäre erhöhen. Die Wassertröpfchen haben ein kontinuierliches Absorptionsspektrum mit hohem Absorptionsvermögen und kein unterbrochenes Bandenspektrum wie die H_2O- und CO_2-Moleküle mit niedrigerem Absorptionsvermögen. Eine Wasserschicht von weniger als 1 mm Dicke ist in der Lage, fast die gesamte von der Erdoberfläche ausgehende Infrarotstrahlung im Bereich von 2,5–100 µm zu absorbieren. Der überwiegende Anteil der Infrarotabsorption wird durch die Wassertröpfchen (Wolken, Nebel, Dunst, auch Eis, Schnee) bewirkt, so daß der Anteil von CO_2 vernachlässigbar ist. Die Wassertröpfchen absorbieren auch die vom CO_2 absorbierte und anschließend emittierte Infrarotstrahlung vollständig.

Der Gehalt einer Wolke an flüssigem Wasser liegt bei 0,01–2 g/m^3. Eine 100 m dicke Wolkenschicht enthält also rund 1–200 g/m^2 Wasser. Die durchschnittliche Niederschlagsmenge in Deutschland liegt bei etwa 750 mm/Jahr. Am Tag sind das rund 2 mm/Tag. 2 mm Wasser absorbieren die von der Erdoberfläche ausgehende Infrarotstrahlung.

Natürlich ist nach dem Regen die Atmosphäre nicht völlig wasserfrei. Selbst in der Zentralsahara enthält die Atmosphäre Wassertröpfchen, wie man am Abend- bzw. Morgenrot feststellen kann (›Miesche Streuung‹).

Wir sagten es schon: Der Globetrotter, der an den Amazonas und anschließend in die Sahara reist, kann sich vom Einfluß der Wolken auf die Erdtemperatur überzeugen: Tagsüber ist es in Brasilien 28 bis 30 °C warm, nachts sinkt die Temperatur auf etwa 26°C. In der wolkenlosen Sahara liegt die Mittagstemperatur bei etwa 50°C, nachts kann sie auf fast 0°C zurückgehen. In Brasilien verhindern Dunst und Wolken die Abkühlung nachts – die Wärmestrahlung der Erde geht nicht in den Weltraum, sondern wird zum großen Teil in Wolken und Dunst gespeichert. In der Sahara geht die infrarote Wärmestrahlung der Erde ungehindert in den Weltraum. Die Atmosphäre kühlt dabei sehr stark ab. Der CO_2-Gehalt der Atmosphäre ist in beiden Regionen gleich. Nur Wasser in der Ersatmosphäre (Wolken) speichert merklich die Wärmestrahlung, die von der Erdoberfläche ausgeht, und strahlt Teile davon zurück.

Temperaturänderungen der Erdatmosphäre können durch folgende Hauptursachen hervorgerufen werden:

- Änderung der Sonneneinstrahlung auf die Erde,
- Änderung der Bewölkung,
- Änderung von Meeresströmungen,
- Vulkanische Aktivitäten.

Dabei haben die zuerst genannten Vorkommnisse den größten Einfluß, die zuletzt genannten den geringsten. Der Einfluß von CO_2 ist minimal.

In den Klimamodellen von IPCC sind wesentliche Vorgänge in der Atmosphäre nicht berücksichtigt, zum Beispiel der Einfluß von Wassertröpfchen. Deswegen sind die Ergebnisse dieser Modellrechnungen falsch. Die Messungen des Absorptionsvermögens von CO_2 ohne Anwesenheit von Nebel (Wassertröpfchen) besagt überhaupt nichts über das Absorptionsvermögen der Atmosphäre.

Messungen an Mischungen von CO_2 und Nebel sind wohlweislich unterblieben, weil dadurch der CO_2-Schwindel entlarvt worden wäre. Der CO_2-Schwindel ist eine Erfindung des anglo-amerikanischen Finanzsystems zur Begründung des Emissionshandels: Jeder, der CO_2 produziert, muß dafür bezahlen. Aber er dient auch dazu, Unruhe und Ängste in der Bevölkerung zu schüren mit der Absicht, nach dem Motto »divide et impera« die Industrieländer zu destabilisieren.

Der Wasserkreislauf in der Natur

Der Wasservorrat

Wasser ist neben der Luft und der Energie der wichtigste Rohstoff für das Leben auf der Erde. Die Photosynthese (die Bildung von Traubenzucker in den Pflanzen aus Kohlendioxid der

Luft und Wasser unter Einwirkung von Sonnenlicht) ist der beste Beweis für diese Behauptung. Die Pflanze erzeugt aus Wasser, das über die Wurzeln aufgenommen wird, und Kohlendioxid, das über die Blätter aufgenommen wird, mit Hilfe von Sonnenenergie Traubenzucker (= Glukose = CsH120s) als Energiespeicher. Bei diesem Prozeß wird Sauerstoff frei, der über die Blätter an die Atmosphäre geht. Vereinfacht kann man diesen Prozeß der Photosynthese, der die Voraussetzung für alles Leben auf der Welt ist, folgendermaßen darstellen:

$$6H_2O + 6CO_2 + \text{Sonnenenergie} \rightarrow C_6H_{12}O_6 + 6O2$$

Dieser Vorgang beschreibt den wichtigsten Energieprozeß auf der Erde. Jede Pflanze wächst und gedeiht durch die Aufnahme von Kohlendioxid und Wasser, wie in der Fotosynthesegleichung beschrieben. In geringerem Umfang braucht die Pflanze zum Aufbau der Zellen noch Stickstoff, Schwefel, Phosphor, Kalzium, Kalium, Magnesium, Eisen sowie einige Spurenelemente, aufgenommen durch die Wurzeln. Die Glukose dient nicht nur als Energiespeicher für die Pflanze für den Fall, daß die Sonne nicht scheint und die zum Leben nötige Energie nicht liefert, sondern sie ist auch Ausgangsprodukt für die Bildung von Stärken und Zellulosen. Außerdem ist sie Energiespeicher für Tiere und Menschen. Diese Tatsache beschreibt die Fotosynthesegleichung, wenn man sie von rechts nach links liest: Sauerstoff (aufgenommen durch die Lunge) und Traubenzucker und dessen in der Pflanze hergestellte Folgeprodukte (aufgenommen durch das Verdauungssystem) verbinden sich in Gegenwart geeigneter Enzyme (Katalysatoren), wobei Energie zur Aufrechterhaltung der Lebensvorgänge frei wird sowie Wasser und Kohlendioxid entstehen, die über die Lunge ausgeschieden werden.

Wasser gibt es auf der Erde seit rund 4,6 Milliarden Jahren. Es kam vermutlich aus dem Erdinnern und ist als Wasserdampf gasförmig durch Vulkane in die Erdatmosphäre geschleudert worden. Durch Kondensation des Dampfes zu Wasser in der kälteren Atmosphäre sind daraus die Ozeane entstanden. Diese Ozeane bedecken etwa 71 Prozent (361 Millionen km^2) der Erdoberffäche. Sie enthalten 1350 Millionen Kubikkilometer (1 km^3 entspricht 1 Milliarde m^3 Wasser, das sind 97,3 Prozent des

Gesamtwassers auf der Erde. Auf dem Festland befinden sich 38 Millionen km³ Süßwasser, 29 Millionen km³ liegen davon in Form von Eis in den Polargebieten und den Hochgebirgen vor. Die Menge des Grundwassers beträgt ca. 8–9 Millionen km³; 50 Prozent davon liegen in großen Tiefen, die nicht am Wasserkreislauf teilnehmen.

Das Meerwasser ist wegen seines Salzgehalts von 3,5 Prozent Salze für den Menschen nicht genießbar, wohl aber das aus den Ozeanen verdunstende Regenwasser.

Der Wasserkreislauf

Die Niederschläge auf der Erde entstehen zum großen Teil durch Verdunstung des Meerwassers, die durch etwa 25 Prozent der auf die Erde eingestrahlten Sonnenenergie und die daraus folgende Erwärmung des Meerwassers bewirkt wird. Dies ist die Ursache des natürlichen Wasserkreislaufs auf der Erde. Der durch die Verdunstung des Wassers entstehende Wasserdampf – er ist leichter als Luft – steigt in die Atmosphäre auf und kondensiert dort in kälteren Bereichen zu Wassertröpfchen, die die Wolken bilden und die Ursache der Niederschläge sind (Regen, Schnee, Tau, Nebel, Hagel. . .). Diese Wassertröpfchen haben einen Durchmesser von ca. 1/1000 mm. Sie schweben als Wolken in der Atmosphäre. Der Salzgehalt dieser Niederschläge ist sehr gering.

Die jährliche Niederschlagsmenge auf die Erde liegt bei jährlich rund 500 000 km³. Sie verteilt sich folgendermaßen auf die Kontinente und Ozeane:

Kontinente	Niederschlag/Jahr	Abfluß/Jahr	Verdunstung/Jahr
149 Millionen km²	100 000 km³	37 000 km³	62 000 km³
Ozeane			
361 Millionen km²	400 000 km³	–	400 000 km³

Etwa die Hälfte des zur Erde gelangenden Niederschlags verdunstet sofort wieder; die andere Hälfte gelangt in die Bäche, Flüsse, Seen sowie in die Erde, wo es die Quellen speist.

Die Ausweitung des natürlichen Wasserkreislaufs

Der Süßwasserbedarf der Menschheit beträgt pro Jahr derzeit (2015) rund 4300 km³; davon gehen 70 % in die Landwirtschaft,

20 % in die Industrie, 10 % in die Haushalte. Laut UNO leiden zwei Milliarden Menschen unter Mangel an Trinkwasser.

Trockengebiete und Wüsten bedecken etwa 35 Millionen km^2. Es fehlt dort das Wasser für den Anbau von Pflanzen. Die Pflanzen nutzen die Sonnenenergie, um Lebensmittel und Brennstoffe zu erzeugen. Die Photosynthese – also der Anbau von Pflanzen – ist die beste Art der Nutzung von Sonnenenergie. Die Bewässerung dieser Trockengebiete läßt sich durch Meerwasserentsalzung durchführen, zum Beispiel durch Verdampfen von Meerwasser bei höheren Temperaturen. Die erwähnten Trockengebiete haben rund 30 000 km Meeresküsten. Im Nahen und Mittleren Osten wird Trinkwasser durch gas- oder ölbefeuerte Entsalzungsanlagen gewonnen. Die größten Entsalzungsanlagen stehen in Dubai und Saudi-Arabien. Weite Steppen- und Wüstengebiete könnten durch Bewässerung mit entsalztem Meerwasser bewohnbar gemacht werden. Zur Meerwasserentsalzung kann auch die Abwärme von Kernreaktoren dienen, z. B. von Hochtemperaturreaktoren. Diese Reaktoren erzeugen Strom, Wärme, Süßwasser, Wasserstoff für die Erzeugung von Benzin und Düngemitteln (Ammoniaksynthese). Aus dem Meerwasserkonzentrat können wertvolle Substanzen, unter anderen Magnesium, gewonnen werden. Ein Kilogramm Meerwasser enthält 1,2 Gramm Magnesium.

Es ist erstaunlich, daß man in Politik und Wissenschaft nicht einmal über den Einsatz von Kernreaktoren für die erwähnten Zwecke diskutiert – beispielsweise in nord- und ostafrikanischen Küstengebieten, wo die Bevölkerung gezwungen ist, nach Europa auszuwandern. In diesem Zusammenhang ist es bemerkenswert, daß bekannte deutsche Firmen wie Standard-Messo in Duisburg oder Thyssen Engineering in Essen unter anderem in den 1990er Jahren ihre Aktivitäten auf dem Gebiet der Meerwasserentsalzung eingestellt haben. War da anglo-amerikanische Politik im Spiel, um zu verhindern, daß konstruktive Aufbauarbeit in den Trockengebieten geleistet werde, wodurch die betreffenden Staaten stabil und unabhängig geworden wären, nicht mehr abhängig von Entwicklungshilfe und Krediten der Weltbank?

Wasser in der Atmosphäre

Das Wasser in der Atmosphäre hat einen großen Einfluß auf das Klima. Der jährliche Niederschlag auf die Erde liegt, wie gesagt, bei ca. 500 000 km^3. Unter der Voraussetzung, daß dieser Niederschlag gleichmäßig über die ganze Erdoberfläche niedergeht, bedeutet dies etwa 3 mm Niederschlag pro Tag als sehr grobe Annäherung an die wirklichen Verhältnisse auf der Erde. Eine Wasserschicht von ca. 3 mm Dicke absorbiert alle von der Erdoberfläche ausgehende Infrarotstrahlung, deren Wellenlänge größer als 1,5 µm ist (die Wellenlängen des sichtbaren Lichts liegen zwischen 0,4 und 0,8 µm).

Nach der irrigen und niemals bewiesenen Meinung der Klimapolitiker soll diese Infrarotstrahlung, die von der Erdoberfläche ausgeht, vom atmosphärischen CO_2 absorbiert und zur Erde zurückgestrahlt werden, was zu Erderwärmung mit großen Katastrophen führen soll. Das CO_2 spielt dabei aber keine Rolle, weil alles vom CO^2 absorbierte und anschließend emittierte Infrarotlicht vom flüssigen Wasser in den Wolken absorbiert und gespeichert wird. Wasser ist, wie allgemein bekannt, der beste Wärmespeicher. Damit entfällt das Argument der anglo-amerikanischen Plutokraten, die Industrie sei wegen ihres hohen Energieverbrauchs, bei dem große Mengen CO^2 entstehen, für die vorausgesagte Temperaturerhöhung der Erde und die damit verbundenen Katastrophen verantwortlich. Nur die aus Wassertröpfchen bestehenden Wolken können den größten Teil der von der Erdoberfläche ausgehenden Infrarotstrahlung absorbieren und speichern und somit das Klima beeinflussen. Der Einfluß des CO_2 ist dabei vernachlässigbar.

Wasser ist außerdem in der Lage, erhebliche Mengen CO_2 zu absorbieren, bei niedrigen Temperaturen sehr viel, bei höheren Temperaturen weniger. So absorbiert ein Liter Wasser bei 0°C und einem Druck von 1 bar ca. 1700 cm^3 CO_2, bei 20°C ca. 870 cm^3, bei 60°C ca. 360 cm^3. Die Atmosphäre enthält etwa 2 Billionen Tonnen CO_2, in den Meeren sind rund 115 Billionen Tonnen gelöst. Der derzeit steigende CO_2-Gehalt der Atmosphäre kommt also durch das Ausgasen der Ozeane zustande, das durch die steigende Erdtemperatur verursacht wird. Der menschengemachte

Einfluß (Industrie, Verkehr usw.) ist daher vernachlässigbar. Das CO_2 und der Wasserdampf in der Atmosphäre haben keinen meßbaren Einfluß auf die Erdtemperatur, wohl aber das Wasser in Form von Tröpfchen in den Wolken. Das paßt aber den Globalisierern von der Wall Street und der Londoner City nicht, da man für die Wolken und den Regen nicht die Industriestaaten verantwortlich und haftbar machen kann.

Das Märchen vom Klimakiller CO_2 ist ein großer Schwindel, um die Globalisierung zu begründen und durchzusetzen und die Völker durch irrsinnige CO_2-Projekte zum Vorteil der Wall Street-Plutokraten auszubeuten. Wir – ich meine hier die Naturwissenschaftler – haben allen Grund, uns zu schämen, daß wir uns diesen Bären vom Klimakiller CO_2 haben aufbinden lassen und dagegen nicht protestieren.

Man erkennt deutlich, daß der heutige angepaßte Naturwissenschaftler von absonderlichen weltfremden Theorien beeinflußt wird, wobei die Naturgesetze im Sinne der anglo-amerikanischen Geldmafia ausgelegt und verbogen werden. In einer Umgebung ohne CO_2 kann keine Pflanze überleben – und schließlich auch kein Mensch.

Speicher für erneuerbare Energien

Da die erneuerbaren Energien von der Natur nur in geringer Intensität und sehr unregelmäßig angeboten werden, der Kunde aber kontinuierliche Lieferung fordert, haben sie nur dann eine Chance, sich in größerem Maße durchzusetzen, wenn das Problem der Speicherung von Sonnen- und von Windenergie gelöst ist. Der optimale Speicher für erneuerbare Energien ist Wasserstoff, da er leicht und in unbegrenztem Maße durch Wasserzersetzung gewonnen werden kann, da er gut speicherbar und transportabel und sein Verbrennungsprodukt mit Sauerstoff bei hoher Energieausbeute reines Wasser ist.

Der mit elektrischem Strom aus erneuerbaren Energien erzeugte Wasserstoff kann direkt als Energieträger oder -speicher verwendet werden oder als Rohstoff für die Erzeugung von Methanol und Kohlenwasserstoffen dienen, indem man ihn mit Kohlendioxid aus Verbrennungsprozessen u.ä. reagieren läßt.

Wind-Wasserstoff-Anlage

In den Jahren ab 1986 hat die Fachhochschule Wiesbaden in Zusammenarbeit mit Industriefirmen und Instituten eine Wind-Wasserstoffanlage mit einer installierten Leistung von 20 kW entwickelt und jahrelang erfolgreich betrieben sowie eine Solar-Wasserstoffanlage mit einer Leistung von 2 kW (gefördert durch das Hessische Wirtschaftsministerium). Die Wind-Wasserstoffanlage bestand aus einem Windrad (20 KW), das die elektrische Energie lieferte für eine Heizung und bei Starkwind zusätzlich für die Zersetzung von Wasser in Wasserstoff und Sauerstoff durch einen Wasserelektrolyseur. Der Wasserelektrolyseur kann Wasser in seine Bestandteile Wasserstoff und Sauerstoff zerlegen, wobei aus einem Liter Wasser rund tausend Liter gasförmiger Wasserstoff und etwa 500 Liter Sauerstoff entstehen. Der Energiebedarf für diesen Zersetzungsprozeß liegt bei rund 4,5 kWh. Der Wasserstoff wurde in Druckflaschen gespeichert und betrieb bei Windstille einen von Benzin- auf Wasserstoffbetrieb umgebauten Corsa-Motor von Opel, der einen Generator zur Stromerzeugung antrieb, so daß das System auch bei Windstille Strom lieferte.

Solar-Wasserstoffanlage

Die Solar-Wasserstoffanlage bestand aus Solarpaneelen (2 kW), die die elektrische Energie für die Wasserzersetzung in einem Elektrolyseur lieferten. Wasserstoff und Sauerstoff wurden gespeichert und bei Bedarf in eine Brennstoffzelle gegeben. In der Brennstoffzelle reagiert Wasserstoff mit Sauerstoff zu Wasser (Umkehrreaktion zur Wasserzersetzung im Elektrolyseur, gebremste Knallgasreaktion), wobei elektrische Energie (ca. 60%) und Wärmeenergie (ca. 40%) unter Bildung von Wasser frei werden. Das System liefert also auch elektrische Energie, wenn die Sonne nicht scheint.

Vorteile eines flüssigen Energieträgers

Die experimentellen Untersuchungen zeigten, daß die Speicherung des gasförmigen Wasserstoffs sehr große Druckbehälter erforderlich macht, was zu erheblichen Kostenproblemen führt. Vor allen Dingen im Verkehrsbereich bestehen für die Einführung des gasförmigen Wasserstoffs große Hemmnisse. Gerade hier haben flüssige Energieträger bedeutende Vorteile; fast die gesamte Infrastruktur beruht auf flüssigen Brennstoffen. Wie kann man aus gasförmigem Wasserstoff, der zum Beispiel mittels erneuerbarer Energien erzeugt worden ist, einen flüssigen, verlustfrei speicherbaren und transportablen, sicher zu handhabenden Energieträger machen?

Flüssigwasserstoff ist aus Kostengründen und wegen der sehr aufwendigen Technik keine praktikable Lösung für den breiten Einsatz. Die Lösung des Problems ist die *Methanol-Herstellung*, ein seit den dreißiger Jahren bekanntes Verfahren aus der Chemietechnik (Kohleverflüssigung).

Kohlendioxid als Energierohstoff

Wenn man unter geeigneten Bedingungen Wasserstoff mit CO_2 reagieren läßt, entsteht Methanol. Mit Methanol kann man Motoren, Heizungen, Brennstoffzellen usf. betreiben.

Es ist ein leistungsfähiger Energieträger und vielseitig verwendbarer Chemierohstoff. Das zur Methanolerzeugung benötigte CO_2 ist also kein Schadstoff, sondern ein wertvoller Rohstoff, der aus Verbrennungsprozessen, der Stahl- oder Zementherstellung u.ä. gewonnen werden kann und viel zu schade ist, um ihn in der Erde zu vergraben, wie es gewisse Klimapropheten vorhaben: ein völlig überflüssiges und sehr teures Projekt.

Methanol-Brennstoffzelle

Brennstoffzellen funktionieren nicht nur mit reinem Wasserstoff und Sauerstoff, sondern auch mit Methanol und Sauerstoff (Direkt-Methanol-Brennstoffzelle DMFC). Wenn man also in einer DMFC Methanol mit Sauerstoff reagieren läßt, erhält man elektrische Energie (ca. 60%) und Wärmeenergie (ca. 40%).

Die von der Direkt-Methanol-Brennstoffzelle gelieferte elektrische Energie kann nun einen Elektromotor antreiben, der ein Auto antreibt. Die Brennstoffzelle ist also nichts anderes als eine Batterie, die dauernd durch Methanol- und Luftzufuhr geladen wird. Hiermit hat man die Lösung des Problems, wie man im Verkehrsbereich Benzin durch Windenergie oder Solarenergie ersetzen kann: Mittels der erneuerbaren Energien erzeugt man

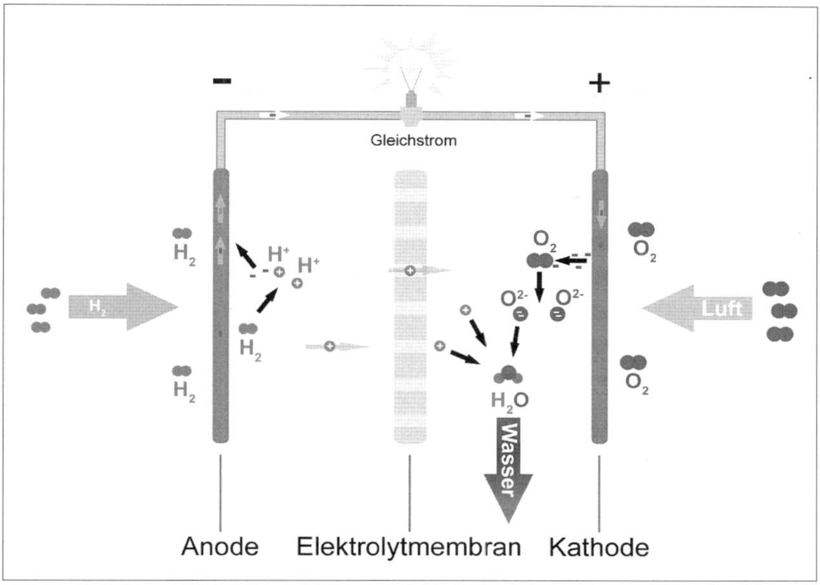

Schematische Darstellung der Funktion einer Direktmethanol-Brennstoffzelle. Nach: *Wikipedia.*

Wasserstoff, den man in Form von Methanol (flüssig) speichert. Methanol kann wie Benzin in Tanks gespeichert werden – die Infrastruktur für eine landesweite Versorgung existiert also schon bzw. muß nur wenig verändert werden.

Im Jahre 2000 wurde in einer Zusammenarbeit zwischen Opel und dem Wasserstofflabor der Fachhochschule Wiesbaden ein Antriebssystem auf der Grundlage einer Direkt-Methanol-Brennstoffzelle für den Zafira von Opel getestet. Die Messungen ergaben, daß die Brennstoffzelle bis auf lösbare Dichtigkeits- und Kostenprobleme gut funktionierte. Aus nicht bekannten Gründen wurden die Versuche nicht weitergeführt.

Politische Schwierigkeiten bei der Entwicklung der Speichertechniken

Einer der Gründe mag das Kontrollratsgesetz Nr. 23 vom 10. April 1946 sein, der die Kohleverflüssigung in Deutschland verbietet, sowie das Kontrollratsgesetz Nr. 25 vom 29. April 1946, das die Methanolsynthese unter Kontrolle stellt (siehe oben, Teil 1). Nach Artikel 139 des Grundgesetzes der BRD stehen alle Verfügungen der Besatzungsmächte zwischen 1945 und 1948 über jedem deutschen Recht. Es wird zwar behauptet, diese Verfügungen seien nicht mehr in Kraft. Gemäß dem »Gesetz zur Bereinigung des Besatzungsrechts« vom 29. November 2007 gelten diese Verfügungen aber heute noch.[78] Der Grund dafür ist vermutlich, daß die Wasserstofftechnik immer noch bei unseren ›Freunden‹ aus der Londoner City und der Wall Street in keinem guten Ruf steht, da Wasserstoff bei der Kohleverflüssigung eine wesentliche Rolle spielt. Die Kohleverflüssigung machte Deutschland seit den dreißiger Jahren bis 1945 unabhängig von angloamerikanischen Erdöllieferungen. Deswegen wurde 1945, wie schon ausgeführt, sofort nach dem Einmarsch unserer ›Befreier‹ die Kohleverflüssigung verboten, also ein Verfahren, um industriell Benzin oder Methanol herzustellen, indem man Wasserstoff und Kohlenstoff unter geeigneten Bedingungen reagieren läßt. Vielleicht ist dies der Grund für die Ablehnung der Wasserstoff- und Methanoltechnik durch unsere fremdbestimmten Politiker und Medien.

Die in Deutschland seit den achtziger Jahren laufenden Wasserstoffprojekte zur Speicherung erneuerbarer Energien wurden seit den neunziger Jahren nicht mehr gefördert, obwohl sie erfolgversprechende Ergebnisse geliefert hatten. Beispiele sind die eingestellten Projekte an der Universität Stuttgart (Hysolar), das Solar-Wasserstoff-Bayern-Projekt in Neunburg vorm Wald, die Projekte bei der Fraunhofer-Gesellschaft in Freiburg, an der Fachhochschule Wiesbaden sowie bei verschiedenen Firmen. Von diesen zukunftweisenden Entwicklungsaktivitäten ist kaum etwas übrig geblieben.

Der Vorschlag, die Wasserstofftechnik zur Methanoltechnik weiterzuentwickeln, wurde von der Politik erst gar nicht angenommen. Ein Herr aus dem Bundesministerium für Forschung und Technologie (BMFT) in Bonn informierte den Verfasser dieser Zeilen Anfang der neunziger Jahre darüber, daß es ein Verbrechen sei, Studenten über Wasserstofftechnik zu informieren, obwohl bekannt ist, daß erneuerbare Energien ohne Speichermöglichkeit in Deutschland reiner Unfug sind. Eine Speicherung

[78] Nachzulesen unter: www.bgbl.de

im elektrischen Netz ist nicht möglich, da die von den Kraftwerken eingespeiste Energie sofort verbraucht werden muß. Falls dies nicht geschieht, steigt die Netzspannung mit der Folge, daß alle Glühbirnen, Kühlschränke, Motoren usw. beim Einschalten des Stroms kaputt gehen.[79]

Die ›Informationsgesellschaft‹ und ihre Wahrheiten

Wir haben heutzutage das große Glück, in einer Informations- und Wissensgesellschaft zu leben, im Gegensatz zu früheren Generationen, die von ihren Regierungen und der Kirche in Unwissenheit gehalten wurden (außer in USA, England und Frankreich). Das heutige Wissen und auch die Kultur sind nicht mehr das Produkt längst vergangener Generationen und altmodischer Gesellschaften oder von ›verrückten‹ Philosophen, Poeten und weltfremden Wissenschaftlern. Geschaffen wird das neue Wissen von Vereinigungen auserwählter Männer und Frauen aus allen Ländern der Welt, deren Wissen über Tugenden, Laster und Finanzen aller Völker der Welt unermeßlich ist. Dieser moderne ›Geistesadel‹ – er wird von Wall Street, Londoner City und Paris ernannt und finanziert – erschafft die neue Welt, eine Welt der Ordnung, des Wissens und der Information. Diese Information wird über geeignete Kanäle schon seit Jahrzehnten Tag und Nacht über Zeitungen, Zeitschriften, Radio, Film, Fernsehen, Internet, Kindergarten, Schulen, Universitäten, Literatur, Kanzeln usw. weltweit verbreitet.

Diese außergewöhnlichen Männer und Frauen sind in der Lage, mit Hilfe sinnreicher Methoden der doppelten Buchführung oder sogar der dreifachen Buchführung – eine Weiterentwicklung der EINSTEINschen Gedanken – die Zukunft der Menschheit in allen Einzelheiten zu berechnen, neue Naturgesetze zu entdecken und alte zu verwerfen sowie allen Regierungen der Welt die jeweils richtigen Maßnahmen und zu beschließenden Gesetze vorzuschlagen. Diese Missionare der Wall Street und der Londoner City wissen, daß ihre Herren und Meister die leistungsfähigsten Gelddruckmaschinen und Atombomben besitzen sowie im Besitz fast aller Informationsmedien der westlichen Wertegemeinschaft sind.

---

[79] Weitere Informationen zu dem Thema findet man unter: www.adew.eu.

Wie aus vielen Hollywood-Filmen bekannt ist, ist das Weltbild dieser Herren des Geldes recht einfach gehäkelt. Am Beispiel der Klima- und Energiepolitik der Wall Street soll dies im folgenden angedeutet werden. Folgende Grundsätze gelten in diesem Bereich weltweit für diese Herren des großen Geldes:

- Alle Bodenschätze (und sonstigen Vermögen) gehören uns und müssen bei uns gegen Dollars gekauft werden.
- Das Verbrennen von Kohle, Erdgas, Erdöl ist nur nach Bezahlen einer CO_2-Gebühr gestattet, die der künftigen Weltregierung zugute kommt. CO_2 ist ein Klimakiller, der fürchterliche Naturkatastrophen bewirkt.
- Kernenergie ist Teufelszeug und darum zu verbieten.
- Sonnenenergie und Windenergie sind in allen Industriestaaten einzuführen, ihre Speicherung ist unerwünscht.

Der Klimaschwindel

Bei der Verbrennung von Kohle, Erdgas, Erdöl, Benzin entsteht immer das Gas Kohlendioxid (CO_2). Dieses Gas gelangt in die Atmosphäre und soll dort nach Meinung der Wall Street-Experten eine Erhöhung der Erdtemperatur bewirken, was zu furchtbaren Katastrophen führen soll. Um dies zu verhindern, soll die Verbrennung von Kohle, Erdöl usw. verringert werden, indem man sie durch Einführung einer CO_2-Steuer besteuert. Diese Steuer wird nach der CO_2-Menge berechnet, die bei der Verbrennung entsteht. Die Verbrennung einer Tonne Kohle erzeugt rund 3,3 Tonnen CO_2, die in die Erdatmosphäre gehen. Das Recht, eine Tonne CO_2 zu emittieren (in Kohlekraftwerken, Heizungen, Autos), kostet (Stand Oktober 2016) 5,6 Euro, die von den Kraftwerksbetreibern an eine internationale Organisation bezahlt werden (Emissionsrecht). Der Preis für die Emission von CO_2 soll in Zukunft an der Börse durch Spekulation festgelegt werden (Emissionshandel).

Die energie- und klimapolitischen Grundsätze der Neuen Weltordnung stehen im Gegensatz zu den Erkenntnissen der überkommenen Naturwissenschaft. Dieser Gegensatz wird trotz der jahrzehntelangen Indoktrinationsbemühungen der Massenmedien immer noch bemerkt. Denn es gibt noch immer die Naturwissenschaftler, die ihre Ausbildung erhielten, bevor Computer-Simulationen modern wurden. Diese wissen, daß CO_2 aufgrund seiner Eigenschaften das Klima fast nicht beeinflussen kann, ebenso wenig wie Wasserdampf. Großen Einfluß auf das Klima haben allerdings die Wassertröpfchen, aus denen die Wolken bestehen. Das wissen also einige zehntausend Menschen, die große Mehrheit der Erdbewohner darf es aber nicht erfahren, denn das würde das Ende des CO_2-Schwindels und des Emissionshandels bedeuten, welcher der Finanzierung der zukünftigen Weltregierung dienen soll. Aber was sind einige zehntausend Menschen unter einigen Milliarden Fernseh- und Zeitungskunden? Man läßt ihren Einfluß gegen Null gehen, indem man sie in der Öffentlichkeit nicht zu Wort kommen läßt oder sie als skurrile Einzelgänger oder Halbverrückte darstellt.

Wolkenbildung durch Höhenstrahlung

Wie entstehen die Wolken aus Wasserdampf? Die Wolken entstehen hauptsächlich durch Wirkung der Höhenstrahlung, die zum Teil von der Sonne gesteuert wird.[80] Der Wasserdampf besteht aus einzelnen H_2O-Molekülen, die durch Verdampfen aus dem Meer in die Atmosphäre gelangen. Damit aus vielen Milliarden einzelnen Wassermolekülen ein Wassertröpfchen von ca. 1/1000 mm Durchmesser entsteht, ist ein Kondensationskeim erforderlich, um den sich diese H_2O-Moleküle anlagern können. Solche Keime werden durch die aus dem Kosmos kommende Höhenstrahlung gebildet, die aus extrem energiereichen Teilchen besteht, die vermutlich aus Supernova-Explosionen stammen. Diese Teilchen durchdringen die gesamte Erdatmosphäre bis zur Erdoberfläche und zerschlagen auf ihrem Weg alle Atome, die sie treffen (zum Beispiel Stickstoff oder Sauerstoff), in Ionen und Elektronen. Diese Ionen (positiv geladene Stickstoff-, Sauerstoffatome) sammeln um sich alle Wasserdampfmoleküle in der Nähe, so daß schließlich ein Wassertröpfchen entsteht. Es treffen pro Quadratmeter und Sekunde einige Teilchen der Höhenstrahlung auf die Erdoberfläche, die auch den menschlichen Körper durchdringen und dort Zellmoleküle zerstören. Diese zerstörten Moleküle oder Zellen werden entweder aus dem Körper ausgeschie-

---

[80] Richard Melisch, Helmut Schröcke u. a., *Energiepolitik als Überlebensstrategie der Nation*, aaO. (Anm. 7).

den oder repariert. Die Biologie hat seit Milliarden Jahren geeignete Reparatur-Verfahren dafür entwickelt. Das berichten unsere Qualitätsmedien allerdings nicht, da es nicht in das Bild ihrer Antikernkraft-Kampagnen paßt. Halbwahrheiten sind die infamsten Lügen.

Deutsche Energiepolitik im Sinne der Wall Street

Der CO_2-oder Klimaschwindel hat einen energiepolitischen Hintergrund. Wenn man ein begabtes und fleißiges Volk nicht durch aufgezwungene Kriege unterkriegen kann, so kann man es durch eine falsche aufgezwungene Energiepolitik zugrunde richten. So wurden von New York und London aus jahrelang Kampagnen nach 1945 gegen die deutsche Kohle (Umweltverschmutzung, zu teuer) und die Kernenergie (zu gefährlich) seit den achtziger Jahren inszeniert und tagtäglich auf allen Medienkanälen verbreitet, Halbwahrheiten in Umlauf gesetzt, wichtige Fakten der einzelnen Energietechniken unterschlagen.

Bis 1945 war die Kohle der hauptsächliche Energieträger in Deutschland, nach Kriegsende wurde sie auf Veranlassung der westlichen Wertegemeinschaft allmählich durch Erdöl ersetzt (für das die Anglo-Amerikaner ein Monopol hatten), ab den siebziger Jahren wurde in steigendem Maße Kernenergie eingesetzt. Die deutsche Kohle wurde von den Medien als ›Umweltverschmutzer‹ und später als ›Klimaschädling‹ mies gemacht. Da diese Kampagne in Deutschland die von der Wall Street gewünschten Ergebnisse brachte, wurde sie seit den neunziger Jahren auch auf die aufstrebenden Schwellenländer (China, Brasilien, Indien usw.) ausgedehnt, die seit einigen Jahren in großem Umfang Kohlekraftwerke bauen. Diese Länder sollen also auch Abgaben für den CO_2-Emissionshandel entrichten.

Sie wollen aber nicht zahlen, wie die Welt-Klimakonferenz 2009 in Kopenhagen zeigte. Es gibt also inzwischen viele Länder, die den Märchen aus der Wall Street keinen Glauben schenken. Nur in Deutschland glaubt man diesen Lügengeschichten.

Um die deutsche Nuklearindustrie zu vernichten – sie war in den achtziger Jahren die fortschrittlichste der Welt –, hat man neue Methoden der Überzeugung angewandt, nämlich Demonstrationen, Mahnwachen mit und ohne Kerzen, organisierte Krawalle, Randale, Lichterketten, Molotow-Cocktails. Das wurde professionell organisiert durch eine neu gegründete Partei – die Grünen – auf der Grundlage der etwas romantischen deutschen Umweltverbände, denen es tatsächlich um den Umweltschutz ging, und nicht um die Beseitigung eines Konkurrenten oder die leistungslose Ausbeutung der produktiven Arbeit anderer. Diese Umweltverbände wurden sehr schnell mit großem Erfolg von den 68ern – einem Geschenk unserer Freunde aus den USA – unterwandert, welche innerhalb kurzer Zeit die alten Eliten der Umweltverbände beiseite schoben und die Führung der neuen Partei übernahmen. Diese fand die volle Unterstützung aller Qualitätsmedien in Deutschland und das Wohlwollen der Drahtzieher aus der Wall Street.

Die Strategie der Grünen war es, nicht mit technischen Argumenten gegen die Nutzung der Kernenergie zu kämpfen, sondern mit Emotionen und Randalen. Diese Strategie war so erfolgreich, daß selbst die deutsche Regierung die Position der Grünen zur Kernenergie übernahm, zum großen Schaden für die deutsche Industrie, von der unser Sozialsystem abhängt. Stichworte und Anweisungen für ihre Aktionen erhalten die grünen Demonstranten und Medien von der Wall Street. Die Herren von der Wall Street wollen ganz gewiß unser Bestes, sie meinen es gut mit uns, wenn sie uns vor den Gefahren warnen, die von deutschen Kernkraftwerken ausgehen. Sicher haben sie rein zufällig vergessen, uns vor den Gefahren zu warnen, die von schlampig konstruierten amerikanischen Kernreaktoren (z.B. Fukushima) oder Atombomben ausgehen. Auch vergißt man immer, die natürliche Radioaktivität der Erde zu erwähnen. Wer sich ein fundiertes Urteil über Kernenergie erlauben will, muß auch wissen, daß der menschliche Körper von jeher radioaktive Substanzen , z.B. Kalium 40 (Betastrahler) oder Kohlenstoff 14 enthält und daß diese Substanzen rund 40000 Zerfälle pro Sekunde im menschlichen Körper bewirken (außerdem die kosmische Höhenstrahlung). Dabei können Zellen beschädigt werden, die allerdings durch geeignete biologische Reaktionen repariert oder ausgeschieden werden. Auch der UV-Anteil der Sonnenstrahlung kann menschliche Zellen beschädigen, wenn man sich dieser Strahlung zu lange aussetzt, sich einen Sonnenbrand holt. Wie übermäßige Röntgenstrahlung kann dies zu Krebs führen. Nach Paracelsus: Die Dosis macht das Gift.

Außerdem vergessen unsere Qualitätsmedien immer, den absolut sicheren deutschen Hochtemperaturreaktor zu erwähnen, dessen Entwicklung 1989 aus politischen Gründen eingestellt wurde. In diesem Reaktor ist keine Kernschmelze möglich, wird kein Plutonium erbrütet, die Endlagerung der abgebrannten Brennelemente ist gesichert.[81]

Als Ersatz für die gefährlichen Kernreaktoren und die schmutzigen Kohlekraftwerke wurde den Deutschen die umweltfreundliche Sonnen- und Windenergie vorgeschlagen. Diese Energien haben den Nachteil, daß sie nicht kontinuierlich verfügbar sind: Mal weht der Wind, mal ist es windstill, mal scheint die Sonne, nachts scheint sie nie. Der Kunde will aber kontinuierliche Energielieferung. Die Energieversorgungsunternehmen sind gesetzlich verpflichtet, dauernd Energie guter Qualität anzubieten. Ohne Energiespeicherung geht das aber nicht mit den erneuerbaren Energien. Als Energiespeicher hat die Wissenschaft seit den sechziger Jahren Wasserstoff vorgeschlagen, der bei Starkwind mit dem Strom aus den Windrädern aus Wasser durch Wasserzersetzung hergestellt wird und bei Windstille Turbinen antreibt, die Strom erzeugen. Die Politik hat dies nicht zur Kenntnis genommen, keine Speichermöglichkeiten für Strom aus erneuerbaren Energien vorgesehen, so daß die erneuerbaren Energien in Deutschland sinnlos sind.

Der Grund für diese seltsame Energiepolitik scheint folgender zu sein: Die Energieversorgung in Deutschland erfolgt nicht mehr nach wirtschaftlichen Gesichtspunkten zum Wohle des Landes, sondern nach kapitalistischen Grundsätzen zur Maximierung des Gewinns zum Wohle der Börsen und Spekulanten. Aller von den Kraftwerken oder Windrädern und Solarzellen erzeugte Strom wird an der Strombörse in Leipzig gehandelt. Dort wird der Strompreis festgelegt. An der Börse kann der Preis für Emissionsrechte oder Strom zur Ausplünderung des Landes und zur Errichtung der Weltherrschaft beliebig manipuliert werden.

---

81 Sigurd Schulien, »Der Hochtemperaturreaktor für die Erzeugung von Strom und Prozeßwärme«, unter: www.adew.eu/Berichte

Dritter Teil

Das geistige Fundament zur Vermeidung des geplanten Chaos und zur Wiederbelebung der Nation

Nach zwei verlorenen Weltkriegen und einer jahrzehntelangen verbrecherischen Umerziehung ist Deutschland moralisch zugrunde gerichtet. Diese Situation ist dadurch besonders verheerend, weil das Land nach 1945 durch deutsche Kollaborateure in Regierung, Verwaltung, Wirtschaft, Wissenschaft und Kirchen im Auftrag anglo-amerikanischer Plutokraten ruiniert wurde: Beispiele sind die Abschaffung der D-Mark, der Maastricht-Vertrag, die Energiewende, die Asylanten-Schwemme, die schleichende Zerstörung der deutschen Energieversorgung und der Austausch bewährter deutscher Strukturen und Traditionen durch anglo-amerikanische im Finanz- und Geldbereich, im Bildungs- und Schulwesen.

Warum müssen in Deutschland anglo-amerikanische Verhältnisse, Verfahren und Strukturen eingeführt werden, obwohl die deutschen wirkungsvoller und besser waren, etwa bei der Bahn, der Post, im Verwaltungs- und Kulturbereich, bei Bildung und Wissenschaft in Schulen und Hochschulen?

War es nötig, die deutsche Wehrmacht in eine Söldnertruppe unter fremdem Befehl zu verwandeln? Warum müssen die neuen deutschen Eliten die gewachsene deutsche Kultur durch eine künstliche Hollywood-›Kultur‹ ersetzen, durch Umerziehung die nachfolgenden Generationen zu handy-besessenen Neurotikern machen? Die derzeitige Politik kann die Wende zu dem deutschen Geist nicht bewirken, diese kann nur aus dem unverdorbenen Geist des Volkes kommen, der durch die Evolution vorbestimmt ist.

Die Ausstrahlung der schöpferischen Leistung deutscher Technik in der Welt

»Keine Zeit und keine Macht zerstückelt
Geprägte Form, die lebend sich entwickelt.«
GOETHE, *Urworte*

Nach ihrer militärischen Niederlage 1945 wurden die Deutschen gezwungen, eine ihrer Nationalkultur nicht angemessene Verhaltensweise zu übernehmen. Diese Kulturzerstörung läuft noch unter dem Namen ›Umerziehung‹. Ihr Zweck ist es, die seit Urzeiten im deutschen Volk anerkannten Werte (Treue, Disziplin, Beharrlichkeit, Wahrheitsliebe usw.) auszumerzen und sie durch die Götzen ›Geld‹ und ›Selbstverwirklichung‹ zu ersetzen, um auf diese Weise unser Volk zu Sklaven der seit 1945 die Welt beherrschenden Finanzoligarchie zu machen. Das Ende dieser von außen erzwungenen Niedergangsphase ist jetzt erreicht; ein Neuanfang steht bevor. Da ist es zweckmäßig, einen Blick in die Vergangenheit zu tun, in der wir die Mittel finden können, die Zukunft zu bewältigen.

Im Laufe der Jahrhunderte sind viele Ideen, Erfindungen und Schöpfungen aus dem deutschen Kulturkreis in die Welt geströmt und haben andere Kulturen befruchtet und vorteilhaft beeinflußt. Diese Ausstrahlung erfolgte hauptsächlich auf den Gebieten der Kunst (unter anderem der Musik), der Philosophie, der Wissenschaft und der Technik. Die Beeinflussung anderer Völker über die Sprache oder die Politik spielte im deutschen Kulturkreis nie die Rolle wie bei anderen Staaten. Diese Art der Beeinflussung hatte meist imperialistische Hintergründe zur Manipulation einheimischer Eliten, z. B. Englisch (Konferenzsprache in rein deutschen Konferenzen), Französisch (Frankophonie), Spanisch, Portugiesisch, Arabisch. Nie war diese Ausstrahlung eine Folge von Gewaltanwendung oder von Kriegen.

Hier soll nur von den technischen Errungenschaften und Schöpfungen des deutschen Geistes die Rede sein, die die Welt verändert haben und verändern können.

Es soll gezeigt werden, wie unsere Vorfahren auf ihre Art (das ist auch die uns angeborene Art) die damaligen Probleme gelöst haben, wobei zur Lösung sozialer und wirtschaftlicher Probleme oft technische Erfindungen benutzt wurden, sowohl in Zeiten des Aufstiegs im 19. Jahrhundert als auch in Zeiten der Not nach den beiden Weltkriegen. Technikfeindschaft gehörte nie zu den Verhaltensweisen unserer Vorfahren. Diese pathologische Einstellung ist uns von unseren Feinden eingeimpft worden – zum Nachteil Deutschlands. Es sollen beispielhaft einige ausgewählte Technikentwicklungen gezeigt werden, die zum Wohle aller Menschen in die ganze Welt ausgestrahlt haben.

Diese Ausstrahlung in die Welt erfolgte auf vielen Wegen, nämlich durch

- Kolonisierung,
- Handel, Verkauf von Geräten, Verfahren, Erfindungen,
- Herstellung in Empfängerländern,
- Lizenzabkommen,
- Veröffentlichungen, Ausstellungen, Ausbildung,
- Ungenehmigtes Kopieren und Imitieren,
- Industriespionage, Raub, Diebstahl,
- Ausbildung von Studenten, Gastarbeitern.

Während die konkurrierenden Industriestaaten eher Konsum- und Luxusartikel, Nahrungsmittel, Rohstoffe oder Waffen lieferten, kamen aus Deutschland meist hochwertige Investitionsgüter aus den Bereichen Elektrotechnik (Generatoren, Motoren...), Chemie (Düngemittel, Pharmazeutika...), Feinmechanik und Optik, Fahrzeugbau, Straßenbau usw. Es wurden Werkzeugmaschinen geliefert, ganze Fabriken eingerichtet, Kommunikationssysteme, Mikroelektronik, Medizintechnik, Landwirtschaftstechnik.

Um Mißverständnisse zu vermeiden, möchte ich gleich zu Anfang die Definition des Begriffs ›Technik‹ aus der Sicht des Technikers stellen.

Technik ist das schöpferische Schaffen von Geräten, Maschinen, Verfahren, Werkstoffen unter Berücksichtigung und Ausnutzung der Naturgesetze und von wirtschaftlichen Gesichtspunkten, um das Leben zu erleichtern. Aufgabe der Technik ist dabei die Einsparung menschlicher Leistung im Gesamtgetriebe der Arbeit. Mit Hilfe der Technik schafft sich der Mensch eine ihm angepaßte und genehme Umwelt, in der er ohne Gefährdung durch die Natur oder Feinde leben kann: ohne Kälte oder Hitze, Hunger oder Durst, geschützt vor Naturkatastrophen und Krankheiten.

Die technischen Entwicklungen haben auf Dauer immer Wohlstand und Arbeitsplätze geschaffen. Man erkennt, daß die Technik im Laufe der Zeit aufwendiger und komplizierter geworden ist.

Die Technik basiert seit rund 200 Jahren in steigendem Maße auf Erkenntnissen der Wissenschaft. Die Erfindungen und Entwicklungsarbeiten, die sich über Jahre hinziehen, erfordern heute die Finanzierung durch ein verantwortungsbewußtes Bankensystem, das dem Allgemeinwohl dient. Die Entwicklung eines Geräts oder Verfahrens dauert heute mehrere Jahre, so daß eine

Vorfinanzierung (meist mit fremdem Kapital) erforderlich ist, um die Zeit bis zur Vermarktung zu überbrücken, nämlich zur Bezahlung von Wissenschaftlern, Technikern und Material. In früheren Jahrzehnten hatte der Staat diese Vorfinanzierung geleistet, heute tun es überwiegend die Banken oder sogenannte ›private Investoren‹ (Vertreter der Finanzoligarchie). Die Banken haben diese Situation gehörig ausgenutzt, so daß heute nicht mehr die schöpferische Idee das Wichtigste bei der Entwicklung der Technik ist, sondern der Kredit, den die Banken für die Entwicklung gegen Zinszahlung zur Verfügung stellen. Damit sind die Verhältnisse auf den Kopf gestellt; die Situation ist inzwischen unhaltbar geworden.

Außerdem stimmt die oben gegebene Definition der Technik unter diesen Bedingungen nicht mehr: Die Technikentwicklung ist nur noch der Vorwand, Kredite zu geben; sie dient also hauptsächlich den Banken, nicht mehr dem Allgemeinwohl. Es wird nur noch in die Techniken investiert, die sich sofort rentieren und den Banken Geld bringen. Das sind sehr oft Techniken, die seit Jahrzehnten bekannt sind, die nur für eine automatisierte Großserienfertigung angepaßt wurden. Beispiele sind Handys, Computer, Unterhaltungselektronik und ähnliche Produkte, die dem großen Publikum als Gipfelpunkte der Technik verkauft werden, aber meist das Geisteserzeugnis einer früheren Generation sind. Die Firmen sorgen auf vielfältige Weise dafür, daß die Geräte nach einem oder zwei Jahren veraltet sind und durch modifizierte neue ersetzt werden müssen. Die Technikentwicklung hat in den vergangenen Jahren eine Richtung genommen, die nicht mehr dem Menschen dient, sondern einer Finanzoligarchie. Das muß beendet werden.

Die Gehirnwäsche, der wir die letzten Jahrzehnte ausgesetzt waren, hat, wie man sieht, früher eindeutige und klare Begriffe schwammig und unklar gemacht. Es sollen im folgenden beispielhaft einige große Leistungen deutscher Technik gezeigt werden, die aufgrund ihrer Bedeutung das Leben aller Menschen erleichtert und den Gang der Weltgeschichte beeinflußt haben. Außer diesen Beispielen gibt es indirekte Beweise, die das Ansehen und den hohen Rang der deutschen Technik in der Welt belegen. So sind nach dem Ersten und nach dem Zweiten Weltkrieg alle deutschen Patente enteignet worden. Die Siegermächte und ihre ›Freunde‹ haben sich die Schöpfungen deutscher Wissenschaftler und Ingenieure angeeignet und unermeßliche Vorteile daraus gezogen. Auch heute noch geht diese Ausplünderung deutscher Technik und Wissenschaft weiter, wenn auch in versteckter Form. Ein wichtiges Ziel der Forschungsprogramme der EU ist es, technisches und wissenschaftliches Wissen aus Deutschland abzuschöpfen, um es anderen kostenlos zur Verfügung zu stellen. Aus ähnlicher Gesinnung kam nach 1945 die Idee, deutsche Firmen zu demontieren und vollständig ins siegreiche Ausland zu transportieren. Eine wichtige Aufgabe des Battelle-Instituts in Frankfurt war es, deutsches Wissen nach den USA zu transferieren.

Aber auch freiwillig hat Deutschland über Jahrhunderte Handwerkstechniken und landwirtschaftliche Verfahren an benachbarte Völker – vor allen Dingen im europäischen Osten und Südosten – weitergegeben, ohne daß man heute darüber spricht. Im Zweiten Weltkrieg ging viel technisches Wissen über Optikgeräte, Feinmechanik, Flugzeugbau, Kohleverflüssigung usw. an Japan. Dies führte dazu, daß Japan seit den sechziger Jahren Weltmarktführer im Bereich optischer Geräte wurde, da in Japan nach dem Weltkrieg eine koordinierte Zusammenarbeit zwischen Staat und Wirtschaft aufgebaut wurde.[82] Ein weiteres Exempel liefern die USA. Dieses Land wurde mit maßgeblicher Hilfe deutscher Einwanderer – Handwerker, Bauern, Wissenschaftler, Kaufleute – aufgebaut. Ab 1914 wurde das Wirken der Deutschen in diesem Lande verfemt und unterbunden.[83] Damit fehlte dem Lande immer mehr das schöpferische und ausgleichende Element. Die anglo-amerikanische Piratennatur gewann sehr schnell die Oberhand. Das war der Anfang vom Niedergang und Untergang dieses reichen Landes, den wir zur Zeit erleben.

Ähnliches läßt sich von Rußland berichten, wo der Panslawismus und westeuropäische Hetzereien das aufbauende deutsche Element eliminierten und das vor 1914 aufblühende Land in den Kommunismus zurückwarfen. Ein jahrhundertelanges fruchtbares

---

[82] Wolfgang König, *Propyläen Technikgeschichte*, Ullstein, Berlin 1997.

[83] Andreas Wesserle, »Die Deutschen am Michigansee. Zur Tragödie des Deutschtums in den USA«, in: *Deutsche Annalen 2004*, Druffel, Stegen 2004, S. 267 ff.

Wirken deutscher Handwerker, Wissenschaftler, Kaufleute wurde seit dem späten 19. Jahrhundert von antigermanischen Kräften verleumdet, zum größten Nachteil des russischen Volkes.

In diesem Zusammenhang sollte man erwähnen, daß die Leistungen deutscher Wissenschaft und Technik von unseren romanischen Freunden in ihren Schulbüchern oft verschwiegen oder kleingeredet werden. Gleiches gilt für unsere anglo-amerikanischen ›Freunde‹ seit etwa 1880, als Deutschland damit begann, ein ernst zu nehmender Konkurrent für die englische Industrie zu werden (Made in Germany 1887, zur Erschwerung deutscher Einfuhren). Dieses Kleinreden und Verschweigen deutscher Technikleistungen paßt nicht zur Tatsache, daß nach 1945 deutsche Wissenschaftler und Ingenieure in die USA, die UdSSR und nach Frankreich verschleppt wurden, um dort die neuesten Techniken zu lehren, z. B. in den Bereichen Flugzeugbau, Raketentechnik, Elektronik.

Wissenstransfers von Deutschland in andere Länder erfolgen heute durch die großen technischen und wissenschaftlichen Industrieausstellungen wie Hannover-Messe, ACHEMA, Electronica usw., die regelmäßig stattfinden. Die aufmerksamen Leute mit den Fotoapparaten in den Ausstellungshallen sprechen eine deutliche Sprache. Weniger bekannt sind die Methoden der Abschöpfung deutscher Technik durch Industriespionage (auch befreundeter Mächte), durch Abhören elektronischer Nachrichten oder gezielte Abwerbung deutscher Techniker und Wissenschaftler.

Sehr viel technisches Wissen strömt aus Deutschland in andere Länder durch die Fabrikgründungen deutscher Firmen in diesen Ländern, zum Beispiel im Maschinenbau und Automobilsektor, in Chemie und Pharmazie. Davon profitieren viele Länder; man denke etwa an Indien, Mexiko, Brasilien, China und Osteuropa.

Als Kontrast zum Wissenstransfer aus Deutschland sollen die amerikanischen Methoden des Techniktransfers in unterentwikkelte Länder Asiens, Afrikas und Südamerikas erwähnt werden. Sie sind mit vielen Beispielen in dem Buch *Bekenntnisse eines Economic Hit Man* beschrieben.[84] Es werden in diesen Ländern überdimensionierte, dem Land nicht angepaßte Investitionen in die

---

[84] John PERKINS, *Bekenntnisse eines Economic Hit Man,* Riemann, München 2005.

Infrastruktur – etwa Staudämme, Kraftwerke, Hafenanlagen usw. – von amerikanischen Firmen getätigt, die hauptsächlich dazu dienen, das Land in Schulden zu stürzen und zu immerwährenden Zinszahlungen zu verdammen.

Leistungen deutscher Technik in früheren Jahrhunderten

Mächtige Impulse für die kulturelle Entwicklung in Deutschland und der Welt gingen von der Erfindung des Buchdrucks durch GUTENBERG ab 1452 aus. Ähnliche Wirkungen hatten im Mittelalter Neuerungen auf den Gebieten des Bergbaus (AGRICOLA), des Schiffbaus (Hansakogge und Heinrich der Seefahrer in Portugal), der Metallverarbeitung und der Textiltechnik.

Seit Jahrhunderten wurden Bücher durch handschriftliche Kopien der Originale hergestellt, durch ein Verfahren also, das den Bedarf an Büchern und Wissen in einer Zeit des geistigen Umbruchs seit Beginn des 15. Jahrhunderts nicht mehr decken konnte.

Zwischen 1452 und 1455 druckte Johannes GENSFLEISCH, genannt GUTENBERG, in Mainz die Bibel mit einem neuen Verfahren, das sich im Prinzip bis heute erhalten hat.

Voraussetzung für seine Erfindung war die Möglichkeit, Papier für die Bücher herzustellen. Das Verfahren der Papierherstellung aus Pflanzenfasern kam im 12. Jahrhundert durch Vermittlung der Mauren in Spanien aus China nach Europa und

Relief Druckerwerkstatt am GUTENBERG-Denkmal in Mainz.

wurde dort weiterentwickelt. So gab es um 1400 Papiermühlen in Nürnberg und anderen Städten des Reichs.

Die bahnbrechende Idee GUTENBERGS bestand darin, die einzelnen Buchstaben mechanisch zu Worten, Zeilen und Seiten zusammenzufassen, die Buchstaben gleichmäßig mit Druckfarbe zu versehen, die dann mittels einer Presse auf das Papier übertragen wurde, so daß ein gut lesbarer Schriftsatz entstand.

GUTENBERG hatte diese geniale, uns heute selbstverständlich erscheinende Idee, die er in jahrelanger Arbeit verwirklichte, wobei er und seine Mitarbeiter viele neue Techniken entwickelten, die bis heute angewendet werden.

Bei seiner Erfindung konnte GUTENBERG auf seine Kenntnisse und Erfahrungen als Goldschmied und Stempelschneider zurückgreifen, die in alter deutscher Handwerkstradition gründeten. Um den Buchdruck zu verwirklichen, hat er eine Reihe von Erfindungen gemacht und eine neue Technik begründet.

In Stahlstäbchen von etwa 8 cm Höhe schnitt er an einem Stabende die Buchstaben seitenverkehrt ein. Diese Stahlstäbchen (Patrizen) wurden in weiches Kupfer eingeschlagen, so daß im Kupferblock Vertiefungen in der Form von Buchstaben entstanden (Matrize). Diese Vertiefungen wurden dann mit einem niedrig schmelzenden harten Metall ausgegossen. So erhielt man nach der Erstarrung der Schmelze die Buchstaben. Damit man die Stahlbuchstaben möglichst oft verwenden konnte, beschäftigte sich GUTENBERG mit der Technik der Stahlhärtung. Für den Guß der Buchstaben mußte außerdem eine geeignete niedrig schmelzende harte Legierung gefunden werden, nämlich ein Gemisch aus Blei, Wismut, Zinn und Antimon. Die gegossenen Buchstaben mußten alle die gleiche Höhe haben. Sie wurden zu Worten, Zeilen und Seiten zusammengesetzt und mit Druckfarbe versehen, mit der das Papier bedruckt wurde. GUTENBERG optimierte das Verfahren zum Setzen der Buchstaben, so daß man ein schönes und ansprechendes Schriftbild erhielt. Außerdem entwickelte er in Zusammenarbeit mit einer Straßburger Werkstatt die Druckpresse für das Bedrucken von Papier sowie geeignete Farben und Färbeverfahren. Wie man sieht, wurden aus dem gleichen Geist viele neue Techniken erfunden.

Albrecht DÜRER hatte großen Anteil an der Entwicklung der Drucktechnik bei Graphiken. Hier Exponat von DÜRER auf der Ausstellung »Gestochen scharf und fein geschnitten« 2012/13 in Augsburg. Quelle: Kunstsammlungen und Museen Augsburg.

GUTENBERGS Erfindung verbreitete sich sehr schnell in Deutschland und Europa zur Herstellung von Bibeln, Meßbüchern, theologischen und juristischen Schriften, amtlichen Verordnungen, Kalendern, Chroniken, Spottgedichten, Flugblättern usw. Um 1500 gab es in den meisten deutschen Städten rund 300 Druckereien. Deren Technik wurde von allen europäischen Ländern übernommen.

Allein Venedig zählte um 1500 etwa 150 Druckwerkstätten. Für die Darstellung von Bildern benutzte man die bekannten Verfahren des Holzschnitts, der Radierung (Ätzverfahren) oder des Kupferstichs. Diese Techniken wurden für die Druckerei auch von Albrecht DÜRER verbessert.

Um 1460 kostete ein gedrucktes Buch etwa die Hälfte eines handschriftlich hergestellten.

Ohne die GUTENBERGschen Erfindungen wären die wissenschaftlichen, kulturellen, technischen, medizinischen Fortschritte seit 1500 in Europa und der Welt nicht möglich gewesen.

Technikentwicklungen ähnlicher Bedeutung wie der Buchdruck gingen vom Deutschland der frühen Neuzeit aus auf den Gebieten des Bergbaus, des Schiffbaus (Kogge, Heinrich d. Seefahrer), der Metallverarbeitung, der Textiltechnik usw.

Beispiele deutscher technischer Erfindungen aus der neueren Zeit

Im 19. Jahrhundert machte die Entwicklung der Technik große Fortschritte in Deutschland, da die Wissenschaft viele vorher unbekannte Gesetzmäßigkeiten und Naturphänomene entdeckt hatte: Erkenntnisse in Physik, Chemie, Geologie, Astronomie, Biologie usw. Diese Erkenntnisse fielen auf einen fruchtbaren Boden in Deutschland, da der Ausbildungsstand der Bevölkerung gut war und die Jahrhunderte alte handwerkliche Tradition sie aufgeschlossen für neue technische Lösungen gemacht hatte. Außerdem führte die politische Einigung Deutschlands zu größeren Märkten, wodurch die Technikentwicklung gefördert wurde. Die Industrialisierung in England und danach in Deutschland sowie anderen europäischen Ländern erfolgte zu Beginn des 19. Jahrhunderts auf der Grundlage der Dampfmaschine, die Wärmeenergie in mechanische Arbeit umsetzte und so in steigendem Maße Handarbeit durch Maschinenarbeit ersetzte.

Die Dampfmaschine war allerdings ein schwerfälliges Gerät mit hohem Wartungsbedarf und geringem Wirkungsgrad. Nur etwa 8 Prozent der in die Maschine gesteckten Wärmeenergie wurden in mechanische Energie umgewandelt, die restlichen 92 Prozent waren Reibungs- und Verlustwärme. Die Wissenschaft zeigte andere Wege auf, mittels neu entdeckter Phänomene Maschinen mit weit höherem Wirkungsgrad (Energieausnutzung) zu betreiben als dem der Dampfmaschine (Elektrogeneratoren

Links: Stromgenerator. Rechts: Schnittzeichnung von Werner Siemens erstem Stromgenerator, dem ›Dynamo‹ (Skizze: HEA).

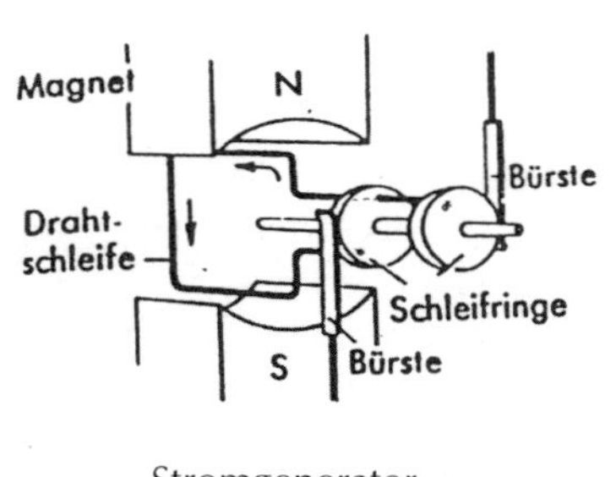

Stromgenerator

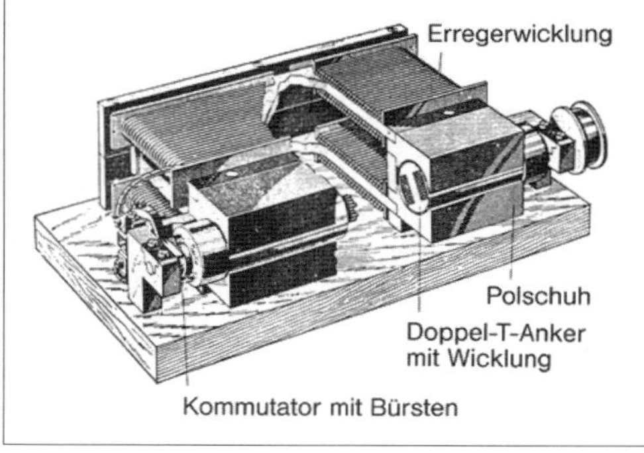

und -motoren). So hatte man in den ersten Jahrzehnten des 19. Jahrhunderts entdeckt, daß vom elektrischen Strom Kraftwirkungen ausgehen und mit seiner Hilfe Energie und Informationen transportiert werden können. 1866 erfand Werner VON SIEMENS ein Verfahren zur Erzeugung von elektrischem Strom, nämlich den Dynamo, wie er in ähnlicher Form heute noch als Fahrraddynamo benutzt wird. Dieser Dynamo oder Stromgenerator basiert auf dem Induktionsgesetz: Bewegt sich eine Spule durch ein Magnetfeld, so wird in der Spule ein Strom erzeugt (induziert). Wenn man also eine Drehspule zwischen Nord- und Südpol eines Hufeisenmagneten rotieren läßt, kann man an den Enden der Spule einen Strom abnehmen. Seit den dreißiger Jahren des 19. Jahrhunderts arbeitete man mit Permanentmagneten zur Erzeugung des magnetischen Feldes, in dem die Spulen rotierten. Diese Magnete waren teuer, instabil und brachten nur kleine Stromstärken in der Spule zustande. SIEMENS verwendete statt dessen Elektromagnete mit Eisenkernen, die nicht ganz entmagnetisiert waren. Dadurch ließen sich mit der rotierenden Spule hohe Stromstärken und Generatorleistungen erzeugen. Angetrieben wurden diese Generatoren durch Wasserkraftwerke, Dampfmaschinen, später durch Gas- und Dieselmotoren, welche die Spulen im Magnetfeld drehten. Der erzeugte Strom diente zunächst zu Beleuchtungszwecken in Bahnhöfen, Fabriken, Schiffen, Eisenbahnen usw. Dies war der Beginn der Elektrifizierung der Industriestaaten, die heute noch andauert und die Welt von Grund auf verändert hat.

Einen starken Impuls bekam die Elektrifizierung 1879 durch die Erfindung des Elektromotors bei der Firma Siemens und Halske in Berlin, der die Dampfmaschinen ersetzen konnte. Der Elektromotor ist genauso aufgebaut wie der gerade beschriebene Dynamo, nur wird die Drehspule mit einem Strom beaufschlagt. Bei Stromfluß rotiert sie im Feld des Magneten. SIEMENS baute 1879 eine Versuchslokomotive für Grubenbahnen mit einem Elektromotor als Antrieb, 1881 eine elektrische Straßenbahn in einem Außenbezirk von Berlin.

Diese Elektromotoren, die elektrische Energie in mechanische umwandeln, hatten weit höhere Wirkungsgrade als die Dampfmaschinen, nämlich 80 bis 90 Prozent, waren leiser und pflege-

Auf der Berliner Gewerbeausstellung 1879 stellte SIEMENS die erste elektrische Eisenbahn der Welt mit Fremdstromversorgung. Sie bestand aus einem einfachen Fahrgestell mit einem ummantelten Gleichstrommotor.

leichter. Im Laufe der Zeit ersetzten sie die Dampfmaschinen in Industrie, Verkehr und Handwerk überall in der Welt. Selbst im Haushalt sind sie unentbehrlich geworden. Die SIEMENSschen Ideen haben die Welt verändert, die Menschen von schweren und lästigen Arbeiten befreit. England verpaßte die Entwicklung der neuen Techniken und wurde ab 1880 industriell allmählich von Deutschland überholt, was letzten Endes zum Ersten Weltkrieg führte.

Mit der Elektrifizierung entstanden seit 1880 Energieversorgungssysteme. So wurde 1891 elektrische Energie von Lauffen a. Neckar nach Frankfurt/M. über 175 km mit einer Spannung von 20000 Volt transportiert.

Die Elektrotechnik wurde eine Leittechnik für die nächsten Jahrzehnte und hat weltweit unermeßlichen Wohlstand erzeugt. Die wesentlichen Impulse und Entwicklungen kamen aus Deutschland.

⇨ Verbrennungsmotor

Das gleiche kann man von zwei weiteren deutschen Entwicklungen sagen, der Erfindung der Verbrennungskraftmaschinen. Auch diese – nämlich der Otto-Motor und der Diesel-Motor – sollten die Dampfmaschinen dank ihrer günstigeren Eigenschaften ersetzen.

Die damaligen Dampfmaschinen hatten einige konstruktive Nachteile, die den Wirkungsgrad der Maschine nicht über 10 Prozent steigen ließen. So war der Heizraum zum Verdampfen des Wassers vom Arbeitsraum getrennt, in dem der Kolben zur Erzeugung mechanischer Arbeit bewegt wird. Bei den neu erfundenen Verbrennungskraftmaschinen sind Heizraum und Arbeitsraum identisch. Der Kolben wird durch die Druckerhöhung des verbrennenden Gases (oder Petroleums bzw. Benzins) bewegt. Vor allen Dingen wird keine stundenlange Anheizzeit zur Erhitzung und Verdampfung des Wassers benötigt, wie dies bei Dampfmaschinen nötig ist: Der Motor ist sofort einsatzfähig.

Im Jahre 1876 war der von Nikolaus OTTO entwickelte Gas-Motor betriebsfertig. Die Maschine war robust, sparsam und einfach zu bedienen. Es war ein Viertaktmotor, in dem Gas verbrannt wurde, das durch die bei der Gasverbrennung eintretende Druckerhöhung im Zylinder eine Kolbenbewegung hervorrief, die auf ein Rad übertragen wurde. Folgende Vorgänge laufen im Zylinder nacheinander ab:

1. Takt: Ansaugen Gas-Luft-Gemisch,
2. Takt: Verdichten des Gemischs und Zünden,
3. Takt: Ausdehnen der Verbrennungsgase und Arbeitsleistung durch Bewegung des Kolbens,
4. Takt: Ausschieben der verbrannten Gase.

Der Wirkungsgrad des neuen Motors lag wenig unter 20 Prozent, war also wesentlich besser als bei der Dampfmaschine. Die von OTTO gegründete Gasmotorenfabrik Deutz verkaufte welt-

Schema der Arbeitsweise des Viertaktmotors von OTTO. Abb. SBZ-Monteur

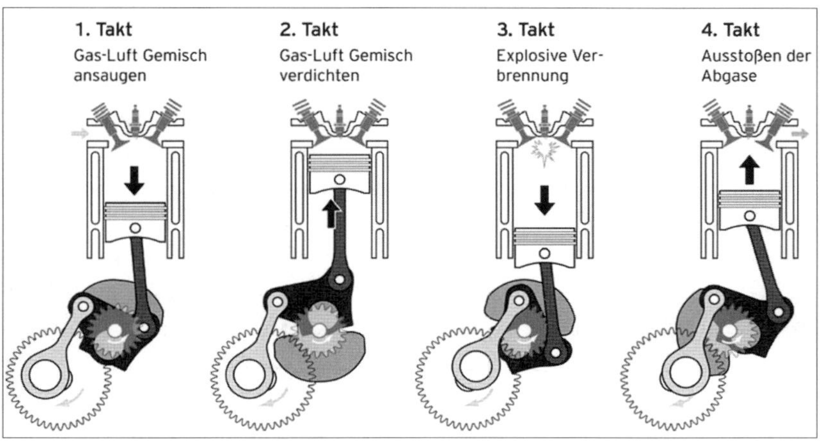

weit sehr viele Motoren zum Antrieb von stationären, fest eingebauten Pumpen, von Generatoren, später von Automobilen, nachdem der Otto-Motor auf Benzinbetrieb umgestellt worden war.

Der Nachteil des mobilen Gasmotors ist, daß das Gas im Vergleich zu Flüssigkeiten große Speichervolumina (Tanks) benötigt. Carl-Friedrich BENZ erfand 1879 einen kleinen Motor, der mit Benzin angetrieben wurde, der also als Antrieb für Fahrzeuge besser geeignet war als ein Gasmotor. Es war dies ein revolutionärer Schritt. Denn das Verkehrswesen der folgenden Generationen und die Mineralölwirtschaft basierten auf dieser Entwicklung.

BENZ war ein ideenreicher Ingenieur. Er baute seinen Motor nicht in eine Pferdekutsche ein, sondern erfand ein völlig neues Fahrzeug, das Auto mit Fahrgestell, Kühler und elektrischer Zündanlage von Bosch. Es war der Beginn einer neuen Zeit im Verkehrswesen.

In den neunziger Jahren des 19. Jahrhunderts machte Rudolf DIESEL Versuche, den Wirkungsgrad der Verbrennungskraftmaschine zu erhöhen, wie es die Wärmelehre vorgab. Das ist möglich, wenn man den Motor bei höheren Temperaturen und Drücken (40 bar) betreibt. 1897 war der erste funktionsfähige Dieselmotor betriebsbereit, der mit Petroleum lief. Das Brennstoff-Luftgemisch im Zylinder wird durch Kompression so weit erhitzt, daß es sich entzündet. Die sich daraus ergebende Druckerhöhung bewegt den Kolben. Dieser Diesel-Motor hat einen Wirkungsgrad von 26 Prozent; die Energieausnutzung war also wesentlich besser als bei der Dampfmaschine. Dieselmotoren ersetzten nun Dampfmaschinen in Kraftwerken zum Antrieb von Stromgeneratoren oder von Pumpen in Wasserwerken. Bis 1914 wurden mehr als 10000 Diesel-Motoren mit immer größeren Leistungen gebaut. Diesel-Motoren mit Leistungen von über 50000 PS dienen heute als Schiffsantriebe; ihr Wirkungsgrad liegt bei über 50 Prozent. 1913 wurde die erste Diesel-Lokomotive gebaut. Durch den Diesel-Motor sind wegen der höheren Energieausnutzung gegenüber anderen Verbrennungsmotoren viele Milliarden Tonnen Öl gespart worden.

Die große deutsche Tradition in der Motorentwicklung setzte sich in den dreißiger und vierziger Jahren des 20. Jahrhunderts mit der Entwicklung von Raketen- und Strahltriebwerken (Düsenantrieb) fort. Diese Entwicklungen deutscher Ingenieure und Techniker haben die Industrialisierung in Europa maßgeblich ermöglicht und so in vielen Ländern den Menschen Arbeit und Wohlstand verschafft. Von der anglo-amerikanischen Finanzoligarchie wurde dies allerdings als Streben nach der Weltherrschaft ausgelegt.

Bisher wurden Beispiele großer deutscher Ingenieurleistungen aus den Gebieten der Elektrotechnik und des Maschinenbaus gezeigt, geknüpft an die Namen Siemens, Otto, Benz und Diesel. Es sollen nun zwei Beispiele aus dem Bereich der Chemie gezeigt werden, die den Menschen in aller Welt große Vorteile gebracht haben und in Zukunft noch bringen werden, nämlich die Ammoniaksynthese zur Herstellung von Düngemitteln und die Kohlverflüssigung zur Herstellung flüssiger Energieträger für den Betrieb von Otto- und Dieselmotoren.

⇨ Ammoniaksynthese

Der Grund für die Entwicklung der Ammoniaksynthese war das Bestreben des Deutschen Reichs, bei der Stickstoffversorgung unabhängig von unsicheren Lieferungen aus dem Ausland zu werden, da die Handelswege im Kriegsfall leicht blockiert werden konnten. Stickstoff bzw. Ammoniak (eine Stickstoffverbindung NH_3) brauchte man für die Herstellung von Düngemitteln, aber auch von Schießpulver. Früher hatte man die Stickstoffdüngemittel aus Chile bezogen (Guano), aber die Vorkommen gingen allmählich zur Neige. Die Luft enthält allerdings 78 Prozent Stickstoff als Molekül N_2, das sehr fest gebunden ist. Die Pflanzen benötigen atomaren Stickstoff zum Aufbau der Eiweiße, können allerdings die fest gebundenen Stickstoffmoleküle der Luft nicht verwerten, sondern nur den Stickstoff aus weniger stabilen Verbindungen, wie zum Beispiel Ammoniak, Ammoniumsulfat u.ä.

Im Jahre 1909 gelang es Fritz Haber in Karlsruhe, aus Luftstickstoff und Wasserstoff bei hohen Temperaturen (500°C) und hohen Drücken (350 bar) Ammoniak herzustellen

$N_2 + 3\,H_2 \leftrightarrows 2\,NH_3$ (Haber-Bosch-Verfahren)

Das Verfahren wurde bei der BASF in Ludwigshafen von Carl Bosch industriereif gemacht, so daß 1914 schon 36 000 Tonnen Syntheseammoniak bei der BASF hergestellt werden konnten.

Links, von oben: Fritz HABER und Carl BOSCH (1908). Rechts: Das Haber-Bosch-Verfahren wurde durch die BASF im Jahre 1910 zum Patent angemeldet. Hier erster Reaktor im Werk Oppau bei Ludwigshafen 1913.

Ende der 80er Jahre wurden auf diese Weise 80 Millionen Tonnen Reinstickstoff produziert. 1 kg Stickstoff bringt in der Landwirtschaft im Durchschnitt 18 kg mehr Ernteertrag. Durch das Haber-Bosch-Verfahren wurde die Ertragskraft der Landwirtschaft in der ganzen Welt unermeßlich gesteigert.

⇨ Kohleverflüssigung

Der steigende Bedarf an Benzin veranlaßte Friedrich BERGIUS (Universität Heidelberg), nach Möglichkeiten zu suchen, aus der in Deutschland reichlich vorhandenen Kohle Benzin herzustellen. Er wandte in seinem Institut die aus der Ammoniaksynthese bekannten Hochdruck-Verfahren der BASF an, indem er feingemahlene und mit Teer vermischte Kohle mit Wasserstoff bei hohen Temperaturen (etwa 450°C) und hohen Drücken (etwa 600 bar) reagieren ließ. Wenn man einen geeigneten Katalysator verwendete, erhielt man als Reaktionsprodukt Benzin. 1913 erhielt er ein Patent auf dieses Verfahren.

Mit Ende des Ersten Weltkriegs wurden 1919 alle deutschen Erdölrechte in Mesopotamien, dem heutigen Irak, enteignet, allerdings auch die Patente. Um möglichst unabhängig von der Einfuhr von Erdölprodukten zu werden, wurde das Bergius–Verfahren von der BASF industriereif gemacht. 1927 wurde in Leuna die erste Kohleverflüssigungsanlage in Betrieb genommen. Zwischen 1927 und 1944 diente dieses verbesserte Bergius-Verfahren zur Herstellung von Kraftstoffen für Otto- und Diesel-Motoren. Es machte Deutschland unabhängig von Erdöllieferungen der Siegerstaaten des Ersten Weltkriegs, was diese nicht sonderlich erfreute.

Eine weitere bemerkenswerte Entwicklung führte 1926 im Kaiser-Wilhelm-Institut für Kohleforschung in Mühlheim/Ruhr zur Erfindung des Fischer–Tropsch-Verfahrens zur Herstellung von Benzin aus Kohle. Bei diesem Verfahren benötigt man Synthesegas ($CO + H_2$), das man dadurch herstellt, daß Wasserdampf bei etwa 1000°C über glühende Kohle geleitet wird. Dabei entsteht Kohlenmonoxid und Wasserstoff

$C + H_2O \leftrightarrows CO + H_2$

Dieses Synthesegas bringt man in ein Reaktionsgefäß. Bei 100 bar und etwa 400°C entsteht dabei in Gegenwart eines geeigneten Katalysators Benzin.

Werbung für das sogenannte ›Leuna-Benzin‹ oder ›Deutsches synthetisches Benzin‹, auch Leuna-Benzin – ein ab Ende der 1920er Jahre erzeugter Kraftstoff für Otto-Motoren, der zunächst in den Leuna-Werken aus Kohle hergestellt wurde.

Nach 1933 entstanden in Deutschland mehrere Industriewerke zur Herstellung von synthetischem Benzin in enger Zusammenarbeit zwischen Industrie und Staat. Die erste-Fischer-Tropsch-Anlage nahm 1935 in Castrop-Rauxel ihren Betrieb auf.

Die Welt wäre heute nicht in der sehr gefährlichen Krise, wenn man die Verfahren zur Herstellung von synthetischem Benzin 1945 nicht verboten hätte. Nur in Südafrika wird von der Firma SASOL Kohlebenzin hergestellt.

Auf Grund der Kohleverflüssigung hätte die Welt nämlich genügend Energie zur Entwicklung der Infrastruktur und zur Bekämpfung der Armut in den Entwicklungsländern.

Deutschland ist in den vergangenen 150 Jahren hauptsächlich durch seine Industrie und Technik wohlhabend und einflußreich geworden. Es hat diese Technik über seine Industrie in alle Welt exportiert. Das hat Neid, Mißgunst, selbst Haß hervorgerufen, da seit etwa 1890 seine hauptsächlichen Konkurrenten technisch nicht mehr mithalten konnten. Bis dahin war England in Technik und Industrie führend, mußte diese Führungsrolle aber an Deutschland und die USA abgeben, da es die Chancen der Elektrotechnik und Chemie nicht erkannt hatte. Vor allen Dingen die miteinander vernetzten mächtigen Finanzoligarchien in London, Paris, Brüssel und New York sahen ihre Handels- und Anleihegeschäfte gefährdet. Nur durch das hinterlistige Anzetteln zweier Weltkriege und die Vernichtung der deutschen Industrie glaubten sie, ihre Interessen durchsetzen zu können.

Wie man sieht, wird die deutsche Technik und Industrie seit über 100 Jahren von unseren Widersachern insgeheim bekämpft. Ihre wichtigsten Schöpfungen sind ein Produkt des deutschen Kulturkreises, gebunden an eine besondere Mentalität der Menschen, die nicht immer in ein anderes Umfeld übertragbar ist. Die aufstrebenden Völker, die sich in den letzten Jahren von der Vormundschaft der Kolonialmächte befreit haben, wissen dies und erwarten, daß wir stategische Allianzen mit ihnen eingehen, um ihre Infrastrukturen aufzubauen.

Sie wissen auch, daß technische Produkte aus Deutschland zuverlässig und solide sind, dauerhaft funktionieren.

⇨ Zukunftweisende Projekte

Die deutsche Ingenieurskunst hat im Laufe der letzten Jahrhunderte unvergängliche Werke geschaffen, zum Nutzen Deutschlands und der Welt. Das hat manchen heimlichen Neider auf den Plan gerufen.

Deutschland konnte seine Maschinen und Verfahren nur verkaufen, wenn es seinen Geschäftspartnern gut ging, wenn sie zahlungskräftig waren oder Rohstoffe anbieten konnten. Das paßte gewissen Finanzmächten nicht, die die ganze Welt durch nicht mehr ablösbare Kredite in ihre Abhängigkeit und Schuldknechtschaft bringen wollen. Deswegen wurden die neuen deutschen Energietechniken Kohlevergasung und -verflüssigung, wie gesagt, 1945 verboten, alle deutschen Patente enteignet. Vor allen Dingen unsere ›Freunde‹ aus der westlichen Wertegemeinschaft konnten sich daran gütlich tun. Diese Techniken hätten die Völker ja von Krediten der internationalen Banken unabhängig gemacht.

Im Jahre 1938 gelang den deutschen Forschern Otto HAHN und Fritz STRASSMANN in Berlin eine grandiose Entdeckung, die die Welt im Laufe der nächsten Jahrzehnte revolutionierte: Sie entdeckten, daß Uran-235-Kerne durch Neutronen, die leicht in die Uran-Kerne eindringen, gespalten werden können, wobei der schwere Uran-Kern in zwei mittelschwere Kerne und 2–3 Neutronen zerplatzt. Dabei werden millionenfach größere Energiemengen als bei chemischen Reaktionen frei.

Siegfried FLÜGGE berechnete die bei der Spaltung von einer Tonne Uran 235 frei werdende Energie und fand, daß diese Energiemenge die gleiche ist, die alle Elektrizitätswerke in Mitteldeutschland im Laufe von 11 Jahren erzeugen.

In Deutschland, USA und Frankreich begannen sofort nach der HAHNschen Entdeckung Untersuchungen mit dem Ziel, diese neue Energiequelle für die Energiegewinnung und zur Herstellung von Waffen nutzbar zu machen. In Deutschland wurden diese Arbeiten von Werner HEISENBERG, einem prominenten theoretischen Physiker, geleitet. In den Wirren des Zweiten Weltkriegs kam leider nicht eine enge koordinierte Zusammenarbeit zwischen Forschung, Industrie und Staat zustande, wie sie bei der Ammoniaksynthese, der Kohleverflüssigung oder der Raketen- und Flugzeugtechnik zu großen Erfolgen geführt hatte.

Die deutschen Physiker entschieden sich für einen mit schwerem Wasser (D_2O statt H_2O) moderierten Reaktor – mit schwerem Wasser lassen sich die bei der Uranspaltung herausgeschleuderten Neutronen besser und mit geringeren Verlusten abbremsen als mit normalem Wasser H_2O. Deswegen kann man den Schwerwasserreaktor mit Natururan (0,7% Uran 235) statt mit angereichertem Uran betreiben, was ein großer Kostenvorteil ist. Die Entwicklung eines Energie liefernden Reaktors dauert Jahre; das benötigte schwere Wasser ist rar und teuer (eine Tonne Wasser enthält 600g schweres Wasser D_2O). Die Devise von Minister Albert SPEER während des Krieges, mit möglichst geringen Mitteln in kurzer Zeit ein fertiges Produkt herzustellen, war auf den Kernreaktor nicht anwendbar, so daß die Kooperation zwischen Staat, Industrie und Forschung nicht zustande kam. Die Forscher blieben unter sich. 1944 hatte man im schwäbischen Haigerloch (zwischen Tübingen und Rottweil) einen kleinen Schwerwasser-

Links: Skizze des Forschungsreaktors von Haigerloch. Rechts: Nachbau des Reaktors im Atomkeller-Museum. Beide Abbildungen: *Wikipedia*.

reaktor, der Neutronen und geringe Mengen Plutonium produzierte, aber keine meßbare Energie. Dieser Reaktortyp wurde nach 1945 von verschiedenen Staaten weiterentwickelt.[85]

Nach dem Krieg war in Deutschland jede Forschung verboten, vor allen Dingen die Nuklearforschung, weil unsere ›Befreier‹ wußten, daß unsere wirkungsvollsten Waffen unsere Wissenschaft, Technik und Industrie sind. 1954 gab US-Präsident EISENHOWER mit seinem Programm »Atoms for Peace« die Lizenzver-

[85] Guido-Gordon HENCO, *Die phantastischen Erfindungen im 3. Reich*, Podzun-Pallas, Wölfersheim-Berstadt 2004.

gabe amerikanischer Firmen für den Bau von Kernreaktoren frei und erlaubte Deutschland, eigene Entwicklungen durchzuführen, weil er überzeugt war, daß die Nukleartechnik fest in amerikanischer Hand sei. Von Siemens wurden darauf nach verbesserten amerikanischen Plänen Druckwasserreaktoren für die Energieerzeugung gebaut. Parallel dazu wurde nach Ideen von Rudolf SCHULTEN der Hochtemperaturreaktor entwickelt, ein sogenannter ›Kugelhaufenreaktor‹, ein völlig neuer Reaktortyp, der auf die Bedürfnisse der deutschen Industrie zugeschnitten war. Mit ihm kann, wie mit den anderen Reaktortypen, elektrische Energie erzeugt werden. Da er das Kühlmittel Helium auf rund 1000°C erhitzt, liefert er aber auch Prozeßwärme für die Industrie, zum Beispiel für die Kohlevergasung und Kohleverflüssigung, für die Ammoniaksynthese, die Wasserstoffherstellung sowie die Fernwärme für die Hausheizung usw. Der Erfolg dieses Projekts zu Beginn der Entwicklung ergab sich aus der engen Zusammenarbeit zwischen Staat, Wirtschaft (Siemens, Hoechst, AEG, Nukem, Interatom, RWE, VEW u. a.) und Forschung (Kernforschungszentren u. a. in Karlsruhe und Jülich). Dieser Reaktor kann mit Thorium statt mit Uran betrieben werden, benötigt also keine teure Urananreicherung, die radioaktiven Zerfallsprodukte sind in den Brennelementkugeln eingeschlossen und können nicht nach außen gelangen; er erzeugt kein Plutonium. Es gibt wesentlich mehr Thorium auf der Erde als Uran. Der Reaktor wäre in der Lage, die Energieversorgung Deutschlands und der Welt in den nächsten Jahrhunderten sicherzustellen, ohne die Umwelt zu belasten. Alles in allem eine geniale Erfindung. Die Kernenergie – vor allem der Hochtemperaturreaktor – hätte die Völker vom Öl und damit vom Dollar unabhängig gemacht. Die anglo-amerikanische Finanzdiktatur wäre damit am Ende gewesen. Da dies nicht im Sinne der herrschenden Finanzoligarchie war, wurde die Entwicklung des Reaktors 1989 eingestellt.

China hat die Pläne des Hochtemperaturreaktors von Deutschland übernommen und baut 30 HTR 250 bis zum Jahr 2020. Die in Deutschland entwickelte Hochgeschwindigkeitsbahn Transrapid, die Mittelereuropa mit Asien verbinden würde, könnte in China gebaut werden. Pläne zum Bau kürzerer Strecken gibt es in den USA und in der Schweiz (Bern–Zürich). Brasilien plant eine 500 km lange Transrapid-Strecke zwischen Rio de Janeiro und Sao Paulo. Der Iran beabsichtigt seinerseits, zwischen Teheran und Maschad (800 km) eine Transrapid-Verbindung herzustellen. Bundeskanzlerin MERKEL sprach sich allerdings gegen den Export der Transrapid-Technologie an den Iran.

Die meisten Völker haben inzwischen erkannt, daß ohne Anwendung der von deutschen Wissenschaftlern entdeckten Kernspaltung die Armut auf der Welt nicht besiegt werden kann. Klar denkende Staatsmänner wissen längst, daß nur durch die friedliche Nutzung der Kernenergie – vor allen Dingen durch die in Deutschland entwickelten fortgeschrittenen Reaktortechniken – die Kriege um die Erdöl- und Erdgasreserven vermieden werden können. Deutsche Wissenschaftler, Ingenieure, Unternehmer können wesentlich dazu beitragen, die in der Zukunft drohende Katastrophe abzuwenden. Der Hochtemperaturreaktor muß reaktiviert werden. Mit seiner Hilfe können Elektrizität, Benzin, Methan, Methanol, Kunststoffe, Düngemittel, Wasserstoff, Synthesegas usw. hergestellt werden. Er dient der Meerwasserentsalzung durch Umkehrosmose, so daß riesige Trockengebiete bewässert und kultiviert werden können. Die Früchte tragenden Pflanzen, die dann die ehemals unfruchtbaren Gebiete bedecken, sind ideale Sonnenkollektoren und Erzeuger von Lebensmitteln. Außerdem verbrauchen sie das CO_2 der Atmosphäre.

Länder wie Rußland, China, Indien, Brasilien oder der Iran warten darauf, daß wir ihnen beim Aufbau ihrer Infrastruktur mit technischem Wissen und finanzieller Unterstützung helfen. Diese Länder wissen genau, daß Deutschland ihnen immer Investitionsgüter, Maschinen und technisches Wissen zum Aufbau ihrer Infrastruktur geliefert hat. Sie wissen auch, daß gegen Deutschland zwei Weltkriege geführt wurden, um dies zu verhindern – während aus den USA Holywoodfilme, Coca-Cola, Mickey-Mouse, neue Kulturprodukte wie Rock'n Roll, Computerspiele, Internetsurfen und Anleihen kamen, aus Frankreich Luxusartikel, Champagner, Käse, Autos und Anleihen und aus England bestenfalls Konsumartikel und Anleihen. Auf der einen Seite also der Händler, auf der anderen Seite der schöpferische Wissenschaftler und Ingenieur, der zusammen mit dem wagenden Unternehmer daran arbeitet, das Leben der Menschen zu erleichtern. Die deutsche Technik hat aufgrund ihrer überragenden Leistungen in der Vergangenheit einen hervorragenden Ruf in der Welt. Man wartet auf unsere Zusammenarbeit in Form langfristiger strategischer Kooperationen. Auch wir haben einen Vorteil davon, da es dann keine Arbeitslosen mehr gibt, der Wohlstand und unser Sozialsystem gesichert sind.

Der seit über hundert Jahren tobende Kampf zwischen Technik und Geld, zwischen produzierender Industrie und spekulierendem Banken-Börsen-System ist in seine Endphase getreten. Alles spricht dafür, daß das anglo-amerikanische Finanzsystem bald zusammenbrechen wird. Dies ist eine einmalige Gelegenheit zur Wiedererlangung der deutschen Freiheit und Souveränität.

Der Einfluß der Aufklärung und des deutschen Idealismus auf die Naturforschung in Deutschland

Die deutsche Kultur ist in Jahrtausenden Jahren organisch gewachsen. Sie war seit Beginn der Warmzeit vor 7000 Jahren (neolithische Revolution) eine bäuerlich und handwerklich geprägte Kultur in enger Harmonie mit Umwelt, Landschaft und Klima. Sie soll jetzt in einer materialistischen globalisierten Zivilisation untergehen, die der Mentalität des deutschen Volkes widerspricht.

Die Kultur eines Volkes wird wesentlich durch klimatische, geographische, historische und erbbiologische Einflüsse bestimmt. Der deutsche Kulturraum hat im Laufe der Jahrtausende großartige Leistungen hervorgebracht, auf den Gebieten des Handwerks, der Kunst, der Philosophie, der Wissenschaft und Technik und andere Kulturen befruchtet.

Von den heute herrschenden Eliten wird sie verhöhnt und in den Schmutz gestoßen. Man kann seit etwa 20 Jahren nicht mehr ins Theater, in die Oper oder in Gemäldegalerien gehen, ohne angewidert die Räume zu verlassen. Der Freischütz ist nach moderner Auffassung ein elender Perverser, im *Fidelio* trampeln sogenannte SS-Leute mit Maschinenpistolen auf der Bühne herum. Das Regietheater der 68er und die fremdgesteuerten Medien wollen es so. Im Radio läuft Rockmusik, im Kino und Fernsehen Porno und Mord.

Im Jubiläumsjahr des 200. Geburtstags von Komponist Richard WAGNER fand eine – von den Medien als »drastisch« bezeichnete Neuinszenierung von *Tannhäuser* in Düsseldorf statt. Während der Ouvertüre tritt Venus in Nazi-Uniform, und ihre SS-Schergen ermorden eine Familie und zwingen Tannhäuser dazu, ebenfalls zu töten.

Was ist geschehen? Warum ist das so? Die kurze Antwort auf diese Frage lautet: Seit 1945 ist die geistige und kulturelle Elite, sind alle früheren Eliten, die bei den Globalisierungsabsichten nicht mitgemacht hätten, an die Seite gedrängt und ohne Einfluß. Die derzeitig herrschende, dem deutschen Geist feindliche ›Elite‹, vor allen Dingen die politische, ist fremdbestimmt, völlig dekadent, teilweise pervers.

Das Unheil begann vor etwa 200 Jahren zunächst unmerklich mit der Aufklärung, die politisch in der Französischen Revolution gipfelte.

Auswirkungen der Aufklärung auf das geistige Leben in Deutschland

Nach Adolf HELBOK[86] war die Aufklärung (seit etwa 1700 n. Chr.) mehr eine rationale als eine gefühlshafte Bewegung in Europa. Die Aufklärung war eine Denkrichtung im 18. Jahrhundert, deren Ziel nach KANT »der Ausgang des Menschen aus seiner selbst verschuldeten Unmündigkeit« ist. Sie zerstörte allerdings eine gleichmäßig ausgebildete Formkultur; aber sie war nicht *nur* zerstörend. Sie befreite das Leben von der strikten Autorität der Kirche, machte Staat, Wissenschaft, Literatur und Kunst endgültig weltlich. Der *deutsche Idealismus* (seit etwa 1780) nahm Elemente der Aufklärung in sich auf. Er ist an sich ein schillernder Begriff aus der deutschen Philosophie des Zeitraums zwischen

[86] Adolf HELBOK, *Deutsche Volksgeschichte*, Grabert, Tübingen ²2005.

1780 und 1830, der aber besonders geeignet ist, deutsche Denkungsart zu beschreiben. Er ist der eigentliche Ausdruck des deutschen Geistes seit Urzeiten in allen Kulturbereichen: Lebensart, Ahnenkult, Philosophie, Dichtung, Staatslehre, Naturwissenschaften, Medizin.

Vertreter des deutschen Idealismus sind u. a. GOETHE, SCHILLER, KLEIST, HÖLDERLIN, KANT, FICHTE, HEGEL, HERDER, Wilhelm VON HUMBOLDT. Für HELBOK war die Aufklärung eine germanische Verstandessache, der deutsche Idealismus eine germanische Gefühlssache, wobei zuzugeben ist, daß westeuropäische, dem deutschen Wesen nicht gemäße Formen von der französischen Aufklärung übernommen wurden und zerstörend wirkten (Geldwesen, parlamentarische Demokratie, Kunstformen. . .). Der deutsche Idealismus war ein Protest gegen die zersetzende Wirkung der westeuropäischen Aufklärung, ein Befreiungsschlag gegen artfremde Einflüsse.

Die Französische Revolution wurde durch die Ideen der Aufklärung intellektuell vorbereitet. Ausgelöst wurde sie außerdem durch die Mißstände in Frankreich, durch Agitation der Londoner City (sie hatte einige Jahre vorher die nordamerikanischen Kolonien unter tätiger Mithilfe Frankreichs verloren), durch Mißernten wegen sinkender Temperaturen, Wirtschaftskrise und Verarmung der Bevölkerung. Offiziell sollte sie den Menschen Freiheit, Gleichheit, Brüderlichkeit bringen, Adel und Kirche entmachten. Ihre Vordenker waren der Überzeugung, daß alle Menschen gleich, vernünftig und gut seien. Um die revoltierenden Massen hinter sich zu bringen, sollte in Zukunft allgemeine Menschenliebe (heute Humanität) und Duldsamkeit (heute Toleranz) herrschen; man verkündete feierlich die allgemeinen Menschenrechte. Mit diesen Schlagworten werden seit langem Staaten untergraben und moderner Zeitgeist geschaffen. Am Ende der Revolution, nach der Entmachtung des Königstums in Frankreich, stellte sich allerdings heraus: Die eigentlichen Nutznießer des Umsturzes waren die Bankiers und Spekulanten, deren Devise hieß: »Bereichert euch!« Diese Revolution war der Beginn der Vereinzelung des Menschen, seines Herauslösens aus der Volksgemeinschaft sowie des Aufkommens des städtischen Massenmenschen.

Einen Vorlauf hatte die Französische Revolution in der glorreichen Revolution 1688 in England. Dort mußte der König einen großen Teil der Macht an das bürgerliche Parlament abgeben. Der Weg wurde damit frei für die Gründung der Bank von England 1694 und einige Jahre später für die Gründung der Londoner Freimaurer-Gesellschaften, die im 20. Jahrhundert und bis zum heutigen Tag eine verhängnisvolle Rolle in der Welt spielte. Auf dieser Grundlage entwickelte sich der englische Kapitalismus, der die Industrialisierung begünstigte, die mit der Erfindung der Dampfmaschine durch James WATT 1770–1780 ihren Anfang in Gruben, Textilfabriken und Verkehr nahm.

Diese englische Revolution von 1688 hatte beträchtlichen Einfluß auf die Entwicklung der Aufklärung und den Ablauf der Französischen Revolution. Die Bankiers in England und Frankreich waren die eigentlichen Gewinner der Französischen Revolution.

In der Folge entwickelte sich das heute alles beherrschende Geld- und Kreditwesen, der *Mammonismus*, wie ihn Gottfried FEDER in seinem *Manifest zur Brechung der Zinsknechtschaft* 1919 beschrieb:[87]

> »Der Mammonismus ist die schwere, alles erfassende und überwuchernde Krankheit, an der unsere heutige Kulturwelt, ja die ganze Menschheit leidet. Er ist wie eine verheerende Seuche, wie ein fressendes Gift, das die Völker der Welt ergriffen hat. Unter Mammonismus ist zu verstehen:
>
> zum einen die übergewaltigen Geldmächte, die über allem Selbstbestimmungsrecht der Völker thronende überstaatliche Finanzgewalt, das internationale Großkapital;
>
> zum anderen eine Geistesverfassung, die sich weitester Volkskreise bemächtigt hat;
>
> die unersättliche Erwerbsgier, die rein aufs Diesseitige gerichtete Lebensauffassung, die zu einem erschreckenden Sinken aller sittlichen Begriffe geführt hat. . . Verkörpert und auf die Spitze getrieben ist diese Geistesverfassung in der internatio-

[87] Gottfried FEDER, *Das Manifest zur Brechung der Zinsknechtschaft,* Faksimile, Bremen 2009.

nalen Plutokratie. Die Hauptkraftquelle des Mammonismus ist der mühe- und endlose Güterzufluß, der durch den Zins geschaffen wird.«

Jeder kann sich in diesem System beliebig bereichern, auch auf Kosten der Allgemeinheit und zum Wohle der Bankiers und Spekulanten. Die Aufklärung in England, ebenso in den 1776 unabhängig gewordenen logengesteuerten USA sowie in Frankreich hatte somit eine stärkere atheistische und materialistische Komponente als in Deutschland. Bewirkt wurde diese deutsche Variante der Aufklärung durch den deutschen Idealismus unter dem Einfluß seiner oben genannten hervorragenden Vertreter.

Die Denkungsart des deutschen Idealismus ist *ganzheitlich*. Die ganzheitliche Weltauffassung ist beim nordischen Menschen seit der Germanenzeit feststellbar. Er sieht sich als Teil der Natur. Für den mediterranen Stadtmenschen ist die Natur ein Fremdkörper, der kultiviert werden müsse. Ein einfaches Beispiel mag das verdeutlichen: Der deutsche Bauer hat ein persönliches Verhältnis zu seinen Haustieren, die er als Hausgenossen und beseelte Mitgeschöpfe pfleglich behandelt. Für den mediterranen Menschen, der meist nicht ganzheitlich denkt, ist das Tier als Vieh minderwertig und wird entsprechend übelbehandelt. GOETHE, ein ganzheitlich denkender Mensch, sah die wesentliche Einheit alles Lebens, ob pflanzliches, tierisches oder menschliches. In einem Gedicht nennt er die Tiere des Waldes unsere »Brüder« und »Schwestern«.

Ein anderes Beispiel ist die Ganzheitsmedizin, die nicht nur die chemisch-physikalischen Meßwerte des kranken Menschen zur Kenntnis nimmt, sondern auch seinen seelischen Zustand und seine Lebenssituation.

Die moderne Biologie ist seit einigen Jahren der gleichen Auffassung.

Das ganzheitliche Denken in den Naturwissenschaften

Die Aufklärung hatte in Frankreich die rationalistische und materialistische Denkungsart gefördert, ebenso in England und den USA. Die deutsche Denkungsart war, wie gesagt, seit jeher ganzheitlich geprägt. Die moderne Hirnforschung gibt aufschlußreiche Auskünfte über den Zusammenhang von Verstandestätigkeit und Gefühlsleben, die im Großhirn des Menschen ablaufen. Ich spreche das hier an, weil es auch ein Beispiel für die große Vernunft des biologischen Geschehens ist, worauf ich später zurückkommen werde. Das Großhirn besteht aus vielen Milliarden Nervenbahnen (und natürlich Blutadern zur Energieversorgung), die durch Billionen Kontakte miteinander verbunden sind. Es ist das Werk von bisher ungeklärtem biologischen Wirken. Es ist in zwei gleich große Hälften (sogenannte ›Hemisphären‹) unterteilt, die rechte und die linke Gehirnhälfte. In der linken befinden sich unter anderem das Sprachzentrum und der Sitz des logischen Denkens; in der rechten sind die Gefühle, Emotionen, Leidenschaften lokalisiert.[88] Rechts ist das Reich der Phantasie, gefüllt mit Bildern, Farben und Tönen. Die hier entstehenden Erkenntnisse sind nicht logisch verknüpft, sondern intuitiv, triebhaft. Die linke Gehirnhälfte ist nur durch Tatsachen zu überzeugen. Kunstwerke werden kaum durch den Verstand in der linken Gehirnhälfte geschaffen, viel eher durch die gefühlsbetonte rechte Gehirnhälfte.

Wie ist das nun mit dem ganzheitlichen Denken bei Naturwissenschaftlern? Sie müssen sich bei ihren Arbeiten hauptsächlich der linken rationalen und nüchternen Gehirnhälfte bedienen. Bei einer Temperatur- oder Druckmessung und deren Auswertung haben Vorlieben oder Emotionen des Messenden nichts zu suchen. Die Messungen müssen vorurteilsfrei protokolliert und ausgewertet werden. Sie müssen immer im Zusammenhang mit der Natur stehen, aus der sie stammen. Das Bestreben des Naturwissenschaftlers ist es, seine Beobachtungen und Ergebnisse im Zusammenspiel mit der Natur als Mosaiksteine des Ganzen zu verstehen.

Theoretische Überlegungen dürfen nur auf experimentellen Ergebnissen beruhen.

Fragen an die Natur werden durch Experimente beantwortet. Der ganzheitliche Zusammenhang der Natur des Atomaren und des Kosmos muß dabei beachtet werden.[89] Der unverbildete deutsche Volksgeist sucht nach Tiefe, nach widerspruchsfreien Grundlagen des Denkens mit der Natur, nach einwandfreier Kenntnis

---

[88] Manfred LORENZ, *Umbruch im biologischen Denken,* Lebenskunde Verlag, Düsseldorf 1980.

[89] Philipp LENARD, *Wissenschaftliche Abhandlungen,* Verlag für Geschichte der Naturwissenschaften, Bd. 4, Diepholz 2003.

vom Weltganzen.[90] Diese Denkungsart ist kennzeichnend für die meisten deutschen Gelehrten, die sich mit naturwissenschaftlichen Fragen beschäftigt haben: ALBERTUS MAGNUS (1200–1280), NIKOLAUS VON KUES (1401–1464), Nikolaus KOPERNIKUS (1473–1543), PARACELSUS (1493–1541), Johannes KEPLER (1571–1630), Gottfried Wilhelm LEIBNIZ (1646–1713), Immanuel KANT (1724–1804).

Die Naturwissenschaften im 19. Jahrhundert in Deutschland

Während die Physik und Chemie in Frankreich seit Beginn des 19. Jahrhunderts zunehmend abstrakt und theoretisch wurden, blieben sie in Deutschland durch den Einfluß des deutschen Idealismus eher der Naturbeobachtung verpflichtet. Von dem Einfluß der Kirche befreit, nahmen die Naturwissenschaften in Europa ab etwa 1800 einen großen Aufschwung, zunächst in England und Frankreich, dann in steigendem Maße in Deutschland. Neue Naturphänomene wurden entdeckt und erklärt, die Gesetze der Elektrizität und des Magnetismus, der Optik, von Festkörpern und Gasen beschrieben. Auch Chemie, Biologie und Astronomie fanden eine große Zahl neuer Erkenntnisse über Naturgesetze, die die Welt zusammenhalten. Die schöpferischen Geister in Deutschland beschäftigten sich eher mit naturwissenschaftlichen Fragen als mit künstlerischen Tätigkeiten. Auf Grund der naturwissenschaftlichen Erkenntnisse wurden neue Maschinen und Verfahren erfunden. Dies führte zur Industrialisierung Deutschlands ab etwa 1830, wodurch eine uralte Bauernkultur, die seit über 7000 Jahren bestand, im Laufe von zwei bis drei Generationen völlig umgeformt wurde. Neben dem bäuerlich geprägten Land entstanden in Deutschland nun Großstädte, wo früher Kleinstädte und Bauerndörfer waren. In ihnen herrscht eine andere Kultur als die seit Urzeiten bestehende. Die moderne Großstadt ist händlerisch, sie ist unter anderem die Heimat des internationalen Kreditgeschäfts, des Kapitals, der betrügerischen Anleihen.[91] Sie ist das Einfallstor der Ideen der Französischen Revolution. Die Großstadt war seit jeher das Grab jeder Kultur. Diese Ideen kamen verkleidet als moderne Kunst nach Deutschland in Form von Li-

---

[90] LENARD, ebenda.

[91] FEDER, *Das Manifest zur Brechung der Zinsknechtschaft,* aaO. (Anm. 87).

teratur, Malerei, Musik und Architektur. Sie brachten einen falschen Ton, einen groben Mißklang in die Harmonie des deutschen Geistes.

Ähnliches ereignete sich in den Naturwissenschaften, wie ich gleich erläutern werde. Zunächst blieben die Naturwissenschaften vorwiegend naturbezogen und ganzheitlich; auch die Theorien gründeten bis ins 20. Jahrhundert stets auf Naturbeobachtungen. Auch die auf Max PLANCK Anfang des 20. Jahrhunderts zurückgehende Quantentheorie beruhte auf experimentellen Messungen der Licht- und Wärmestrahlung. Sie hatte maßgebenden Einfluß auf Naturwissenschaft und Technik im 20. Jahrhundert. Im Gegensatz dazu ist die fast gleichzeitig entstandene Relativitätstheorie Albert EINSTEINS eine eher mathematische, wirklichkeitsfremde Konstruktion. Sie entspricht der französischen mechanistischen Auffassung der theoretischen Physik: Nach dem französischen Physiker Henri POINCARÉ (1854–1912) sind die theoretischen Grundsätze der Physik eine freie Schöpfung des Menschengeistes. Sie werden nach ihrer praktischen Brauchbarkeit ausgewählt. Ich will dies am Beispiel der Kontroverse zwischen Philip LENARD und Albert EINSTEIN erklären. LENARD war ein ausgezeichneter Experimentalphysiker (Photoeffekt, Elektronenstrahlen) und erhielt 1905 den Nobelpreis für Physik. Seiner Meinung nach muß jede naturwissenschaftliche Forschung naturbezogen sein, kein reines Gedankenprodukt. EINSTEINS Relativitätstheorie hielt er für ein solches Produkt. Sie hat bisher die angewandte Naturwissenschaft und Technik *nicht* befruchtet. Sie basiert auf einem rein mathematischen Konstrukt, nämlich der nicht-euklidischen Geometrie des Raumes – in der zum Beispiel die Summe der Winkel eines Dreiecks nicht gleich 180° ist. Als sie sich nach dem Ersten Weltkrieg durchzusetzen begann, geriet LENARD in heftigen Streit mit EINSTEIN und dem Mathematiker MINKOWSKI, der diese Theorie formuliert hatte.

Nachdem sich diese theoretische Denkungsart nach 1945 in der Physik in Deutschland durchgesetzt hatte, war der Grundkonsens der Physiker in Deutschland zerbrochen. Der experimentierende Naturwissenschaftler allerdings lebt in einem engen Verhältnis zum Naturgeschehen – ähnlich dem Bauern. Ideologien sind nicht seine Sache.

Es gibt derzeit mehrere 100 000 Naturwissenschaftler in Deutschland, Chemiker, Physiker, Astronomen und Biologen. Alle tun treu und brav ihre Arbeit in Forschungsinstituten und in Labors der Industrie. Sie entwickeln Geräte, Verfahren, Werkstoffe auf Grund der wissenschaftlichen Forschung, die vor Jahrzehnten erfolgte. Ein großer wissenschaftlicher Durchbruch wie die Quantentheorie hat seit 100 Jahren nicht mehr stattgefunden.

Viele Physiker sind heute der Meinung, daß nur das richtig ist, was sich berechnen und neuerdings modellieren läßt. Die auf Naturbeobachtung gegründete Physik gilt als Empirie im verächtlichen Sinne nach dem Motto: je unanschaulicher die Theorie, um so besser. Die Wissenschaft ist seitdem nicht mehr gegen Betrug und Schwindel gefeit: Beispiele sind der CO_2-Schwindel und die Kernenergie-Diskussion. Die großen Entdeckungen blieben allerdings seit 1945 aus. Sie kommen eher aus der immer noch naturbeobachtenden Biologie, zum Beispiel die Entdeckung des DNS-Moleküls im Zellkern biologischer Substanzen. Von hier ist ein Neuanfang zu erwarten.

Die Wissenschaft vom Leben

Seit rund 100 Jahren versucht die Wissenschaft, das Geheimnis zu ergründen, wie das Leben entsteht und funktioniert – bisher ohne Erfolg. Es ist möglich, daß die Molekularbiologie einen Weg weist. Es ist bekannt, daß die lebenden Zellen und Zellverbände aus sehr großen Makromolekülen bestehen, die in einer unvorstellbaren Ordnung aus vielen 100 Millionen Atomen aufgebaut sind. Die Chromosomen (Übertrager des biologischen Erbguts, bestehend aus DNS- und Eiweißmolekülen) sind hier besonders sorgfältig untersucht worden. Diese sind in einfachen Fällen (z. B. bei Bakterien) identisch mit den DNS-Molekülen, die den Aufbau und die Funktionen der einzelnen Zellen und des ganzen Lebewesens steuern – ob Pflanze, Tier oder Mensch. Dieses Riesenmolekül DNS ist in jedem der vielen Milliarden Zellkerne des menschlichen Körpers vorhanden. Alle DNS-Moleküle wirken dauernd zum Wohle der Einzelzelle und des ganzen Organismus, gesteuert von einer derzeit unbegreifbaren Intelligenz.

Dieses winzige Wunderwerk DNS aus vielen Millionen Atomen, die in einer unvorstellbaren Ordnung miteinander verbunden sind, welche den Grundplan des Lebens darstellt und alle Lebensfunktionen steuert, kann mit der bisherigen Wissenschaft nicht enträtselt werden. Es ist sowohl aus Atomen zusammengesetzte Materie als auch der Geist, der diese Materieteilchen zur DNS formte, wie Tausende Beobachtungen an lebenden Organismen nahelegen. Das ist das Problem, das die Wissenschaft bisher nicht lösen konnte. Die DNS als Makromolekül ist in der Lage, Hunderttausende unterschiedliche Effekte gleichzeitig und sinnvoll zu koordinieren. Das Leben entsteht vermutlich auf Grund der feststehenden Ordnung, in der die vielen 100 Millionen Atome des DNS-Moleküls in einer bisher nicht aufgeklärten Feinstruktur verbunden sind.

Es gibt auch Makromoleküle ohne Leben, zum Beispiel Polyäthylen oder Stärke-Moleküle. Nur das DNS-Molekül ist in der Lage, Hunderttausende optimal angepaßte Arten von Lebewesen zu schaffen, deren Energieversorgung zu organisieren, das Auge und das Ohr mit einer profunden Kenntnis aller Naturgesetze zu erfinden.

Die physikalische Wissenschaft beschreibt und erklärt einzelne Phänomene. Aber schon die Beschreibung des Zusammenwirkens zweier Atome macht ihr Schwierigkeiten. Die Biologie hat viele Methoden von der Physik übernommen, aber sie darf in Zukunft nicht ein Sonderkapitel der Physik sein, sondern die Physik ein Grenzfall der Biologie.[92] Statt dem in der Physik wichtigsten Begriff ›Größe‹ könnten in der Biologie die Grundbegriffe ›Form‹, oder ›Ordnung‹, oder ›Struktur‹ eingeführt werden mit einer sich daraus ergebenden Mathematik, wie BAVINK schon 1944 vorgeschlagen hat.[93] In den letzten Jahrzehnten machte die Biologie erstaunliche Entdeckungen auf dem Gebiet des Lebendigen, also dem der Pflanzen, Mikroorganismen, Tiere und Menschen. Erstaunlich ist, daß die biologischen Vorgänge nicht automatisch ablaufen, wie in der unbelebten Natur üblich, sondern intelligent und zweckmäßig optimal gesteuert werden. Daraus und aus einer Vielzahl anderer biologischer Phänomene zieht

---

[92] Bernhard BAVINK, *Ergebnisse und Probleme der Naturwissenschaften*, Hirzel, Leipzig 1944.

[93] BAVINK, ebenda.

Manfred LORENZ in seinem Buch *Umbruch im biologischen Denken*[94] den Schluß, daß jede biologische Existenz eine untrennbare Einheit aus Materie und Intellekt, aus Körper und Geist ist. Aus Form und Ordnung der DNS-Moleküle ergibt sich ein breites Band physikalisch-chemischer Wirkungen. Das Geistige ist an geordnete Strukturen gebunden; vielleicht ist es die Ursache dieser Strukturen. Das Leben entsteht bei einer vorgegebenen Ordnung der Atome im Makromolekül. Der Geist bewirkt diese Ordnung, nicht die Materie – im Gegensatz zur Auffassung des Materialismus. So ist es verständlich, daß nach BAVINK selbst Pflanzen und niedere Lebewesen beseelt sind. Das ist auch der Sinn von NIETZSCHES intuitiver Eingebung in seinem *Zarathustra*:

> »Der Leib ist eine große Vernunft, eine Vielheit mit *einem* Sinn. Werkzeug deines Leibes ist auch deine kleine Vernunft, die du Geist nennst – ein kleines Werk- und Spielzeug deiner großen Vernunft. Es ist mehr Vernunft in deinem Leibe als in deiner besten Weisheit.«

Die Naturwissenschaften, vor allem die Biologie, stehen hier vor einer großen Aufgabe und Herausforderung, nämlich die Entstehung und die Funktionen des Lebens zu verstehen. Hier deutet sich ein revolutionärer Umbruch an. Es spricht vieles dafür, daß ein noch unbekannter biologisch-geistiger Vorgang die DNS formt und somit das Leben schafft.

Technik als Kulturleistung

Wir möchten zeigen, daß die Technik ein wesentlicher Teil der Kultur der Deutschen seit Jahrtausenden ist, wobei ich die Deutschen als Nachfolger und Erben der Germanen sehe.

Da die im Thema genannten Begriffe im allgemeinen Sprachgebrauch vieldeutig und schillernd verwendet werden, empfiehlt es sich, mit einigen Begriffsbestimmungen zu beginnen. Ich beschränke mich dabei auf die deutsche Sichtweise, da es nur Verwirrung stiften würde, wenn auch chinesische, indische, angelsächsische, romanische Auffassungen zu Kultur und Technik mitberücksichtigt würden.

---

[94] LORENZ, *Umbruch im biologischen Denken*, aaO. (Anm. 88).

Kultur: Die Gesamtheit der Verhaltensweisen, Lebensformen und Vorstellungen, die sich in einem Volk im Laufe der Zeit gebildet haben, um das Leben zu meistern, kann man als die ›Kultur dieses Volkes‹ bezeichnen. Die Kultur eines Volkes ist also durch klimatische, geographische, historische, erbbiologische Einflüsse bestimmt. Zu den Kulturäußerungen gehören Architektur und Bautechnik, Kunst, Medizin, Ahnenkult, Wissenschaft, Technik, Musik, Dichtung, Politik, Recht, Staatsform, Erziehung, Militär, Familie, Landwirtschaft, Industrie, Geldwesen, Handel, Religion, Sprache, Sitten und Sozialwesen. Diese Definition läßt Spielraum für viele Auslegungen. So hat ein Städter oder mediterraner Mensch eine andere Auffassung von dem, was lebensnotwendig ist, als ein holsteinischer Bauer oder ein Schauspieler aus Wien. Ich werde dieses Thema später kurz streifen, wenn ich die Auffassung von ORTEGA Y GASSET über die Technik wiedergebe.

Technik ist das schöpferische Schaffen von Geräten, Maschinen, Verfahren, Werkstoffen unter Berücksichtigung und Ausnutzung der Naturgesetze und von wirtschaftlichen Gesichtspunkten, um das Leben zu erleichtern. Aufgabe der Technik ist dabei die Einsparung menschlicher Leistung im Gesamtgetriebe der Arbeit.[95] Technik ist also eine wesentliche Kulturäußerung, wie ich im folgenden zeigen werde. Der Unternehmer und Denker Friedrich DESSAUER meint in seinem Aufsatz »Das Wesen der Technik«:

> »Technik ist die Ursache dafür, daß wir fliegen, daß der Pflug die Erde aufreißt, daß unsere Nächte erhellt, unsere Wohnungen erwärmt sind, daß wir Häuser, Brücken, Wege haben, daß der Blitz unser Haus verschont, daß Wasserkräfte der Alpen in Nürnberg und Mailand Maschinen treiben, daß wir gewebte Kleider tragen, der Seuchen Herr werden, die Kohle aus dem Bergwerk, den Stickstoff aus der Luft holen, daß wir alle zu essen haben, daß wir ins Innere des Körpers schauen können.«[96]

---

[95] Friedrich NAUMANN, *Neudeutsche Wirtschaftspolitik*, Berlin 1902.
[96] Friedrich DESSAUER, *Deutsche Kultur*, Moritz Diesterweg, Frankfurt/M. 1929, S. 140–146.

Technik begleitet den Menschen seit seinem ersten Auftreten auf der Erde, macht ihm das Leben in vielen Fällen erst möglich.

Jede Generation liefert ihren Beitrag zur Weiterentwicklung der Technik. Mit Hilfe der Technik schafft sich der Mensch eine ihm angepaßte und genehme Umwelt, in der er ohne Gefährdungen durch die Natur und Feinde leben kann: ohne Kälte, ohne Hunger und Durst, ohne Gefährdung durch wilde Tiere, geschützt vor Naturkatastrophen und vor seinen Feinden. In manchen Großstädten ist auf diese Weise die Natur fast ganz durch eine künstliche Umwelt ersetzt worden, mit den entsprechenden negativen Folgen für die Psyche der dort lebenden entwurzelten Menschen – dies als Hinweis auf die Probleme, die durch falsche Anwendung oder Mißbrauch der Technik entstehen können.

Andererseits ist unser technisch hochentwickeltes Land seit über 100 Jahren durch äußere und innere Feinde in seiner Existenz bedroht und kann nur durch Technik gerettet werden.

Technik ist immer das Ergebnis der geistigen Arbeit schöpferisch tätiger (10 bis 20 Prozent der Bevölkerung) Menschen, nicht nur von einzelnen Geistesriesen der Technik wie Leonardo DA VINCI, DÜRER oder GUTENBERG, sondern auch von Handwerkern, die im stillen arbeiten. Wir werden sehen, daß viele Entwicklungen oft über Generationen laufen. In anderen Kulturbereichen ist dies anders, etwa in Dichtung, Musik oder Malerei. Dort ist es die Schöpfung eines Einzelnen, die als Kunstwerk erschaffen wird – meist aber auf der Vorarbeit von anderen beruht und dem Geist der Zeit entspricht. Das spezielle technische Werk ist meist auch das Werk eines Einzelnen; es hat seinen Ursprung aber immer in der geistigen Vorarbeit eines Stammes oder Volkes.

Man kann den Verlauf der Technikgeschichte in drei Perioden einteilen:

- die intuitive Technik von der Steinzeit bis zur Bronzezeit,
- die handwerkliche Technik vom Altertum bis zur frühen Neuzeit,
- die wissenschaftlich begründete Technik ab dem 19. Jahrhundert.

Ich meine hier die von einem Volk selbst entwickelte Technik, die seiner Art entspricht, die über Generationen weiterlebt und weiterentwickelt wird, wobei das Volk sich durch die Entwicklung der Technik auch in seinem geistigen Habitus weiterentwikkelt. Im folgenden sollen einige Beispiele zeigen, wie Technik und Kultur einander beeinflussen und bedingen.

Die intuitive Technik am Beispiel der germanischen Bronzezeit

Landwirtschaftliche und biologische Verfahren, Hausbau, Schiffbau, Metallurgie, Waffentechnik, Haushalt

Um die Kultur unserer Vorfahren, der Germanen, im zweiten und ersten vorchristlichen Jahrtausend verstehen zu können, muß man ihr Lebensumfeld in der norddeutschen Ebene sowie an Nord- und Ostsee kennen. Das Klima in diesem Siedlungsgebiet ist im Winter rauh, die Landschaft ist durch weite waldbedeckte Ebenen geprägt, von Flüssen durchströmt oder am Meer gelegen. Sie lebten auch schon dort, als noch Gletscher den Norden und Süden unseres Landes bedeckten. Um in dieser unwirtlichen Umgebung zu überleben, mußten die Bewohner erfinderisch und tatkräftig sein. In der Alluvial- und Moränenlandschaft gibt es wenig Berge, Felsen, Steine. Diese natürlichen Gegebenheiten prägten die Kultur und Technik der dort siedelnden Germanen: Häuser und Gebrauchsgegenstände waren meist aus Holz, das in den umliegenden Wäldern gewonnen wurde. Im Laufe der

Wohnstallhaus vom Typ ›Warendorf‹ des 6.–9. Jahrhunderts; nachgebaut im Freilichtmuseum Oerlinghausen.

Jahrhunderte entwickelte sich eine großartige Technik der Holzverarbeitung, die den Hausbau ebenso wie den Schiffbau (siehe Jürgen Spanuth, *Die Atlanter*[97]) prägte, die Gestaltung von Gebrauchsgegenständen und Fahrzeugen beeinflußte, sich im Musikinstrumentenbau (Luren) wie in Plastiken (siehe Tilman Riemenschneider, Veit Stoss und andere Holzschnitzer) zeigte.

Die in der Stein- und Bronzezeit entwickelten Techniken wurden im Laufe der Jahrhunderte verbessert, neuen Gegebenheiten angepaßt. So beeinflußten sie Technik und Kultur im Mittelalter und in der Neuzeit.

Landwirtschaftliche Techniken sind seit 7000 Jahren in unserer Heimat nachgewiesen, die im Laufe der Zeit selbst entwickelt oder von anderen Völkern übernommen und unseren Verhältnissen angepaßt worden sind. Durch genaues Beobachten und richtige Interpretation der Beobachtung fanden unsere Vorfahren Verfahren zur Bearbeitung des Bodens, zur Nutzung von Tieren, Haushaltstechniken (Konservierung von Lebensmitteln, Kochen usw.). Dabei hatte man die richtige Eingebung (Intuition), daß das, was man zufällig beobachtet hatte, im täglichen Leben praktikabel und vorteilhaft anzuwenden ist: das Pflügen, das Säen von Getreide, die Herstellung von Butter (Entrahmen von Milch), Käse-, Brot-, Met-Herstellung (Gärprozesse), Häuserbau, Schiffbau. . . Man kannte zwar nicht die wissenschaftlichen Hintergründe der Verfahren – die lernte man erst im 19. und 20. Jahrhundert kennen –, aber man verbesserte sie instinktsicher in generationenlanger Arbeit. Als Vorstufen einer ›intuitiven Technik‹ kann man die Techniken bezeichnen, die in der Tierwelt zum Bau von Nestern angewendet werden: Bienenwaben, Ameisenhaufen, Vogelnester, Fuchsbauten, Termitentürme, Korallenstöcke usw.

Während in der Frühzeit jeder sein Haus selber baute, seine Waffen selbst anfertigte, seine Textilien selbst herstellte, trat schon in der Bronzezeit und vor allem in der Eisenzeit eine Spezialisierung der Arbeitenden auf einzelne Berufe auf, für die der Handwerker eine besondere Begabung oder Neigung hatte: bei unseren Vorfahren vor allem Schmiedekunst, Töpferei, Weberei, Zimmerei, Schiffbau.

---

[97] Jürgen Spanuth, *Die Atlanter*, Grabert, Tübingen 1998.

Die handwerkliche Technik des Mittelalters

Hausbau und Kathedralen, Druck- und Buchtechnik, Bergbau, Schiffsbau (Kogge), Organisation der Technik (Zünfte, Meister)

Die seit der Bronzezeit üblichen Techniken wurden im Laufe der Zeit weiterentwickelt und vervollkommnet.

In der Völkerwanderungszeit traten die deutschen Stämme in engeren Kontakt mit der römischen Kultur, von der sie viele Anregungen in der Architektur (Steinbau) und der Verwaltung übernahmen. Das germanische Holzhaus wurde im Mittelalter zum Fachwerkhaus weiterentwickelt, wie wir es heute noch kennen. Es erlebt sogar in der jetzigen Dekadenzphase eine Renaissance als Antwort des Volkes auf die seelenlosen Betonbauten in den Städten.

Gleichzeitig wurde – vor allem im Kirchenbau – die Steinbautechnik der Römer übernommen und in arteigene germanische Formen gegossen – siehe die romanischen und gotischen Dome. Bei diesen großen Bauwerken ab dem 11. Jahrhundert arbeiteten viele unterschiedliche Handwerker zusammen, um ein großes gemeinsames Werk zustande zu bringen: Steinmetze, Maurer, Glasmaler, Glockengießer, Drahtzieher, Transportunternehmer. Das führte zu Zusammenschlüssen der Handwerker zu Zünften ab dem 8. und 9. Jahrhundert.

Diese Zünfte bestimmten Preise und berufliche Ordnung, sorgten für die Ausbildung des Nachwuchses (Lehrling, Geselle, Meister). Die Meister achteten darauf, daß die für das Handwerk und seine Weiterentwicklung nötigen Eigenschaften den Lehrlingen in Fleisch und Blut übergingen: Fleiß, Zuverlässigkeit, Ordnungsliebe, Sachlichkeit, Ehrlichkeit und Wahrheitsliebe, Zielstrebigkeit, der Wille, das begonnene Werk so gut wie möglich zu beenden – alles Eigenschaften, die der nordische Mensch seit der Steinzeit in sich trägt, die für die Entwicklung der Technik und Naturwissenschaft unbedingt erforderlich sind. Nicht der Jobber, der mal dies, mal jenes zum Geldverdienen tut, war das Ziel der Ausbildung, sondern der Berufene, der seine Arbeit schätzt und gut macht. Das wohlüberlegte, disziplinierte, gründliche und ordentliche Arbeitsverfahren ist dem Deutschen eigentümlich.

Mittelalterliches Fachwerkhaus im badenwürttembergischen Esslingen. Die Farbe Ocker wurde erst nach dem Mittelalter aufgetragen. Während des Mittelalters war das Holz aller Fachwerkgebäude im Originalzustand ohne aufgetragene Farbe vorhanden.

In den neugegründeten Städten sammelten sich die Handwerker, Bürger und Kaufleute, die sich zu Körperschaften (Gilden, Zünfte und Innungen) zusammenschlossen. Der Schutz vor unliebsamer Konkurrenz und die solidarische Absicherung gegen Krankheit, Unfälle und Tod standen im Vordergrund. Die Zünfte unterschieden sich nach außen durch Fahnen, Abzeichen und besondere Bräuche.

Baumodell einer Kogge. Foto: Arbeitskreis historischer Schiffbau e.V. Die Hochseeschiffe nach skandinavischer Bauart, die einen enormen Holzbedarf hatten, wurden im frühen 12. Jahrhundert in Nordeutschland durch die kleineren, von den Baukosten her preiswerteren Koggen abgelöst, die den wachsenden wirschaftlichen Bedürfnissen (Hanse) angepaßt waren.

Darüber haben sich Ausländer oft gewundert, zum Beispiel die Russen, die auf einen ostpreußischen Bauernhof kamen und sahen, wie effektiv dort gearbeitet wurde. Die Zünfte entwickelten für jedes Handwerk ein eigenes, von germanischen Vorstellungen beeinflußtes Brauchtum. Dies war natürlich nur in einem geordneten Staatswesen machbar. Denn Handwerker und der Bauer haben nur dann Freude an ihrer Arbeit und geben ihr bestes, wenn sie ihr eigener Herr ist und wenn kein Despot ihnen die Früchte ihrer Arbeit wegnimmt.

Ab dem 11. Jahrhundert nahm die Bevölkerung erheblich zu, hervorgerufen durch die Fortschritte der Technik und den dadurch bedingten Optimismus im Volk. Es kam zu vielen Städtegründungen in Deutschland, und es entwickelte sich das Handwerk, wie es bis in unsere Zeit weiter bestanden hat. Es entstanden die Zünfte der Bäcker, Dachdecker, Fischer, Metzger, Kürschner, Maler, Müller, Sattler, Schmiede, Schneider, Zimmerleute usw., jede Zunft mit einer eigenen Technik und Tradition. Die Nachfolger der Zünfte waren die Innungen.

In jener Zeit wurden Verbesserungen im Textilbereich, im Bau, in der Landwirtschaft, im Jagdwesen und Ernährungsgewerbe, in der Medizin usw. gemacht. Neue Techniken wurden erfunden, wie die Druck- und Buchtechnik (Herstellung von Matrizen, Finden geeigneter Legierungen zum Gießen der Lettern, Druckpressen, Kupferstich- und Radierungsverfahren), der Bau wissenschaftlicher Geräte, die Anwendung der Wind- und Wasserkraft; der Bau hochseetüchtiger Schiffe (Wikinger Schiffe als Nachfolger der von SPANUTH beschriebenen Schiffe, der Hansa-Koggen) wurde vorangetrieben. Spätestens seit dem Mittelalter hat sich im deutschen Kulturkreis eine ungeschriebene Verfassung des landwirtschaftlichen und handwerklichen Tuns herausgebildet (Lehrling, Geselle, Meister, Bauer, Großknecht, Knecht. . .), die von großem Einfluß auf die technische und kulturelle Entwicklung gewesen ist und die teilweise bis in unsere Zeit wirkt. Der deutsche Handwerker und Bauer war in den Nachbarvölkern hochangesehen.

Die russischen Zaren und Fürsten auf dem Balkan sicherten deutschen Handwerkern bei der Ansiedlung erhebliche Vorrechte zu, nicht weil sie gut tanzen und singen konnten, sondern wegen ihrer handwerklichen, landwirtschaftlichen und der damit verbundenen ethischen Eigenschaften. Sie leisteten jahrhundertelang Entwicklungshilfe in Rußland, auf dem Balkan und in den USA.

Aus dem Handwerk gingen im 19. und 20. Jahrhundert die mittelständischen Betriebe hervor, die heute die eigentlichen Träger des technischen Fortschritts in Deutschland sind. Das deutsche Handwerk soll nun von Brüssel abgeschafft werden, da sich eine deutsche Regierung an diese Aufgabe nicht herangewagt hat. Es ist dies ein infames Vorhaben zur Vernichtung der deutschen Kultur.

Die wissenschaftlich begründete Technik im 19. und 20. Jahrhundert

Luftfahrt, Schiffsbau, Maschinentechnik, Reaktortechnik, regenerative Energien und Wasserstofftechnik, Raketen und elektronische Techniken

Ab dem 16. Jahrhundert befreite sich die Wissenschaft, vor allen Dingen die Naturwissenschaft, von ihren theologischen und philosophischen Fesseln (ARISTOTELES war ja seit der Scholastik die unangefochtene wissenschaftliche Autorität), befruchtete und inspirierte allmählich die Technik mit ihren Ideen und Verfahren. Die Technik entwickelte sich jetzt schnell und gleichzeitig mit der Naturwissenschaft. Ab dem 19. Jahrhundert wurde der Einfluß der Naturwissenschaft auf die Technik vorherrschend und machte so die einzigartige Verbesserung der Lebensumstände möglich, deren Zeugen wir sind.

Die Entwicklung der Elektrizitätswirtschaft im 19. Jahrhundert wäre ohne die grundlegenden Arbeiten von VOLTA, OERSTED, GAUSS, WEBER und vielen anderen Wissenschaftlern nicht denkbar gewesen.

Während man in früheren Zeiten einzelne technische Geräte erfand und baute, wurden ab dem 19. Jahrhundert komplizierte Systeme von sinnvoll miteinander verkoppelten Apparaten üblich. Das Beispiel der Elektrizitätswirtschaft zeigt dies an dem System Kraftwerk – Energieübertragung durch Leitungen – Verbraucher (Motoren, Heizungen. . .). In der Fahrzeugtechnik: statt des zweiachsigen Wagens hochkomplizierte elektrische Lokomotiven, die, von Signalen gesteuert, auf komplizierten Schienen-

Im letzten Drittel des19. Jahrhunderts hielt die Elektrizität ihren Siegeszug in den Großstädten: Hier sind Elektriker auf dem Dach der Telefonzentrale in der Oranienburger Straße in Berlin-Mitte beschäftigt.

systemen fahren und ihre Bewegungsenergie aus Kraftwerken erhalten.

Im 19. Jahrhundert wurde der Aufbau einer umfassenden technischen Infrastruktur des Landes in Angriff genommen: Straßenbau, Eisenbahnbau, Bau von Schiffahrtsstraßen, energetische Infrastruktur, Kommunikationsinfrastruktur (Telefon, Radio, Fernsehen, Weltnetz. . .), Wasserversorgung, Kanalisation, Müllbeseitigung.

Dies war eine gigantische Aufgabe, die von mehreren aufeinander folgenden Generationen mit Hilfe des Staates gelöst wurde. Wir sehen eine dauernde Verbesserung der Verkehrsmittel seit der Bronzezeit, der Schiffe, der Wagen, der Energietechnik (Leistung der Arbeit durch Tiere, Sklaven, Wasserkraft, Windkraft, Dampf, Elektrizität). Die neuen Techniken auf wissenschaftlicher Grundlage entwickelten sich vor allen Dingen in den neu entstandenen Industriefirmen; sie drangen allmählich auch in Landwirtschaft und Haushalt, Verkehr und Handel ein und durchtränken heute alle Lebensbereiche.

Um diese vielschichtigen technischen Systeme zum Funktionieren zu bringen, sind große Organisationen in Industrie, Wissenschaft, Technik und Verwaltung erforderlich, die unter einer einheitlichen Führung konstruktiv zusammenarbeiten.

Die mittelalterlichen Zünfte waren Vorläufer dieser Organisationen. Den Zünften entspricht die heute übliche Vernetzung von

Industriefirmen. Um die neuen technischen Erkenntnisse möglichst effektiv nutzen zu können, bildeten sich ab dem Ende des 19. Jahrhunderts große Firmenzusammenschlüsse in vielen Industriebereichen. Ich möchte die Kohle- und Stahlindustrie in Deutschland als Beispiel anführen. Zur Stahlherstellung benötigt man Koks, der durch Wärmebehandlung von Kohle hergestellt wird. Dabei fallen Gase, Teer und Wärmeenergie an, die in Kraftwerken zur Stromerzeugung und in der chemischen Industrie zur Chemikalienherstellung Verwendung finden. In der so entstandenen Verbundwirtschaft gaben die einzelnen Firmen einen Teil ihrer Selbständigkeit zum Wohle des Ganzen auf, nicht zur kapitalistischen Geldvermehrung und zum Manchestertum wie in den anglo-amerikanischen Ländern, sondern zur Effizienzsteigerung. Die Wirtschaftsethik in Deutschland war seit jeher eine andere als in den USA und den meisten Nachbarländern: In Deutschland steht das gesamtwirtschaftliche Interesse im Vordergrund, nicht das Eigeninteresse von Konzernen und der damit verbundene Verdrängungswettbewerb.

Die deutsche Wirtschaftsethik brachte unser Sozialsystem hervor, das zur Zeit vernichtet wird. Die Vernetzung von Industriefirmen wurde in den beiden Weltkriegen vorangetrieben und besteht zum Teil heute noch in Deutschland, obwohl die Siegermächte die Entflechtung der deutschen Industrie durchsetzten und die meisten Kartelle zerschlugen, weil sie so effizient waren (IG-Farben, Stahlindustrie, Bergbau usw.).

Beispiele rein technischer Produkte und Verfahren auf der Grundlage wissenschaftlicher Vorarbeiten sind: Radio-, Film-, Fernsehtechnik, Tonspeicherung, Tonband, Hochfrequenztechnik, Nukleartechnik, Raketentechnik, Weltraumtechnik, Strahltriebwerke, synthetisches Benzin, Kunststoffe... In jedem Gerät stecken die geistige Arbeit ungezählter Menschen und die Technik vieler Generationen von Wissenschaftlern, Ingenieuren, Handwerkern, Arbeitern als Ausdruck unserer Kultur.

Der Schwerpunkt der geistigen Aktivitäten des deutschen Volkes hat sich in den vergangenen zweihundert Jahren von der Kunst auf Naturwissenschaft und Technik verlagert. Das heißt, die schöpferischen Menschen haben wissenschaftliche Entdeckungen und daraus folgend technische Erfindungen gemacht. In Deutschland verlief dieser Prozeß ungestört bis in die siebziger Jahre des 20. Jahrhunderts mit der Unterstützung des gesamten Volkes. Dies verdanken wir unserer mehrtausendjährigen Tradition im handwerklichen und technischen Bereich, die älter und auch noch lebendiger ist als bei anderen Völkern. Man fahre nur ins südliche Ausland und sehe sich die Dörfer rund ums Mittelmeer an: nichts Schönes wie ein fränkisches, oder bairisches, oder niedersächsisches Dorf. Wie sieht das Umfeld der Dörfer aus, wie die Straßenränder bei neu gebauten Straßen?

Das Handwerk hat ebenso wie die Naturwissenschaft in Deutschland immer ein hohes Ansehen genossen, in den südlichen Ländern weniger. An den Beispielen haben wir gesehen, daß die technische Entwicklung stets eine Gemeinschaftsleistung des gesamten Volkes war, die oft über Jahrhunderte ging, wie das Volkslied, die Sagen und Märchen, der Hausbau. Die Symbiose von Wissenschaft und Technik brachte den Deutschen in den vergangenen hundertfünfzig Jahren einen früher für unmöglich gehaltenen Wohlstand, allerdings auch den Neid von wissenschaftlich-technisch weniger begabten Völkern.

Die Deutschen wurden deshalb im 20. Jahrhundert mit zwei Weltkriegen überzogen, um sie als Konkurrenten auszuschalten

Die 1811 gegründete Friedrich-Wilhelms-Hütte in Mühlheim ist ein Beispiel für effektive Verbundwirtschaft. Mit der Inbetriebnahme des ersten Koksofens 1849 machte sie die Kohle industriell verarbeitungsfähig. Dadurch wurde die Massenproduktion von Gußeisen möglich, das wiederum die Grundlage für Eisenbahn, Industrieanlagen, Maschinen und bis hin zu Geräten aller Art war und ist.

und zu vernichten. Den Ersten Weltkrieg und seine Folgen haben wir dank unserer Technik überstanden; wir haben den Zweiten Weltkrieg gegen die ganze Welt überstanden dank unserer Technik und dem Berufsethos, das hinter der Technik wirkt. Jetzt versucht man, uns biologisch zu beseitigen. Auch das wird mißlingen.

Technikfremdheit, Technik – und Wissenschaftsfeindlichkeit

Ortega y Gasset, ein sehr scharfsinniger spanischer Beobachter seiner Zeit, der seit seiner Studienzeit in Marburg enge Beziehungen zu Deutschland hatte, machte in seinem 1930 erschienenen Buch *Aufstand der Massen* einige sehr zutreffende Bemerkungen über die Technik:[98]

> »Oswald Spengler glaubt, die Technik könne weiterleben, wenn das Interesse für die Kultur erloschen ist. Mir will es nicht gelingen, an derlei zu glauben. Technik ist ihrem Wesen nach durch Wissenschaft bedingt, und Wissenschaft existiert nicht, wenn sie nicht in ihrer Reinheit und um ihrer selbst willen existiert, und sie kann nicht interessieren, wenn die Menschen nicht mehr um die allgemeinen Grundlagen der Kultur bemüht sind. Wird dieser Eifer stumpf – wie es zu geschehen scheint – so kann die Technik nur eine Weile weiterleben, nämlich so lange die Trägheit des Kulturimpulses dauert, der sie schuf... Man vergißt nur zu gern, wenn man von der Technik spricht, daß ihre Lebensader die reine Wissenschaft ist und die Bedingungen ihrer Fortdauer an diejenigen gebunden sind, die reine Wissenschaftsübung möglich machen. Hat man an alles gedacht, was in den Seelen lebendig bleiben muß, damit es weiter Männer der Wissenschaft geben kann? Glaubt man im Ernst, es gäbe Wissenschaft, solange es Dollars gibt? Dieser Gedanke, bei dem sich viele beruhigen, ist nur ein neuer Beweis für die Simplizität des Jahrhunderts.
>
> Als wäre es ein Kinderspiel, all die widerstreitenden Elemente zusammenzubrauen und umzuschütteln, die zu dem Cocktail der physikochemischen Wissenschaft gehören. Selbst wenn wir das Thema nur leicht und oberflächlich ins Auge fassen, springt der Umstand hervor, daß in der ganzen zeiträumlichen Aus-

[98] José Ortega y Gasset, *Aufstand der Massen*, 1930.

dehnung der Erde und ihrer Geschichte die Physikochemie einzig in dem kleinen Viereck entstehen und zu voller Entfaltung kommen konnte, das durch die vier Punkte London, Paris, Rom, Berlin bezeichnet wird. Und auch dort nur im 19. Jahrhundert. Das beweist, daß die Experimentalwissenschaft eines der unwahrscheinlichsten Erzeugnisse der Geschichte ist. Zauberer, Priester, Krieger und Hirten hat es immer und überall gegeben. Aber diese Fauna des experimentierenden Menschen fordert augenscheinlich zu ihrer Entstehung ein Zusammentreffen von Bedingungen, noch ungewöhnlicher als jene, die das Einhorn hervorbringen. Ein glänzender Einfall in der Tat, daß Nordamerika, wenn Europa verschwinden sollte, die Wissenschaft fortführen könnte.«

An anderer Stelle im selben Buch meint ORTEGA Y GASSET:

»Der heute herrschende Mensch ist ein Primitiver, ein Naturmensch, der inmitten einer zivilisierten Welt auftaucht. Die Welt ist zivilisiert, aber ihre Bewohner sind es nicht.

Sie sehen nicht einmal die Zivilisation an ihr, sondern benutzen sie, als wäre sie Natur. Der neue Mensch will das Automobil und genießt es, aber er glaubt, es wächst von selbst an einem Paradiesesbaum... Der Europäer, der jetzt zu herrschen beginnt, ist im Verhältnis zu der verwickelten Kultur, in die er hineingeboren wird, ein Barbar, ein Wilder, der aus der Vergangenheit auftaucht.«

Der Massenmensch, den ORTEGA hier beschreibt, ist allerdings der mediterrane Typ, den man in Deutschland nicht oft findet. In Deutschland offenbart er sich eher in Form des akademischen Pöbels und des Schwadronierers aus guten Verhältnissen, den wir kennengelernt haben, nachdem er nach dem Marsch durch die Institutionen am Ziel angelangt ist, und dem unsere Kultur fremd ist. Dieser von ORTEGA beschriebene romanische Massenmensch nutzt die Vorteile der Technik, weiß aber nicht, welche unendliche Mühe ihre Schaffung im Laufe vieler Jahrhunderte gekostet hat; noch hat er eine Vorstellung davon, welche Anstrengung es bedeutet, den erreichten Stand der Technik aufrecht zu erhalten, etwa die Infrastruktur in Verkehr, Energie, Wasserversorgung usf. Dieser Mensch bestimmt aber heute durch die EU, welche Techniken in Deutschland mit deutschem Geld förderungswürdig sind.

Diesen Menschentyp gibt es in Deutschland, wie schon erwähnt, nicht so häufig wie in den romanischen Ländern. Denn in Deutschland wurden im Laufe der Jahrhunderte von vielen Millionen Handwerkern, Ingenieuren und Wissenschaftlern neue Techniken entwickelt. Man kennt also die damit verbundene Mühe. Deswegen wurde die Technikfeindlichkeit nach 1945 über eine Hintertür mit verlogenen Argumenten von unseren Feinden eingeführt, im wesentlichen über die Partei der Grünen mit Hilfe der fremdbestimmten Medien. Als Basis diente diesen die seit Jahrzehnten im deutschen Kulturkreis beheimatete Naturschutzbewegung, die wohlberechtigt ist und gute Argumente hat, damit die Technisierung nicht überhandnimmt. Diese Naturschutzbewegung wurde auf bewährte Art unterwandert, das Führungspersonal ausgetauscht und die Ziele insgeheim verändert. Mit großem Aufwand und viel Unterstützung durch die Medien wurden anschließend Kampagnen gegen bestimmte Techniken, darunter die Kernenergie, inszeniert. Am Ende des Prozesses standen die Grünen als die Protagonisten der Technikfeindlichkeit da, die allerdings nicht so genannt wird, sondern jetzt ›Naturschutz‹ heißt. Das sind dieselben Leute, die unser klassisches Theater, unsere Musik und Malerei in den Schmutz ziehen, unsere überkommenen Sitten und Gebräuche verhöhnen und weismachen, wir sollten karibische Sitten übernehmen.

Wie schon erwähnt, verlangt allein die Wahrung des derzeitigen hohen Zustands der Technik viel Arbeit und Anstrengung. Beides will der postindustrielle Massenmensch nicht leisten. Er will nur Bequemlichkeit – die ihm die Technik verschafft, die er allerdings nicht kennt. Sonne und Wind liefern gratis die Energie für Handy und Computer, beides für den naturverbundenen grünen Postindustriellen Synonyme für ›Hoch-Technik‹. Technik, die keinen direkten persönlichen Vorteil bringt, sei böse, störe das Naturidyll und müsse abgeschafft werden: Kernenergie, Chemietechnik, Kraftwerke, Fabriken. . .

Wir haben also in Deutschland nicht nur eine von außen importierte und geförderte Technikfeindschaft – sie dient der Vernichtung Deutschlands –, sondern auch eine selbstgemachte, die ein Ergebnis der Wohlstandsgesellschaft ist. Diese bringt notwendig den von ORTEGA Y GASSET beschriebenen Massenmenschen hervor, der technikfeindlich ist und grün wählt. Ich habe hier ORTEGA Y GASSET deshalb ausführlich zu Wort kommen lassen, um zu zeigen, daß die verschiedenen Völker unterschiedliche Einstellungen zur Technik haben.

Der Stellenwert der Technik im spanischen Kulturbereich ist geringer als der in der deutschen Kultur. Es gibt sogar Untersuchungen, denen zufolge die chinesische Kultur eine Kultur ohne Technik sei.[99] Dies ist allerdings nach unseren Definitionen von Kultur und Technik nicht möglich. Das deutsche Volk hat aber seit jeher ein sehr inniges Verhältnis zur Technik. Der größte Teil seiner geistigen Arbeit ist in den vergangenen Jahrhunderten der Weiterentwicklung Technik gewidmet gewesen. Mit diesem Vergleich ist keine Wertung verbunden. Im spanischen oder im chinesischen Kulturbereich sind die Schwerpunkte der Kultur anders gesetzt als im deutschen.

Die Technikfremdheit hat ihren Ursprung in der Tatsache, daß die Menschen unterschiedlich veranlagt und begabt sind. Den Techniker – sei er nun Handwerker, Ingenieur oder Wissenschaftler – habe ich vorhin beschrieben als im allgemeinen nüchternen und sachlichen Menschen mit hoher Verstandesbegabung. Daneben gibt es natürlich noch den Menschen, der stärker durch sein Gemüt geprägt ist, eine lebhafte Phantasie hat und eher musisch begabt ist. Die Technik bleibt ihm im allgemeinen fremd. Während der Naturwissenschaftler und der Techniker wesentliche Impulse von der äußeren Welt mit ihren strengen Naturgesetzen erhalten und dadurch geprägt werden, hat der musische Mensch seine Heimat eher in seiner inneren Welt, die zwar über unsere unvollkommenen Sinne mit der äußeren Welt verschränkt ist, in der die Naturgesetze aber keine Geltung haben. In der Phantasie ist alles möglich, bis zum Wahnsinn, in der äußeren Welt der Natur gelten die strengen Naturgesetze.

Eines der ersten Anzeichen der wachsenden Technik- und Wissenschaftsfeindschaft waren die Antikernkraft-Kampagnen. Wei-

---

[99] Hans SACHSSE, »Technik und Kultur«, in: *Handbuch zur deutschen Nation,* Bd. 3, Hohenrain, Tübingen 1988, S. 211–240.

tere Anzeichen sind der Widerstand gegen den Transrapid und gegen die chemische Industrie, der Verkauf der Dortmunder Kokerei und einer Hanauer Nuklearfabrik an China. Wenn das so weitergeht, ist unser Untergang besiegelt. Die Abschaffung der ehemals blühenden optischen, elektronischen und kerntechnischen Industrien ist ein Beispiel für die wachsende Technikfeindlichkeit in Deutschland.

Die Zukunft der Technik

Wir haben gesehen, wie die Technik in unserem Lande in den vergangenen Jahrtausenden vom Volk konsequent weiterentwikkelt worden ist mit dem Ziel, das Leben zu erleichtern und Gefahren zu vermindern. Dies muß auch in Zukunft so sein, wenn wir als Volk weiter existieren wollen.

Mit meinen Beispielen aus der Technik habe ich versucht zu zeigen, daß der nordische Mensch Fähigkeiten hat, die für die technische und wissenschaftliche Arbeit unabdingbar sind: die Natur unvoreingenommen beobachten, die Beobachtungen richtig und der Realität entsprechend deuten, eventuell zutreffende Experimente machen, daraus Gesetze formulieren und Anwendungen dieser Gesetze schaffen oder wissenschaftliche Theorien formulieren. Dazu hat er ererbte und anerzogene Charaktereigenschaften wie Disziplin, Zielstrebigkeit, Fleiß, Ordnungsliebe, der Wille, ein gestecktes Ziel zu erreichen und sein Bestes zu geben, ohne dazu gezwungen zu sein: alles Eigenschaften, die neuerdings von unseren Widersachern als ›typisch deutsch‹ verleumdet werden. Diese Eigenschaften, die in Jahrtausenden entstanden sind, lassen sich durch das Milieu oder Diskobesuche nicht verändern, was man ja seit Jahrzehnten versucht.

Es dauert mehrere Generationen, bis solche Eigenschaften durch Vermischung mit anderem Erbgut zugrunde gegangen sind. Beispiele dafür bietet die Geschichte der germanischen Völker nach der Völkerwanderung in Frankreich, Italien und Spanien.

Allerdings sollte man die Warnung ORTEGA Y GASSETS vor einem Versiegen der Wissenschaft und Technik auch in Deutschland nicht auf die leichte Schulter nehmen. Unsere jetzt hier herrschenden Widersacher geben sich alle Mühe, uns über Gehirnwäsche und Technikfeindschaft zu vernichten. Gewaltige Aufgaben warten auf uns.

In der nächsten Zukunft sind die ungelösten Aufgaben der Energietechnik zu lösen und die technische Infrastruktur in den meisten Regionen der Welt mit unserer Hilfe aufzubauen oder zu erneuern – eine gewaltige Aufgabe, die Jahrzehnte dauert und keine Arbeitslosigkeit in Deutschland zuläßt. Die Nachbarvölker im Osten warten darauf, daß wir ihnen mit unserem technischen Wissen zu Hilfe kommen. Die regenerativen Energietechniken sind zu entwickeln, ebenso Wasserstofftechnik und Umwelttechniken. Da die regenerativen Energien noch nicht wirtschaftlich sind, muß als Zwischenlösung der Hochtemperaturreaktor wieder reaktiviert werden, der Fusionsreaktor muß in Betrieb gehen. Die Magnetschwebebahn ist zu optimieren, die Mikrostrukturtechnik und Nanotechnik zu verwirklichen, die Entindustrialisierung der letzten Jahrzehnte ist rückgängig zu machen, die Weltraumtechnik weiterzuführen.

Wissenschaftliche Erkenntnisse, die zu völlig neuen Techniken führen, werden sich aus der neuen Wissenschaft des Lebens ergeben. Denn Biologie, Physik, Chemie und Medizin als Einzelwissenschaften konnten bisher fundamentale Vorgänge und Eigenschaften des Lebens nicht enträtseln. Eine neue Wissenschaft ist nötig. Was ich hiermit meine, soll folgendes kurzes Beispiel zeigen:

Ein Kennzeichen lebender Organismen ist, daß sie immer hochgeordnet sind, viel komplizierter als die sehr regelmäßig aufgebauten leblosen Kristalle. Während man die regelmäßige Anordnung der Atome im Kristall durch die Eigenschaften des Atoms erklären kann, ist eine Erklärung des geordneten Aufbaus der biologischen Substanzen bisher nicht gelungen. Wir müssen annehmen, daß dies auf bisher nicht bekannten Eigenschaften der Materie beruht, nicht auf einer separaten göttlichen Schöpfung des Lebens, wie manche vorschlagen.

Während es bei den Kristallen viele Millionen einzelne Atome oder Moleküle sind, die sich in einer wohlgeordneten, regelmäßigen Anordnung befinden, handelt es sich bei den lebenden Organismen um sehr regelmäßig angeordnete Makromoleküle, die aus Millionen einzelner Atome bestehen. Millionen dieser Makromoleküle bilden ein wohlorganisiertes, harmonisches Ganzes, das in der Lage ist, sich fortzupflanzen, Sinne zu entwickeln (Augen, Gehör...), hochkomplizierte chemische und physikalische Reaktionen zielgerichtet durchzuführen, etwa Stoffwechselvorgänge zu bewirken, Herz, Nieren, Gehirn mit ihren komplizierten Funktionen zu erschaffen.

Leben entsteht also durch harmonisches geregeltes Zusammenwirken aller dieser Billionen Riesenmoleküle mit ebenso vielen Sensoren und Aktoren. Es ist dies ein unvorstellbar gigantisches Regelsystem, keinem je durch Menschenhand und seine Technik erzeugten vergleichbar. Durch unterschiedliche Anordnung der Atome in den Makromolekülen ergeben sich die unterschiedlichsten Lebewesen: Bakterien, Elefanten, Pflanzen, Vögel, Fische, Insekten... Dieser erstaunliche Organismus kann allerdings im Gegensatz zum Kristall nur existieren, wenn ihm dauernd Energie zugeführt wird. Wird die Energiezufuhr unterbrochen, stirbt der Organismus sofort und zerfällt. Die Wissenschaft hat bisher nicht den Schatten einer Erklärung für diese Vorgänge und welche Kräfte die Ursache sind.

Ein Beispiel soll zeigen, wie die neue ›Wissenschaft vom Leben‹ die Technik der Zukunft zu neuen Erfindungen anregen kann – nämlich die Wasserstofftechnik.

Die zur Aufrechterhaltung des Lebens notwendige Energie ist die Sonnenenergie. Da die Sonne nicht immer scheint, das Leben aber dauernd und ununterbrochen Energie benötigt, hat die Natur ein sehr sinnvolles System geschaffen, um die Sonnenenergie zu nutzen und zu speichern. Das von der Natur angewandte Verfahren kann durch das Stichwort ›Photosynthese‹ bei den Pflanzen grob charakterisiert werden.

Die Pflanze nimmt Wasser durch die Wurzeln auf, Kohlendioxid durch die Blätter. Das Wasser wird zu den Blättern transportiert und dort durch die Wirkung des Sonnenlichts in seine Bestandteile Wasserstoff und Sauerstoff zersetzt. Der Wasserstoff reagiert mit dem Kohlendioxid und bildet Glucose (Zukker), Stärke und Fette. Der bei der Wasserzersetzung entstandene Sauerstoff wird durch die Blätter an die Atmosphäre gegeben. Die Glucose dient als Energiespeicher, der zu den Zellen transportiert wird und dort das Leben aufrecht erhält. Er wird vor allen Dingen im Samen gespeichert, der unter der Erde ohne Lichtzufuhr anwachsen muß. Die gespeicherte Energie wird durch die Umkehrreaktion der Photosynthese freigesetzt.

Die Photosynthese kann kurz durch die chemische Formel beschrieben werden:

$$6\,H_2O + 6\,CO_2 \leftrightarrows C_6\,H_{12}O_6 + 6\,O_2$$

Da bei Tieren und Menschen keine Photosynthese möglich ist, beziehen sie ihre Energie aus dem Umkehrprozeß der Photosynthese: Die Photosynthesegleichung, von rechts nach links gelesen, sagt: Sauerstoff plus Glucose ergibt Energie + Kohlendioxid + Wasser. Die Glucose wird durch das Verdauungssystem aufgenommen, der Sauerstoff durch die Lunge. Beide reagieren in Gegenwart von Katalysatoren (Enzymen) miteinander, wobei Energie für die Lebenserhaltung frei wird und Wasser sowie Kohlendioxid entstehen, die durch die Lunge abgegeben werden.

Wir haben an den Beispielen gesehen, daß die Technik ein wesentliches Element unserer Kultur ist. Diese qualitativ hochstehende Technik ist seit jeher eine Gemeinschaftsleistung des ganzen Volkes. Unser technisches Wissen und Können ist die einzige Waffe, die uns geblieben ist, diese Kultur zu verteidigen.

Nur mit Hilfe der Technik und der Wissenschaft und einer Politik, die diese Kulturelemente nicht nur zum Schein, sondern wirklich fördert, werden wir die Zukunft meistern. Wir werden sie meistern, denn Anwendung und Weiterentwicklung von Technik und Wissenschaft sind seit jeher unsere Stärke.

Völker und Technik

Das die Völker der Erde Kennzeichnende beschreibt der bedeutende deutsche Rechtswissenschaftler Paul Johann Anselm von Feuerbach (1775–1833) mit folgenden Worten:

> »Es ist die Absicht der Natur, daß die Menschheit in mannigfaltigen Volksgeschlechtern blühe und jedes Volk in seiner Eigentümlichkeit und originellen Verschiedenheit sich entwickle und ausbilde. Nicht in einförmigem Einerlei, sondern in unergründlicher Mannigfaltigkeit offenbart sich der große Weltgeist. Selb-

ständigkeit der Völker, souveräne Freiheit der Staaten, in welchen sie leben, ist das größte Heiligtum der Menschenwürde und der Persönlichkeit eines jeden Volkes. Das Gleichmachen ist einer der ersten Grundsätze in dem Plane eines Welteroberers.«

Fast alle deutschen Denker haben sich im gleichen Sinne geäußert. Der Buddhismus konnte nur auf dem Boden Asiens entstehen, der Islam nur in den Wüsten des Orients. Beides entspricht nicht deutscher Art, genau so wenig wie die Religionen Afrikas oder Amerikas vor KOLUMBUS und der Vorzeit. Diese Religionen sind auf dem Boden unterschiedlicher Völker entstanden als Ausdruck ihrer Moral, ihrer Kultur und Lebensweise, ihrer Seele und wurden durch Landschaft, Klima, Veranlagung, Geschichte gestaltet. Entsprechend ihrer Art entwickelten sich bei den verschiedenen Völkern eine ihnen gemäße Kunst, Landwirtschaft, Wissenschaft, Sprache, Staatsform, Technik und, damit zusammenhängend, besondere Rechts-, Wirtschafts- und Handelssysteme. Die Chinesen bauen andere Häuser oder Städte als die Inder, Araber oder Deutschen; das Rechtssystem der unkolonisierten Araber ist ein anderes als das der Skandinavier, die Schiffe der Germanen sind anders gebaut als die der Ägypter oder Römer; Seevölker haben andere Techniken als die Nomaden in Steppengebieten. Entsprechend ihrer Umwelt und Veranlagung entwickelten sich die Kulturen und damit die Techniken der verschiedenen Völker in unterschiedlicher Art.

Beispiele unterschiedlicher Techniksysteme – Völker der Antike

Die Idee von der charakteristischen Eigenart der unterschiedlichen Völker geht durch die ganze deutsche Geistesgeschichte, während im Gegensatz dazu die anglo-amerikanische Plutokratie heute allen Völkern der Erde den ›american way of life‹ aufzwingen will. Als weiteres Beispiel für diese dem Deutschen eigene Weltsicht zitiere ich sinngemäß einige Bemerkungen von Johann Gottfried HERDER, die er 1773 in seinem Buch *Auch eine Philosophie der Geschichte zur Bildung der Menschheit* machte:[100]

[100] Johann Gottfried HERDER, *Auch eine Geschichte zur Bildung der Menschheit, Suhrkamp,* Frankfurt/M. 1967.

»Die menschliche Natur muß alles lernen, durch Fortgänge gebildet werden, im allmählichen Kampf immer weiter schreiten. Jede menschliche Vollkommenheit ist national, säkular und, am genauesten betrachtet, individuell. Man bildet nichts aus, als wozu Zeit, Klima, Bedürfnis, Welt, Schicksal Anlaß gibt. Eigenart und Charakter der Völker ergeben sich aus Abstammung, Geschichte, Landeseigenschaften, Klima. Daraus entwikkelt sich die arteigene Kultur, Religion, Sittenlehre, die Lebensart und die Gewohnheiten oder Nationalgebräuche, die Dichtkunst, Musik, Wissenschaft.«

Um diese These zu untermauern, vergleicht HERDER die Kulturen der Nomaden im vordynastischen Ägypten, der Ägypter, der Phönizier und der Griechen.[101]

Während im Süden das fruchtbare Land und das warme Klima das Leben leicht machte, hatte der nordische Mensch sich gegen eine härtere Natur mit Hilfe ausgeklügelter Techniken in Hausbau, Ackerbau, Schiffahrt usw. durchzusetzen. Die Völker der Germanen mußten genaue Beobachter der Natur sein, um in einer zeitweise lebensfeindlichen Natur überleben zu können. Ihre Wohnungen, Schiffe, ihre Landwirtschaft waren anders als die im Süden. Geprägt waren diese nordischen Völker durch einen gesunden naturverbundenen Verstand, durch Fleiß, Nüchternheit, Arbeitsfreude (in den südlichen Ländern galt Arbeit als Plage), Ausdauer und hartnäckige Geduld, Treue und Ehrgefühl, Wissensdurst und Entdeckerfreude. Vor allem eine genaue Naturbeobachtung, Wahrhaftigkeit und Redlichkeit gewährleisteten das Überleben unter widrigen Naturbedingungen. Die Fähigkeit, komplexe Zusammenhänge zu erkennen – also die Vernunft –, war bei ihnen besonders ausgeprägt (unter anderem bäuerliche Wetterregeln und Sprüche). Bei unseren westlichen ›Freunden‹ gelten diese Eigenschaften als typisch deutsch, schwerfällig und plump. Die von den Siegermächten nach 1945 durchgeführte Umerziehung diente dazu, die typisch deutschen Eigenschaften lächerlich zu machen, sie zu kriminalisieren und auszumerzen. Charakterschwache oder umerzogene Deutsche können zwar typisch britische oder amerikanische Eigenschaften

[101] HERDER, ebenda.

annehmen; diese sind zwar nicht vererblich, sie richten aber in Deutschland erheblichen Schaden an.

Völker der Neuzeit

Die erwähnten kennzeichnenden Eigenschaften der germanischen Völker waren die Voraussetzung für die Entwicklung eines leistungsfähigen Handwerkerstandes sowie, damit zusammenhängend, einer hochentwickelten Technik seit der Bronzezeit im germanisch besiedelten Europa. Nach der Befreiung des Geistes von theologischen Dogmen und Vorstellungen entwickelte sich par-

Von wegen »Germanen als metsaufende Tölpel und Barbaren in ihren Bärenfellen«! Bronzezeitliche Metallhandwerker bei der Arbeit: Flüssige Bronze wird in geschlossene Formen gegossen, die in einem Sandbett stehen (Mitte vorn). Neben einer Werkkank, auf der geschlossene und offene Gußformen sowie Fertigprodukte liegen, wird eine Sichel geschärft (rechts vorn). Im Hintergrund (rechts) werden Bronzegefäße getrieben und verziert (gepunzt) sowie ein Schwert geschliffen (Mitte). Aus: Ernst Probst, *Deutschland in der Bronzezeit,* München 1999, S. 23.

Abb. 267: Rennfeueröfen

a. mit seitlichem Schlackenabstich. 1 Ofenmaterial, 2 u. 3 Schichten von Holzkohle und Erz, 4 Schlackenbrei mit Eisenluppen, 5 u. 6 kohliger Sand, 7 Laufschlacken, 8 u. 9 Untergrund.

b. mit Schlackengrube, 1 vor dem Brand mit Beschickung, 2 nach Ende eines Brandes.

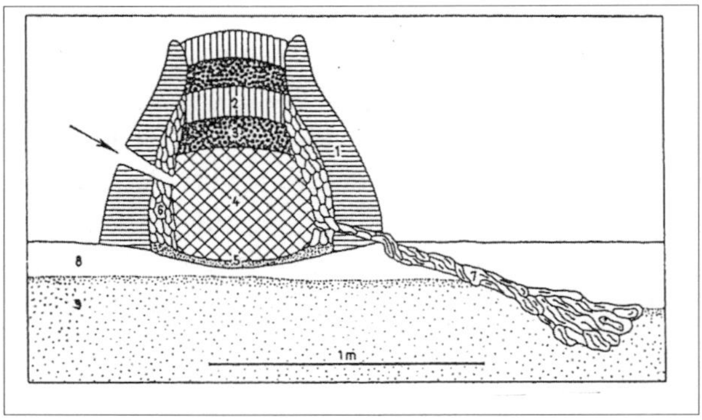

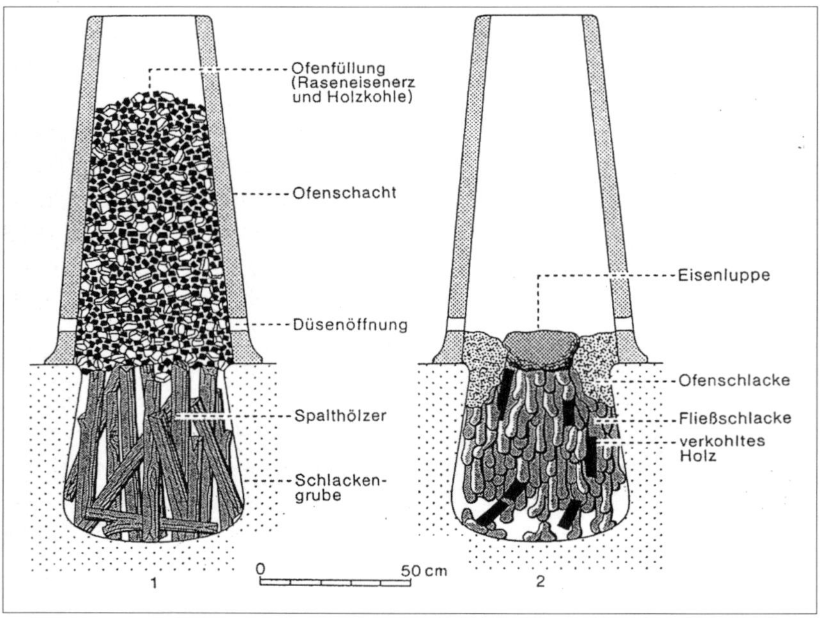

Die Erfindung des Rennfeuerofens war ein bedeutsamer technologischer Fortschrit bei der Eisengewinnung. Solche Öfen wurden bei der Freilegung germanischer Siedlungen entdeckt, so z. B. in Überruhr-Hinsel (2.–4. Jahrhundert) bei Essen. Beide Zeichnungen aus: Helmut Schröcke, *Die Vorgeschichte des deutschen Volkes,* Tübingen 2009, S. 774.

allel dazu ab dem 17. Jahrhundert die Naturwissenschaft, was ab dem 19. Jahrhundert von der handwerklich fundierten Technik zu einer Technik auf der Grundlage der Naturwissenschaften führte. Die geistigen Grundlagen zu dieser Art von Wissenschaft und Technik gab es im Zeitraum zwischen 1800 und 1990 nur in dem Raum, der durch die Städte Königsberg–Wien–Mailand–London–Berlin begrenzt wird.[102] Die Symbiose von Wissenschaft und Technik führte in England, Deutschland und einigen anderen westeuropäischen Ländern zu einer außergewöhnlichen Blüte der Technik, die aus dem ehemals landwirtschaftlich geprägten Deutschland ein prosperierendes Industrieland machte. Durch kluge Maßnahmen der Reichsleitung führte diese Entwicklung zu verbreitetem Wohlstand in der Bevölkerung.

Im folgenden will ich ganz grob die Technikentwicklung in einigen maßgeblichen Ländern beschreiben, die sehr stark vom gesellschaftlichen Umfeld des Staates abhängt. Dabei muß ich einige Dinge deutlicher als üblich aussprechen, weil seit dem späten 19. Jahrhundert eine heimtückische antideutsche Propaganda alles Deutsche – auch die Technik – als minderwertig oder von anderen höher zivilisierten Völkern übernommen dargestellt wurde (die Germanen als metsaufende Tölpel und Barbaren in ihren Bärenfellen). Allein der Technik- und Patentklau nach 1918 und 1945 ist ein Beweis für das Gegenteil. Im westlichen Ausland hört man oft: Die Deutschen leben, um zu arbeiten, die zivilisierteren Völker arbeiten nur, um zu leben. Das ist eine völlige Verkennung des Wertes der Arbeit.

⇨ England

England war seit etwa 1750 ein Vorreiter bei der Entwicklung der modernen Technik, indem kapitalkräftige Unternehmer Ideen aus Kontinentaleuropa übernahmen, weiterentwickelten und vermarkteten und so die Maschinenindustrie, die Textilindustrie, den Kohlebergbau und das Eisenhüttenwesen auf eine neue Basis stellten. Diese Entwicklung in England nahm aber eine andere Richtung als rund 80 Jahre später in Deutschland. Denn nach der sogenannten ›Glorreichen Revolution‹ 1688 wurde in England durch die Einführung der konstitutionellen Monarchie das

[102] Ortega y Gasset, *Aufstand der Massen*, aaO. (Anm. 98).

Königtum entmachtet und die parlamentarische Mitbestimmung eingeführt. Adel und Londoner City mit ihren Bankiers und Händlern wurden in kurzer Zeit maßgebend und machten England nach den Napoleonischen Kriegen zur ersten Handels- und Kapitalmacht der Welt. Die Technik diente in steigendem Maße der Londoner City nur als Hilfsmittel zur Ausbeutung des eigenen

Ernte des Schlafmohns in Indien. Im 18. und 19. Jahrhundert legten die Briten riesige Flächen zum Anbau des Mohns an, den sie dann größtenteils nach China exportierten, wo Millionen Chinesen in die Opiumsucht getrieben wurden, wohingegen der Opiumkonsum im Königreich gesetzlich verboten war. Britische Doppelmoral.

Volkes und fremder Völker. Hauptziel der herrschenden Klasse Englands war nicht die Weiterentwicklung der Technik zum Wohle der Menschen, sondern die Beherrschung des Welthandels, wie er heute unter der Bezeichnung ›Globalisierung‹ praktiziert wird. Man baute Straßen und Eisenbahnen nur, um an die fremden Rohstoffe und Reichtümer heranzukommen. Um das Ausplündern zu erleichtern, wurde in der Londoner City die Ideologie des Freihandels erfunden: Abschaffung der Zölle und freier Waren- und Kapitalverkehr, sobald es den Herren der City paßte. Die Kolonien wurden durch hochverzinste Anleihen in Abhängigkeit gehalten, die Bevölkerung blieb auf einem niedrigen Zivilisationsstand. In Indien zum Beispiel vernichtete man das sehr hochentwickelte Textilgewerbe, um einen neuen Absatzmarkt für

Textilwaren aus Manchester zu bekommen. Es wurden statt dessen große Farmen für den Opiumanbau eingerichtet. Das Opium wurde nach China exportiert, um dort gegen Tee eingetauscht zu werden. Da sich die chinesische Regierung diesem Plan widersetzte, organisierte die Londoner City zwischen 1840 und 1842 einen Krieg, den ›Opiumkrieg‹, gegen China, so daß nach dem verlorenen Opiumkrieg China in den kommenden Jahren von britischem Opium überflutet wurde.

⇨ Deutschland

Die Deutschen sind ein technisch hochbegabtes Volk, wie die mehrtausendjährige Technikgeschichte Deutschlands beweist. Technikfeindschaft gibt es bei uns erst, seitdem uns die Siegermächte diesen Irrsinn eingeimpft haben.

Deutschland ging bei der Technikentwicklung im 19. Jahrhundert konsequent einen anderen Weg als England, indem es die Technik auf wissenschaftlicher Grundlage weiterentwickelte und zu ungeahnten Höhen in der Energietechnik, in der Chemie, im Maschinenbau, in der Elektrotechnik, Medizintechnik, Landwirtschaft, Elektronik usf. führte. Die Organisation der Industrie und die Zusammenarbeit mit den damals – also im 19. und 20. Jahrhundert – leistungsfähigen Universitäten verstärkten diese Entwicklung. Das neue technische Wissen blieb nicht im eigenen Land,

Maschinenfabrik des Unternehmers Richard HARTMANN in Chemnitz 1868. HARTMANN zählte zu den wichtigsten Arbeitgebern im Königreich Sachsen.

sondern wurde konsequent weitergegeben, um andere Völker am wachsenden Wohlstand teilnehmen zu lassen, was auch unserem Lande Vorteile brachte. Dies beweisen zum Beispiel die vielen technischen Ausstellungen, die es in Deutschland gibt, kaum aber in England, USA oder Frankreich.

England interpretierte dieses Verhalten Deutschlands als Griff nach der Weltherrschaft. Der Konkurrent mit der besseren Technik auf dem Weltmarkt mußte beseitigt werden. Zwei von der Londoner City inspirierte Weltkriege zeigten allerdings, daß man ein moralisch gesundes Volk nicht ohne weiteres beseitigen kann. Deswegen wird das deutsche Volk seit 1945 ständiger Gehirnwäsche durch Medien, Politik, Schulen, Kirchen usw. ausgesetzt und verblödet, so daß es nicht mehr in der Lage ist, Wahrheit von Lüge zu unterscheiden. Unsere Technik wurde verboten, zum Teil durch heute noch gültige Kontrollratsgesetze (Kohleverflüssigung, Flugzeug- und Raketentechnik betreffend) oder zugrunde gerichtet (Kerntechnik, Transrapid), die Hochschulen zu lächerlichen Bachelor- und Masterklitschen umfunktioniert.[103]

Es dauerte Jahrzehnte, bis die Siegermächte nach 1945 unsere Techniken begriffen hatten. Viele Entwicklungen nach 1945 gehen auf Entwürfe deutscher Ingenieure aus den vierziger Jahren zurück: Die Raketenkonstruktion für Ariane (1979), das Space Shuttle (1971), Luft-Luft-Raketen usw., der Tarnkappenbomber B2 sind deutschen Mustern nachempfunden, ebenso die MIG 15 oder die französische ›Concorde‹. Die Verfahren zur Herstellung von synthetischem Kautschuk (Buna), von Kunststoffen wie PVC, Polyethylen, Polyamiden, Plexiglas, Perlonfasern usw. sind von deutschen Wissenschaftlern und Ingenieuren entwickelt und von den Siegermächten kostenlos übernommen worden. Der Bau von Zuse-Rechnern wurde nach 1945 verboten und erst nach 1956 wieder zugelassen, als die Amerikaner den deutschen Vorsprung eingeholt hatten. Die Entwicklung von Fernsehen, Magnetton und anderen elektronischen Techniken ist von deutschen Ingenieuren durchgeführt worden. Besonders in den Notzeiten während der beiden Weltkriege zeigte sich die überragende Leistungs-

---

[103] MELISCH, SCHRÖCKE u. a., *Energiepolitik als Überlebensstrategie der Nation*, aaO. (Am. 7).

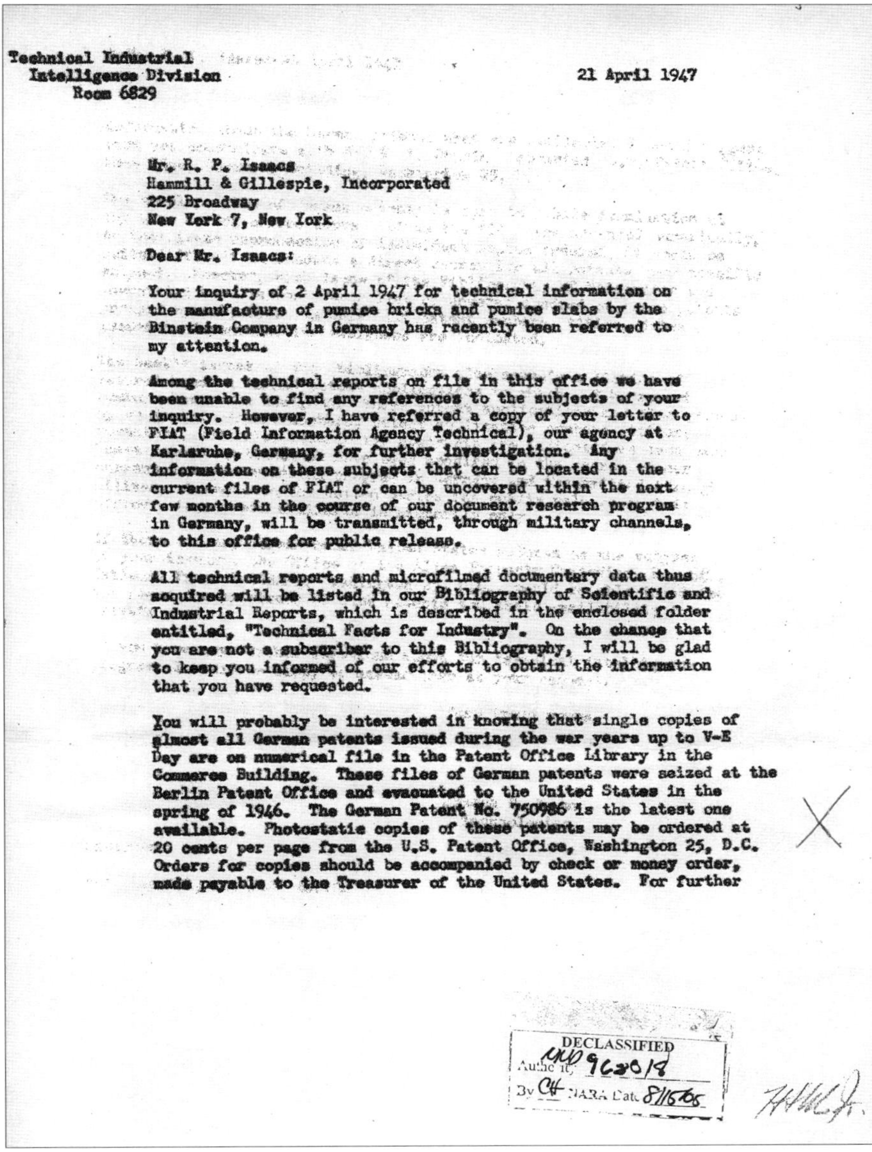

Technical Industrial
Intelligence Division
Room 6829

21 April 1947

Mr. R. P. Isaacs
Hammill & Gillespie, Incorporated
225 Broadway
New York 7, New York

Dear Mr. Isaacs:

Your inquiry of 2 April 1947 for technical information on the manufacture of pumice bricks and pumice slabs by the Binstein Company in Germany has recently been referred to my attention.

Among the technical reports on file in this office we have been unable to find any references to the subjects of your inquiry. However, I have referred a copy of your letter to FIAT (Field Information Agency Technical), our agency at Karlsruhe, Germany, for further investigation. Any information on these subjects that can be located in the current files of FIAT or can be uncovered within the next few months in the course of our document research program in Germany, will be transmitted, through military channels, to this office for public release.

All technical reports and microfilmed documentary data thus acquired will be listed in our Bibliography of Scientific and Industrial Reports, which is described in the enclosed folder entitled, "Technical Facts for Industry". On the chance that you are not a subscriber to this Bibliography, I will be glad to keep you informed of our efforts to obtain the information that you have requested.

You will probably be interested in knowing that single copies of almost all German patents issued during the war years up to V-E Day are on numerical file in the Patent Office Library in the Commerce Building. These files of German patents were seized at the Berlin Patent Office and evacuated to the United States in the spring of 1946. The German Patent No. 750986 is the latest one available. Photostatic copies of these patents may be ordered at 20 cents per page from the U.S. Patent Office, Washington 25, D.C. Orders for copies should be accompanied by check or money order, made payable to the Treasurer of the United States. For further

DECLASSIFIED
Authority NND 962018
By CH NARA Date 8/15/05

Dieses Dokument der ›Technical Industrial Intelligence Branch‹ (TIIB) beweist, daß mindestens 750986 Patente 1945 aus dem Berliner Patentenamt in die USA gebracht wurden. Aus dem Text geht hervor, daß es darüber hinaus noch mehr Patente gab, die aber öffentlich nicht zugänglich wurden. Aus: Friedrich Georg, *Unternehmen Patentenraub 1945,* Tübingen 2008, S. 70.

Die von den Gebrüdern HORTEN entwickelten Nurflügel-Maschinen lösen nach wie vor Erstaunen über den technologischen Vorsprung der Deutschen in den dreißiger und vierziger Jahren aus.

Herbert FLECHSIG erfand 1938 das Grundprinzip der heutigen Bildröhren für Farbfernsehempfänger. Hier im Bild: Fernseheinheitsempfänger FE1 mit 32er Bildröhre. Die Massenproduktion wurde durch den Krieg gestoppt. Mit Hilfe des entwendeten deutschen Patents brachten die Amerikaner 1954 die ›erste‹ Farbbildröhre der Welt auf den Markt.

Auf dem Truppenübungsplatz Heuberg südlich von Stuttgart begann möglicherweise die ›Mondfahrt‹ am 1. März 1945. Für 55 Sekunden lenkte der Pilot SIEBER die erste bemannte Rakete der Welt, eine Ba 349 ›Natter‹, bevor das Gefährt in tausend Splitter zerriß (*Der Spiegel* 2/2002).

fähigkeit der deutschen Wissenschaftler und Ingenieure, die auf der engen Zusammenarbeit zwischen Industrie, Forschung und Staat beruhte.

Die Rationalisierung der Arbeit und die Normierung der Produkte spielten hierbei eine große Rolle.

Die heutige Technik auf der Grundlage von Naturwissenschaften setzt ein Mindestmaß an Infrastruktur (Verkehr, Energie, Kommunikation, Ausbildungswesen. . .) voraus. Um die Weiterentwicklung der Völker zu hemmen, sind die modernen angloamerikanischen Kriege dadurch gekennzeichnet, daß sie die Infrastruktur der Länder zerstören (etwa im Irak, in Afghanistan, auf dem Balkan oder in Afrika).

Trotz der Bemühungen unserer anglo-amerikanischen Widersacher ist die deutsche Industrie aufgrund der hohen technischen Qualität ihrer Produkte, vor allen Dingen seitens der kleinen und mittleren Unternehmen, immer noch sehr leistungsfähig. Deutschland kann anderen Völkern beim Aufbau der Infrastruktur helfen, also funktionierende Post, Eisenbahn, Strom- und Wasserversorgung usw. Voraussetzung dafür ist allerdings, daß es wieder eine deutsche Wirtschaftspolitik betreiben kann, das heißt den Maastricht-Vertrag kündigt und die DM wieder einführt. Andere Völker brauchen die zuverlässige deutsche Technik für ihren Aufbau, wenn die derzeit herrschenden Mächte abgetreten sind, die Krieg und Chaos benötigen, um existieren zu können.

⇨ USA

Die USA entwickelten seit Mitte des 19. Jahrhunderts eine bedeutende industrielle Technik, die ihre Ideen zum großen Teil von europäischen Vorbildern, von Einwanderern und begabten Tüftlern sowie Erfindern übernahm. Diese Technik beruhte meistens nicht auf systematischen wissenschaftlichen Vorarbeiten, wie es in Deutschland im allgemeinen der Fall war. Emigranten aus Europa gaben der amerikanischen Industrie zwar bemerkenswerte Impulse, Wissenschaft und Technik stagnierten aber nach 1918, wie die industrielle Entwicklung der USA in den dreißiger Jahren zeigte. Der gewonnene Zweite Weltkrieg brachte 1945 die Lösung für die US-Industrie, indem alle deutschen Patente beschlagnahmt wurden. Spezialtrupps amerikanischer Firmen und

Geheimdienste forschten alle Herstellerfirmen technischer Produkte in Deutschland aus und stellten diese Kenntnisse amerikanischen und englischen Konkurrenzfirmen zur Verfügung.[104] Lebenswichtige Techniken wurden verboten (z. B. Kohleverflüssigung durch Kontrollratsgesetz Nr. 23 vom 10. 4. 1946).[105] Wir erwähnten bereits, daß die Beschäftigung mit Kohleverflüssigung in Deutschland gemäß Art. 139 Grundgesetz bis heute strafbar ist. Gewisse Bereiche des Flugzeugbaus, des Schiffbaus oder der Kerntechnik sind, wie bereits gesagt, durch das Kontrollratsgesetz Nr. 25 vom 29. April 1946 *nur* in Zusammenarbeit mit den Siegermächten möglich. Die USA lebten einige Jahrzehnte sehr gut von den geklauten Errungenschaften der deutschen Ingenieursarbeit, gründeten sogar ihre Weltmacht darauf. Seitdem der Nachschub aus Deutschland stockt, geht es mit diesem Staat bergab. Der amerikanische Staat hat das britische Konzept der Weltwirtschaft und des Freihandels übernommen, das ein Konzept der Londoner City ist. Er wird daran zugrunde gehen, weil wesentliche Technikbereiche zwar in Deutschland verboten werden konnten, aber nicht in Ländern wie Rußland, Japan oder China, und weil in diesen Ländern höhere Werte gelten als der Mammonismus.

In den vergangenen Jahrzehnten ist die Infrastruktur der USA völlig verkommen, weil deren Erhalt Geld kostet, das den Börsen und Spekulanten dann nicht zur Verfügung steht. Die Wirtschaft der USA ist seit jeher hauptsächlich börsenorientiert. Die Eisenbahnen funktionieren nicht, Brücken stürzen ein, Städte werden überflutet, die Ausbildung an den Schulen liegt völlig darnieder. In den Medien allerdings schwärmt man von dem ›High-Tech-Staat‹ USA: Handys, Computer, Internet, Musikaufzeichnungen, Computerspiele usf. Das sind Techniken, die zum Teil auf deutschen Vorarbeiten beruhen, die nun allerdings angewandt und verkauft werden, um den Leuten das Geld aus der Tasche zu ziehen. Sie sind zum großen Teil überflüssig; sie dienen nicht dazu, das Leben zu erleichtern. Eine seriöse Firma würde diese unausgereiften Geräte, die nach einem Jahr durch andere ersetzt werden müssen, nicht auf den Markt bringen. Dies ein Beispiel für fehlgeleitete Technik

---

[104] Friedrich GEORG, *Unternehmen Patentraub 1945*, aaO. (Anm. 28)

[105] Siehe: *Wikipedia*, Stichwort ›Kontrollratsgesetz‹.

⇨ Frankreich

Die Technikentwicklung in Frankreich gründet viel stärker auf rein theoretischen Grundlagen als in Deutschland, wo die Ausbildung des Ingenieurs auf einer praxisnahen Kenntnis naturwissenschaftlicher Gesetze aufbaut. Außerdem ist in den Firmen und Instituten der Standesunterschied zwischen Ingenieur und Arbeiter viel ausgeprägter als hier. Der Arbeiter ist mehr der Knecht als Mitarbeiter in einem Entwicklungsprojekt, der auch vernünftige Ideen zur Lösung eines Problems beisteuern kann, der auch gefragt wird. Natürlich gibt es auch in Frankreich mittelständische Firmen, in denen ein Teil der Belegschaft in die Lösungsfindung eingebunden ist. Welchen Stellenwert ein Arbeiter oder auch ein Ingenieur in einer französischen Firma hat, erkennt man, wenn man durch die Werkstätten oder Hallen des Unternehmens geht: beengt und laut, wenig Aufenthaltsräume, unfreundliche Büroräume. Es gibt in Frankreich wie in den anderen romanischen Ländern nicht das in Deutschland seit Jahrhunderten bewährte Ausbildungssystem für Lehrlinge, Gesellen, Meister, das jetzt aus durchsichtigen Gründen von der EU abgeschafft werden soll. Nachdem in der Französischen Revolution 1789 die Geldleute und Bankiers die Macht im Staat übernommen hatten, wurde meistens nur das unterstützt und gefördert, was privaten Gewinn verspricht, ähnlich den Verhältnissen, wie wir sie in England oder den USA vorfinden. Das Erfinden und Entwickeln ist Sache von belächelten Außenseitern. Der Idealtyp des Franzosen hat Geld, arbeitet damit und gibt es mit großer Geste aus. In Deutschland standen im Laufe der vergangenen Jahrhunderte der Handwerker, der Wissenschaftler und der Ingenieur immer in hohem Ansehen, im Gegensatz zu den Verhältnissen in anderen Nationen.

Die Technik in Frankreich diente in großem Maße dazu, Luxuswaren für die Reichen der ganzen Welt herzustellen, ähnlich wie in England und neuerdings in Deutschland. Den heutigen Stand der Technik in Frankreich erkennt man beispielsweise an der Konstruktion der Häuser und an den dortigen elektrischen oder hydraulischen Einrichtungen dort.

Der Liebhaber der französischen Zivilisation wird mir widersprechen: Frankreich hat Hervorragendes in Wissenschaft und

Technik geleistet. Das stimmt, im 18. Jahrhundert. Seit der Französischen Revolution und nach der NAPOLEON-Ära ging es aber nicht weiter, weil Banken und Börsen die Macht übernahmen, für die wissenschaftliche und technische Entwicklungen nur Kosten verursachen. In Deutschland hingegen entwickelte sich im 19. Jahrhundert die auf wissenschaftlicher Grundlage beruhende Technik, unterstützt durch einen dem Gemeinwohl verpflichteten Staat und die ebenso ausgerichtete Industrie (rheinischer Kapitalismus). In Frankreich gilt: Wenn es das Interesse des Staates und des mit ihm zusammenhängenden Finanzsystems erfordert, werden bestimmte Techniken zentral organisiert, gefördert und vorangetrieben: Waffentechnik, Nukleartechnik, Flugzeugbau, Eisenbahn (TGV), also ähnlich wie in den USA oder in England.

Die Techniklandschaft in Frankreich ist aber nicht vergleichbar mit der deutschen, wo es eine sehr große Zahl mittelständischer Firmen gibt, die über das ganze Land verteilt sind und die auf ihrem Spezialgebiet unübertroffene optimale technische Produkte herstellen. In Frankreich richtet sich immer noch alles nach Paris aus. Der französische Ingenieur ist Ideen gegenüber mißtrauisch, die sich nicht nach einer bestimmten Theorie berechnen lassen. Die französischen Hochschulen sind verschult, schöpferisches Arbeiten wird nicht gelehrt. Selbst in der von den Franzosen so sehr geschätzten schönen Literatur und Poesie neigt man zur Schulenbildung. In den anderen romanischen Ländern besteht die gleiche Tendenz.

Aufgrund der kapitalistisch-plutokratischen Ausrichtung seines Staatswesens ist die Technik in Frankreich im wesentlichen ein Mittel, Geschäfte zu machen und Marktanteile zu gewinnen. Der Stand der Technik in den ehemaligen afrikanischen Kolonien, etwa in Tunesien, Marokko oder Senegal, ist ein Beweis für diese These. Auch für europäische Eroberungen gilt dies. Sobald eine Provinz von Frankreich annektiert wurde, kam sie technisch herunter. Ein Beispiel ist Lothringen bis 1871 und nach 1945. Das gleiche gilt für das Elsaß. Die Autobahnen dienen eher der Abzocke von Autofahrern als der Industrialisierung ländlicher Gegenden.

⇨ Die Europäische Union

Die Bundesrepublik hat einen großen Teil der Technikentwicklung und deren Finanzierung an die EU übertragen. Brüssel finanziert mit großenteils deutschen Steuergeldern Technikprojekte deutscher Firmen und Ingenieure. Die Projekte müssen allerdings multinational sein, das heißt: Außer einer deutschen Firma müssen Unternehmen bevorzugt aus dem Mittelmeerraum an dem Projekt beteiligt sein. Das läuft darauf hinaus, daß Wissen aus Deutschland kostenlos ins Ausland übertragen wird. Ein Beispiel: Ich habe jahrelang mit spanischen und portugiesischen Firmen bei EU-Projekten der Wasserstofftechnik zusammengearbeitet. Man hat jahrelang über die Verteilung der EU-Gelder aus Brüssel diskutiert, Tagungen veranstaltet und lange Bericht verfaßt. Kein einziges technisches Problem wurde gelöst.

⇨ Rußland und die Sowjetunion

Die Industrialisierung Rußlands im späten 19. Jahrhundert und später der Sowjetunion erfolgte mit westlicher Hilfe, vor allen Dingen aus Deutschland, Frankreich und den USA.[106] Es wurden komplette Hüttenwerke, aber auch Fabriken der Elektro- oder Chemieindustrie importiert. Der russische Staat sorgte im Zuge dieser Entwicklung für die Einrichtung von Gewerbe- und Technikschulen. Nach dem Ersten Weltkrieg kamen viele deutsche Unternehmen aus den Bereichen des Flugzeugbaus, des Maschinenbaus und der Militärtechnik in die Sowjetunion, weil ihre Betätigung in Deutschland durch den Vertrag von Versailles verboten war. Außerdem spielte die Industriespionage eine große Rolle für den Technologietransfer von Deutschland nach Rußland. Nach dem Zweiten Weltkrieg wurden deutsche Hydrierwerke in die Sowjetunion sowie Anlagen zur Flugzeug- und Raketenherstellung (zusammen mit dem Personal) abtransportiert, ferner optische Werke und Elektrofabriken. Eine Weiterentwicklung des übertragenen Wissens fand kaum statt. Voraussetzung eines erfolgreichen Technologietransfers ist das Vorhandensein einer leistungsfähigen Infrastruktur (Energie, Verkehrs-, Informationstechnik, Ausbildungswesen usw.). In den meisten Fällen

---

[106] KÖNIG, *Technikgeschichte*, Bd. 4, aaO. (Anm. 82).

ist der Technologietransfer nur erfolgreich, wenn er durch Spezialisten des Geberlandes durchgeführt und begleitet wird.

⇨ **Japan**

Japan öffnete sich seit 1868 westlichen Einflüssen, wobei es vor allen Dingen westliche Techniken übernahm. Der Technologietransfer verlief schneller und effektiver als in Rußland.[107] Die wesentlichen Impulse kamen aus Deutschland, besonders nach dem Ersten Weltkrieg, weil die deutschen Patente nicht mehr geschützt waren. Aufgrund des Friedensvertrags von Versailles gingen viele deutsche Firmen der Rüstungs-, Flugzeug- und Schiffbauindustrie nach Japan. Zur Zeit des Zweiten Weltkriegs erweiterte sich die technische Zusammenarbeit zwischen Deutschland und Japan, vor allen Dingen auf den Gebieten der chemischen Technologie (Kohleverflüssigung, Benzinherstellung), der optischen Industrie und des Flugzeugbaus. Bei der Benzinherstellung klappte es nicht. Manche Techniken konnten erst nach 1945 erfolgreich eingesetzt werden, etwa in der Optik und der Elektronik.

⇨ **China**

Die chinesische Kultur ist seit Jahrtausenden sehr stark von den Anschauungen des KONFUZIUS geprägt; Ideen, bei denen die moralische Vervollkommnung des Menschen, die Familie, die optimale Staatsverwaltung und die Friedenserhaltung im Mittelpunkt stehen. Die Philosophen wußten zwar, daß man die *reale Welt* beachten und erkennen muß, wenn man die Wahrheit finden will. Aber Wissenschaft und Technik galten auf Grund der konfuzianischen Ideen im chinesischen Reich nicht viel; sie waren in weiten Kreisen sogar verachtet. Zwar wurden von begabten Einzelgängern wichtige Erfindungen gemacht, man denke unter anderem an den Kompaß, das Papier oder das Pulver. Diese Erfindungen wurden aber nicht weiterentwickelt und ausgewertet, wie das im deutschen Kulturraum bis vor einigen Jahren üblich war; die chinesische Gesellschaft war nicht daran interessiert. Diese technikfremde bis technikfeindliche Einstellung im chinesischen Reich hat sich nach MAO-TSE-TUNG durch den Einfluß der Regierung geändert.

---

[107] KÖNIG, ebenda.

Aus dem bisher Gesagten sind folgende Kriterien Voraussetzung für eine erfolgreiche Technikentwicklung:

- charakterliche und intellektuelle Veranlagung bestimmter Bevölkerungsgruppen,
- sinnvolle Ausbildung des Nachwuchses entsprechend seiner angeborenen Veranlagung,
- Vorhandensein einer staatlichen Infrastruktur,
- Technikfreundlichkeit der Bevölkerung und des Staates.

Diese Voraussetzungen waren in Deutschland besser als in jedem anderen Land und sind es zum Teil heute noch, obwohl in den letzten Jahren sich die Technikakzeptanz in der Bevölkerung verringert hat und die Ausbildung der Techniker und Ingenieure schlechter geworden ist. Aber es bestehen in Deutschland immer noch die besten Voraussetzungen dafür, anderen Völkern beim Aufbau der Infrastruktur zu helfen und deren Wohlstand zu mehren.

Der biologische Hintergrund

Zoologie und Biologie zeigen, daß Technik nicht nur Teil der Menschenwelt ist, sondern in angeborener Weise auch in der Tier- und Pflanzenwelt vorkommt. Die Nester der Vögel, die Waben der Bienen, die Bauwerke der Termiten, die Spinnennetze sind technisch optimale Konstruktionen. Gestalt und Körperbau der Vögel oder Fische sind so an die Lebenswelt der Tiere angepaßt, wie sie der genialste Ingenieur nicht ersinnen könnte. Diese Beispiele lassen sich beliebig vermehren.

Es gibt angeborene Fähigkeiten in der Biologie; man denke an die oben angegebenen Beispiele oder an das Honigsammeln der Bienen, das Futterverstecken des Eichhörnchens.[108] Die Informationen für diese Verhalten werden durch Vererbung weitergegeben; sie sind zum größten Teil genetisch bedingt. Die Bildung der Nervennetze und des menschlichen Gehirns gehört zu diesen Erbinformationen, die in den Genen gespeichert sind.[109] Diese Gene

---

[108] Irenäus EIBL-EIBESFELDT, *Biologie des menschlichen Verhaltens,* Seehamer Verlag, Weyam 1995

[109] Manfred LORENZ, *Umbruch im biologischen Denken,* aaO. (Anm. 88).

sind Teile der DNS-Moleküle. Die DNS-Moleküle setzen sich in einer wunderbar geordneten Art aus vielen Millionen bis Milliarden Atomen zusammen. Das DNS-Molekül ist der Informationsspeicher für den Aufbau der Körperzellen und des Gesamtorganismus. Die genaue Anordnung der Milliarden Atome in dem Riesenmolekül DNS ist die Ursache des Lebens und des Geistes.[110]

Das Leben ergibt sich aus der Struktur des DNS-Moleküls, nicht aus der Molekülformel. Im DNS-Molekül ist auf eine bisher unbekannte Art alles Wissen der Natur gespeichert. Dieses Molekül ist leistungsfähiger als alle Super-Computer der Welt zusammengenommen und von einer göttlichen Schöpferkraft und Kreativität. Aufgabe der Wissenschaft ist es, das Funktionieren des DNS-Moleküls zu enträtseln. Wenn dies gelungen ist, wird es eine ganz neue Technik geben.

Die erwähnten, durch die DNS-Strukturen vererbbaren Eigenschaften des nordischen Menschen führten zu dem hohen Niveau der Technik im germanisch besiedelten Europa. Die Gene legen nicht nur einen großen Teil der körperlichen Erscheinung des Menschen fest (also Größe, Geschlecht, Hautfarbe, Augenfarbe usw.), sondern mehr als 40 Prozent der Charaktereigenschaften.

Die Zukunft der Technik

Durch den Sieg der Alliierten hat sich seit 1945 die Idee der Weltwirtschaft und des Freihandels in der westlichen Wertegemeinschaft durchgesetzt, die ihren Ursprung in der Londoner City hat und die das Credo der Globalisierer ist. Nicht die produzierende Landwirtschaft und technikorientierte Industrie schaffen nach dieser Auffassung Wohlstand, sondern der Handel und die Spekulation. Damit die Anglo-Amerikaner diese Idee durchsetzen konnten, mußte das sehr leistungsfähige deutsche Wirtschaftssystem mit seiner hohen technischen und organisatorischen Perfektion zerstört werden, das bei den meisten Völkern in hohem Ansehen stand. Vereinfacht ausgedrückt, kann man sagen: Das seit jeher in Deutschland heimische System der Wirtschaft – und damit zusammenhängend der Technik – besagt, daß das Wirtschaftsgeschehen in einen gesellschaftlichen Rahmen eingebettet

[110] LORENZ, ebenda.

und dem Wohl des Volkes verpflichtet ist: Gemeinnutz geht vor Eigennutz.

Dieses System brachte Deutschland Wohlstand und Unabhängigkeit, zum Ärger der Londoner City, da andere Völker den Vorteil dieses Systems erkannten. Für den anglo-amerikanischen Kapitalismus ist die treibende Kraft der Wirtschaft der Egoismus des Einzelnen. Nach englischem Muster wurden die britischen Kolonien von den Plutokraten der Londoner City ausgebeutet. In den deutschen Kolonien vor dem Ersten Weltkrieg wurde im Gegensatz dazu die Infrastruktur der Länder aufgebaut: Eisenbahnen, Straßen, Schulen, Gesundheitssystem. Nach dem Ersten Weltkrieg halfen deutsche Firmen beim Aufbau der Industrie in Sibirien und in den landwirtschaftlich geprägten Staaten Europas. Der leitende Gedanke dabei war: Je entwickelter und wohlhabender ein Staat ist, um so mehr ist er in der Lage, unsere technisch hochwertigen Produkte zu kaufen.

Diese Ansicht war auch der Leitgedanke der Elite der deutschen Wirtschaft bei einem Symposion Anfang 1942 in Berlin. Dieses Symposion der Industrie- und Handelskammer Berlin befaßte sich mit dem vorgesehenen Aufbau einer ›Europäischen Wirtschaftsgemeinschaft‹ nach dem Krieg.[111] Das von dieser Konferenz vorgeschlagene Programm sah die wirtschaftliche Entwicklung der noch landwirtschaftlich geprägten Staaten Europas mit deutscher Hilfe und technischen Unterstützung vor – vor allen Dingen im Osten und Südosten des Kontinents. Diese Staaten sollten in eigener Verantwortung und selbständig entscheiden, was für sie vorteilhaft und wohlstandsfördernd ist. Die damals (1942) geplante europäische Wirtschaftsgemeinschaft ließ die Unabhängigkeit und Souveränität der europäischen Staaten unberührt. Sie hätte keine riesige Organisation, keinen Rat als ausführendes Organ, kein Generalsekretariat gehabt.[112] Die deutsche Handelspolitik hätte bewußt davon abgesehen, die Güter zu den billigsten Preisen zu beziehen, sondern wäre bei der Preisstellung in ihren Angeboten davon ausgegangen, den Lebensstan-

[111] Heinrich HUNKE (Hg.), *Europäische Wirtschaftsgemeinschaft*, Haude und Spenersche Verlagsbuchhandlung , Berlin 1943.
[112] HUNKE, ebenda.

dard der zur europäischen Wirtschaftsgemeinschaft gehörenden Staaten zu heben und diese dadurch für die Aufnahme deutscher Erzeugnisse kaufkräftig zu machen.

Dieses Programm stand also in krassem Gegensatz zum Freihandelsdogma anglo-amerikanischer Plutokratie, die die selbständigen Nationalstaaten abschaffen will, um so leichter über unorganisierte Massen herrschen zu können. Es stand damit auch im Gegensatz zum Brüsseler EU-Programm, das einen supranationalen Zentralstaat anstrebt (siehe Lissabon-Vertrag), obwohl die Völker Europas unabhängig und souverän bleiben möchten. Im Europa Brüsseler Machart haben die Völker und ihre Parlamente nichts mehr zu sagen, alles wird von der Zentrale aus gesteuert, siehe Klimapakete und, damit zusammenhängend, die Deindustrialisierung Deutschlands.

In dem nicht gleichgeschalteten Europa besteht die Aufgabe der Technik zunächst darin, die Infrastruktur der Länder in Ost- und Südosteuropa mit deutscher Hilfe aufzubauen und zu optimieren, also Autobahnen, Eisenbahnen, Energie- und Telekommunikationssysteme, Landwirtschaft usw.

Die Technik der Zukunft wird in steigendem Maße durch die Beispiele aus der belebten Natur beeinflußt. Viele Entwicklungen der letzten Jahrzehnte sind nach Vorbildern aus der Biologie hervorgegangen; eine neue Wissenschaftsdisziplin, die Bionik, ist entstanden. Ziel der Bionik ist es, Konstruktionen und Verfahren der Biologie zu erforschen und dem Menschen nutzbar zu machen. Beispiele sind die gebogenen Flügelenden an den Tragflächen von Flugzeugen entsprechend den Flügeln von Adlern, oder Klettverschlüsse, oder Methoden der Wasserbeschaffung von Reptilien in Wüsten, oder hochfeste Fachwerkkonstruktionen gemäß dem Knochenaufbau.

Bei diesem Verfahren kopiert man die Natur, ohne zu wissen, wie der lebende Organismus aus der sehr großen Anzahl von möglichen Lösungen eines Problems die genau richtige Lösung findet. Die bisherige Wissenschaft – Physik, Chemie, Biologie – kann diese Frage nicht beantworten. Es muß eine neue Wissenschaft kommen, die das Rätsel der DNS und des Lebens lösen kann. Dies wird auch zu einer neuen Technik führen, so wie die von Max PLANCK 1905 begründete Quantentheorie die Technik des 20. Jahrhunderts ermöglichte.

Diese Theorie revolutionierte die gesamte Wissenschaft und führte zu den modernen Techniken in Chemie, Energietechnik, Elektronik, Computer- und Nachrichtentechnik usw. Eine ähnliche Entwicklung ist zu erwarten, wenn das Rätsel der DNS gelöst werden kann, wenn man versteht, wie die in der DNS gespeicherten Konstruktionspläne zustande kommen.

Personenverzeichnis

Die Masseneinwanderung ist weder mit dem deutschen Souverän abgesprochenennoch im Bundestag erörtert worden. Vollendete Tatsachen zu schaffen ist die Devise der ›hohen Politik‹, für deren ›Herumsegelei‹ und Gefolgschaft gegenüber den USA die Mehrheit der deutschen Bevölkerung inzwischen kein Verständnis mehr hat. »Eine einzige Kette von furchtbaren Irrungen ist das Werk der heute noch Herrschenden. Unsere Pflicht liegt in der Verteidigung unseres von Gott gegebenen Lebensraumes und im Recht auf unsere Selbsterhaltung.« (Näuberring) Diese Schrift wendet sich daher an alle, die sich mit dem eigenen Verschwinden nicht abfinden wollen.

278 S., br. ***€15.-*** *ISBN 978-3-946 107-02-6*

160 S., br., Abb. €13.80
Best.-Nr. 978-3-946 107-01-9

Finn Anderson
Biowaffen-Apokalypse

Die zunehmende Verbreitung nicht nur chemischer, sondern auch biologischer Waffen ist eine der gefährlichsten Bedrohungen, mit denen sich die Menschheit weltweit konfrontiert sieht. Beunruhigend ist aber die Tatsache, daß US-Präsident Obama und andere führende Vertreter der Eliten davon sprachen, daß die Ebola-Epidemie 2014 nur der Probelauf für etwas noch viel Schlimmeres gewesen sei. Eine brisante Enthüllung!

2. Aufl., 112 S., br.
€9.80 *ISBN 978-3-89180-149-9*

Reinhard Uhle-Wettler

Vasallen

Dieses Buch ist ein Aufruf an alle Deutschen, unser Deutschland zu erhalten, anstatt es abzuschaffen. Wer sich dem anschließt, muß für ein Europa der Vaterländer, und nicht für einen europäischen Superstaat im Sinne der Brüsseler Union eintreten. Dazu ist das Erbe der Väter zu erhalten. Öffentlicher Protest ist gegen den schleichenden Abbau der Demokratie und ihrer Regeln zu erheben. jetzt in 2. Auflage!

72006 Tübingen, Postfach 1611
Tel. 07071/40 70-0 Fax 07071/40 70-26

HOHENRAIN

www.hohenrain-verlag.de